LA GRÈCE ET L'ORIENT

# EN PROVENCE

## DU MÊME AUTEUR, A LA MÊME LIBRAIRIE

**L'Homme devant les Alpes.** Ouvrage renfermant 6 cartes et plans. Un volume in-8°...................... 9 fr.

*Du Saint-Gôthard à la mer.* **Le Rhône. Histoire d'un fleuve.** Nouvelle édition. Ouvrage renfermant 8 cartes et plans. Un vol. in-8°............................................ 10 fr.
*(Ouvrage couronné par l'Académie française, prix Bordin.)*

**Les Villes mortes du Golfe de Lyon.** 7ᵉ édition. Un vol. in-16 avec 5 cartes........................ 3 fr. 50
*(Ouvrage couronné par l'Académie française.)*

**La Provence maritime ancienne et moderne.** 4ᵉ édition. Un volume in-16 avec une carte.............. 3 fr. 50

**Côtes et Ports français de l'Océan.** *Le Travail de l'homme et l'œuvre du temps.* Un volume petit in-8° avec 11 cartes et plans............................................ 5 fr.

**Côtes et Ports français de la Manche.** Nouvelle édition. Un volume petit in-8° avec 12 cartes et plans....... 5 fr.

# LA GRÈCE & L'ORIENT

EN

# PROVENCE

ARLES — LE BAS RHÔNE — MARSEILLE

PAR

CHARLES LENTHÉRIC

Inspecteur général des Ponts et Chaussées

---

AVEC TROIS CARTES

---

*Cinquième édition*

PARIS

LIBRAIRIE PLON

PLON-NOURRIT ET C<sup>ie</sup>, IMPRIMEURS-ÉDITEURS

8, RUE GARANCIÈRE — 6<sup>e</sup>

—

1910

*Tous droits réservés*

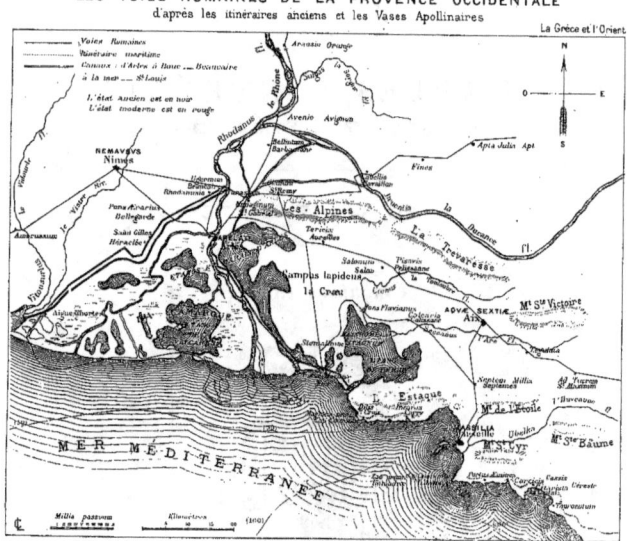

*Ce qui me frappe sur notre terre de Provence, c'est l'empreinte profonde que les migrations orientales y ont laissée.*

*La Provence, c'est encore l'Orient. Elle en a la couleur, les immenses horizons, les vastes solitudes, le mirage et l'éblouissante lumière; et si elle se montre quelquefois fière de la beauté de ses femmes, c'est qu'elles ont conservé dans leurs yeux un reflet de son soleil.*

*Aussi loin qu'on peut remonter dans le passé, l'Orient pénètre la Provence. C'est d'abord le flot de l'invasion aryenne qui part de l'Asie, inonde la Celtique et sous lequel disparaissent complétement les populations liguriennes du littoral.*

*Les peuples navigateurs, Phéniciens et Grecs, la couvrent ensuite de leurs colonies et y apportent leurs idées et leurs mœurs, leurs cultes et leurs institutions. Le Christianisme enfin, qui* est resté la plus pure effusion de l'Orient, vient, dès les premières années de notre ère, l'éclairer d'une lumière nouvelle.

Arles et Marseille ont été, sur notre sol gaulois, les véritables foyers de ces premières civilisations orientales.

J'écris de ces deux villes.

Également illustres dans le passé, leur fortune présente offre le plus saisissant des contrastes : l'une s'éteint tristement, et ne semble pas avoir conscience de sa grandeur évanouie ; l'autre, gaie, vivante, toujours jeune, est absorbée par ses intérêts matériels et ne songe qu'à jouir dans le présent. Toutes deux ont perdu le souvenir de leur berceau.

En cherchant à pénétrer dans la brume un peu mystérieuse des premiers âges, en remuant les cendres et les débris des générations qui nous ont précédés, on éprouve une émotion profonde d'un caractère étrange et d'une nature tout intime, comme si l'on recueillait les souvenirs épars ou si l'on retrouvait les traits effacés d'un ami disparu.

Ces sortes de résurrections, lorsqu'on les dégage de toutes les aspérités et de toutes les sécheresses de la science, ne manquent ni de charme ni de poésie. Le meilleur et le plus vrai de nous-mêmes n'est-il pas d'ailleurs notre passé? L'avenir est incertain; l'insaisissable présent n'existe pas, et l'heure même où nous croyons être s'ajoute fatalement à celles qui ne sont plus. Heureux ou triste, le passé seul est réel. A chaque minute, nous entrons dans l'histoire; — demain nous serons à peine un souvenir.

# LA GRÈCE ET L'ORIENT
# EN PROVENCE.

## INTRODUCTION.

**LA PROVENCE PRIMITIVE ET LES OPPIDA CELTIQUES.**

Du caractère des voyages modernes. — Le voyageur à l'état passif. — Le relief des vallées primitives : exemple de la vallée du Rhône. — Les fleuves considérés comme premiers moyens de transport et de colonisation. — Les plateaux fortifiés. — Constitution générale des *oppida*. — Détails de construction. — *Castella, speculæ*. — Travaux de défense de l'oppidum. — Les premiers éléments de civilisation venus de l'Orient. — Les peuples navigateurs : les Phéniciens, les Grecs. — Les routes modernes; leur tracé dans les vallées. — But de l'ouvrage. — Aspect et physionomie orientale de la Provence.

I

Nous voyageons aujourd'hui sans effort et sans fatigue, — bien souvent sans plaisir ni émotion, — presque toujours sans intelligence et sans profit.

Notre but semble être uniquement de nous mouvoir.

L'industrie moderne, en facilitant d'une manière prodigieuse les transports à grande vitesse, a fait naître en nous un goût immodéré pour la locomotion confortable et rapide, et a développé en même temps une désaffection non moins grande de l'étude et du foyer. Sous cette influence que je crois mauvaise, nous perdons chaque jour de plus en plus le sentiment élevé et délicat de la nature; et c'est par milliers que l'on pourrait compter ceux qui, après avoir traversé plusieurs fois en tous sens l'Europe, la France ou même seulement leur modeste province, n'ont jamais songé à se rendre compte des dispositions générales et des transformations incessantes du sol qu'ils ont si souvent foulé. C'est de ces « aveugles errants » que l'on pourrait dire, comme des idoles dont parle le Psalmiste, « qu'ils ont des yeux et ne voient pas »; car ce n'est pas *voir* que d'assister, impassible et inerte de corps et d'âme, au défilé rapide d'une série de tableaux dont on ne saisit ni l'ordre, ni l'origine, ni l'harmonie, qui n'éveillent dans le cœur aucune espérance et auxquels ne se rattache aucun souvenir.

Sans doute la facilité des voyages, quelque précipités qu'ils puissent être, nous laisse toujours la conscience des distances parcourues; mais leur désespérante uniformité, le soin exclusif que nous prenons d'assurer avant tout notre bien-être, l'ignorance profonde des hommes et des choses et l'insouciance à peu près absolue, qui semblent être nos plus fidèles compagnons de route, nous empêchent de nous mettre réellement en contact avec ce monde physique dont nous n'envisageons les perspectives si variées que comme les décors presque usés d'une féerie à grand spectacle.

Si nous avons su, à force d'art, perfectionner et vulgariser tous les moyens matériels de transport, nous avons, en revanche, à peu près perdu l'initiative et l'énergie, si nécessaires à l'explorateur sérieux et qui sont la source des émotions nobles, des recherches fécondes et des jouissances élevées. Nous avons eu tellement à cœur d'aplanir toutes les aspérités de la route que nous en avons du même coup diminué le relief; et, à force de vouloir enlever toutes les épines, nous avons perdu tous les parfums.

Avec de pareilles dispositions de corps et d'esprit, on peut parcourir indéfiniment les mêmes lieux sans les connaître; et, au risque d'être accusé de soutenir un injurieux paradoxe, nous considérons que la plupart de ceux qui circulent à grande vitesse sur la surface du globe exécutent une simple action mécanique à laquelle l'élément intellectuel fait très-souvent défaut. Ils ne voyagent pas : on les transporte; et leur situation est à peu près comparable à celle des bagages qui les accompagnent. Munis en effet chacun de leurs billets respectifs, qu'ils portent quelquefois l'un et l'autre en évidence sur leur enveloppe, le voyageur et sa malle, tous deux à l'état passif et convenablement tarifés, sont installés officiellement dans des voitures spéciales, où on les dispose aussi bien que possible pour leur éviter toute avarie de route; ils traversent ainsi, sans émotion ni dégât, la moitié d'un continent, et arrivent paisiblement à leur destination où, après vérification faite de leur identité et de leur solidarité, on les rend l'un à l'autre. Le voyage est alors terminé.

Et cependant, quelque court que soit notre passage à la surface de notre globe, il y a, pour celui qui veut élargir son horizon et qui sait voir, non-seulement dans le présent, mais encore et surtout dans le passé et dans l'avenir, bien des sujets d'étude et bien des heures d'émotion. Le monde ne commence ni ne finit avec nous ; et c'est élever et agrandir sa vie que de la peupler de souvenirs et de la nourrir d'espérances.

## II

L'examen le plus rapide de l'enveloppe de notre planète nous la montre fractionnée en vallées plus ou moins larges ou profondes, généralement très-allongées et séparées entre elles par des massifs montagneux qui sont les barrières naturelles de ces bassins. Vers le milieu de chaque vallée, au point le plus bas, viennent se réunir toutes les eaux d'écoulement, soit qu'elles proviennent des pluies ou de la fonte des neiges, soit qu'elles surgissent des flancs des montagnes latérales ; c'est ce qu'on appelle le thalweg (*thal*, vallée ; *weg*, chemin). Cette ligne de pente part du sommet de la vallée et se termine à la mer ; elle est continue, et son inclinaison, d'abord très-rapide, va en s'adoucissant graduellement et finit par mourir aux approches de la région maritime. La forme de la vallée suit la même loi. D'abord resserrée entre des falaises élevées et souvent abruptes, au point de ne présenter qu'une gorge inaccessible aux piétons, elle s'élargit peu à peu ; bientôt les montagnes s'éloignent et s'abaissent ; la plaine s'étend de plus en plus de chaque côté des deux rives ; elle forme deux plans doucement inclinés de terre cultivable, périodiquement inondée par les grandes crues ; et, aux abords des embouchures, fleuve, mer et rivage semblent vouloir se confondre sur un même plan horizontal.

Le régime du cours d'eau offre de son côté trois zones parfaitement distinctes ; à l'origine, c'est un torrent qui roule, dans son lit sinueux et encaissé, des quartiers de roche arrachés des parois qui le resserrent ; le torrent se transforme bientôt en fleuve régulier sur lequel la flottaison, sinon la navigation, est ordinairement possible ; puis il semble vouloir se reposer de sa course ; son lit s'ouvre comme un bras de mer ; ses eaux sans vitesse déposent, sur les terres riveraines qu'elles exhaussent, une boue fertilisante ; c'est alors un estuaire aux grandes profondeurs, ou bien un immense marécage, zone intermédiaire entre la mer et la terre, à chaque instant modifiée par les éléments tout récents qui l'ont transformée et dont les variations sont intimement liées à l'histoire, à la physionomie et aux mœurs des populations primitives et des générations qui les ont suivies.

Tel est l'état naturel dans lequel l'homme a trouvé la plupart des grandes vallées, dès les premiers temps historiques ; et, pour n'en prendre qu'un exemple, sur notre territoire même, le Rhône, l'un des plus majestueux et le plus rapide fleuve de l'Europe, celui dont les embouchures sont pour l'érudit une source féconde d'études et pour l'ingénieur l'objet de travaux jusqu'à présent assez peu couronnés de succès (1), nous offre d'une manière saisissante cette triple division nettement tranchée. Depuis sa source au pied du glacier de la Furca, dans le massif du Saint-Gothard, jusqu'au lac de Genève, c'est un véritable torrent. Le lac termine cette première étape. Le vrai fleuve commence à la sortie du Léman, au-dessous de cette admirable chute d'émeraude liquide dont aucune parole ne peut rendre la merveilleuse beauté. Flottable d'abord, bientôt après navigable, il se développe régulièrement jusqu'à Arles. Là, l'horizon s'agrandit et la vallée se transforme en plaine. D'Arles à la Tour-Saint-Louis et aux embouchures, le fleuve devient presque un bras de mer ; accompagné sur ses deux rives par un véritable cortége d'étangs et de marais qu'il a tour à tour formés, déplacés, inondés et atterris, il

---

(1) « Les embouchures du Rhône, pour lesquelles on a fait tant de dépenses, sont et seront toujours incorrigibles. » — *Oisivetés de M. de Vouban, ou Ramas de Mémoires de sa façon sur différents sujets*, t. I.

alimente, féconde, dévaste et nourrit une région spéciale, étrange entre toutes et qui participe à la fois de l'élément liquide et de l'élément solide. Désert fiévreux aujourd'hui, cette zone littorale est destinée à être, dans la suite des temps, une des plus riches provinces de la France; la grande culture s'emparera de ces landes sablonneuses et stériles; les prairies recouvriront ces marais saumâtres; ce sol aride et salé, lavé et engraissé par les eaux fertilisantes du grand fleuve, deviendra un magnifique terroir, et nos descendants trouveront une terre promise là même où nous ne voyons que l'image de la solitude et de la désolation.

### III

Il est certain qu'à l'aube des sociétés naissantes, les relations sociales, politiques et commerciales ne dépassaient pas ordinairement les limites d'un même bassin. Plus tard, lorsque les peuples navigateurs vinrent aborder aux embouchures des fleuves pour piller d'abord, pour y fonder ensuite des comptoirs et des entrepôts, ce que l'on appelait à l'époque gallo-grecque des *emporia*, ce fut encore aux fleuves qu'ils demandèrent le moyen de pénétrer dans la région supérieure des vallées. Les routes n'existaient pas alors; et, à l'aide de radeaux et de barques à faible tirant d'eau, on pouvait remonter à une assez grande hauteur dans l'intérieur des terres.

Le tracé de la première route a été le plus grand pas fait par les hommes dans la voie de la civilisation ; et, pendant de longs siècles, ils ont dû forcément restreindre leur action à l'exploitation plus ou moins grossière des parties les plus fertiles de la vallée, où le sol leur offrait une culture assez facile. Le fleuve était d'ailleurs la seule route qui leur permît de transporter leurs maigres produits, leurs armes, leur matériel, et de se transporter eux-mêmes en migrations, suivant les exigences de la guerre ou les variations des climats. La descente avait lieu sans peine ; la remonte devait s'effectuer beaucoup plus difficilement au moyen du halage, ce qui suppose déjà l'établissement de quelques chemins rudimentaires le long des berges. Quant aux habitations permanentes, elles étaient rares et toujours disposées en vue de la défense ; l'homme, toujours armé, sans notion et sans respect du droit d'autrui, ne connaissait que l'usage et l'abus de la force ; l'unique préoccupation était d'envahir le territoire du voisin, ce qui impliquait nécessairement le souci permanent de résister à toutes les attaques du dehors. Il n'existait pour ainsi dire pas d'agglomérations fixes un peu considérables en rase campagne ; car elles auraient été trop facilement abordables de toutes parts ; tantôt on les groupait sur pilotis ou sur des enrochements dans la zone inondée, de manière à pouvoir être isolées et défendues par le fleuve lui-même ; le plus souvent elles occupaient le plateau dénudé de quelque hauteur peu accessible. Telle fut l'origine des habitations lacustres et des *oppida*. Les villes du moyen âge et les villes modernes n'ont été, dans la plupart des cas, que la transformation sur place et d'époque en époque de ces cités primitives (1); et l'on peut aisément constater que leur berceau se trouve soit au confluent de deux rivières, soit dans une île ou dans l'estuaire du fleuve, soit enfin sur quelque éminence qui présente des difficultés d'accès les mettant à l'abri d'un coup de main. Sur tout le territoire celtique, « c'est par vallées que le pays était organisé. Dans la contrée montagneuse, l'oppidum était assis au point culminant de la vallée, et par conséquent près de la source du cours d'eau qui l'arrose, ou tout au moins dans la partie supérieure de ce cours d'eau ;

---

(1) Les grandes villes sur pilotis des Bataves (Amsterdam, etc.) et celle des Hénètes (*Henetia, Venetia, Venezia,* Venise), dans les lagunes de l'Adriatique, ne sont évidemment que des habitations lacustres, où les palais de marbre et les maisons de brique ont pris la place des chalets et des chaumières, c'est-à-dire le dernier mot d'un usage qui remonte très-haut et qui vient d'assez loin, comme on le voit. — *Hist. gén. de Languedoc*, liv. I, ch. xi, notes E. B.

La même remarque peut être faite pour la plupart des villes, aujourd'hui à demi éteintes, qui jalonnent l'appareil littoral depuis les embouchures du Rhône jusqu'à Port-Vendres.

Voir à ce sujet les *Villes mortes du golfe de Lyon*, par Ch. Lenthéric.

dans la plaine ou dans la région des marais, l'oppidum était situé d'ordinaire au confluent de deux rivières. L'oppidum et le cours d'eau qui occupait le fond de la vallée, grande ou petite, portaient et portent encore presque toujours le même nom (1). »

## IV

Aux époques tout à fait primitives, les oppida n'étaient pas des villes proprement dites, mais simplement des postes de refuge ou d'observation, *castella, speculæ,* dans l'intérieur desquels venaient s'abriter, seulement au moment du péril, les populations du voisinage, dont les habitations, situées au milieu des champs de culture, étaient disséminées sur toute l'étendue de la vallée.

Mais le système de fortification de ces places de sûreté était quelquefois formidable et fait le plus grand honneur aux ingénieurs celtes ou gaulois qui en avaient conçu le plan et dirigé l'exécution.

L'ensemble d'un oppidum comprenait ordinairement un mur continu, qui embrassait dans sa vaste enceinte tout le groupe des hauteurs formant le plateau mamelonné d'une colline, et qui suivait assez fidèlement les ondulations et les mouvements du sol accidenté. Ce grand mur avait parfois huit à dix mètres de hauteur, rare-

---

(1) Germer-Durand, *Dictionnaire topographique du département du Gard.* Introduction.

ment moins de trois à quatre. La surface enveloppée était souvent considérable; elle variait d'ailleurs dans des limites assez étendues; quelques-uns de ces plateaux fortifiés ne mesuraient pas moins de cent cinquante hectares (1); mais les oppida les plus nombreux avaient une enceinte de deux à trois kilomètres de développement, ce qui donne une superficie variant de trente à cinquante hectares, très-suffisante déjà pour abriter une population fort importante. Le mur était invariablement formé de talus et de terrassements superposés et consolidés par un revêtement extérieur en pierres sèches, mêlées très-souvent de débris de poteries; des poutres entre-croisées reliaient quelquefois entre elles les diverses parties de ces terrassements, de manière à former un enchevêtrement des plus solides. A l'intérieur, des palissades établissaient des divisions assez nombreuses permettant de défendre pied à pied tous les points de l'oppidum, dans le cas où il aurait été envahi ou forcé, à la suite d'une attaque imprévue couronnée de succès. Les parties faibles de l'enceinte

---

(1) Notamment celui de Murcens, *Muri cincti* (Haute-Garonne), et le célèbre *oppidum d'Uxellodunum* (Lot), dernier boulevard de la résistance gauloise contre les armées de César. An de Rome 702, 51 ans av. J. C.

Consultez à ce sujet l'*Oppidum de Bibracte* (mont Beuvray), par G. Bulliod; l'*Oppidum de Nages* (Gard), par E. Flouest; les *Ouvrages de fortifications des oppida gaulois de Murcens, d'Uxellodunum et de l'Impernal*, par E. Castagné.

extérieure étaient d'ailleurs renforcées avec un art infini par des ouvrages détachés dont la crête était à un niveau supérieur à la muraille, et qui étaient destinés à la soutenir et à l'étayer, si ses défenseurs venaient à faiblir. Ces ouvrages, *castella*, détachés ou engagés, jalonnaient, de distance en distance, le mur de circonvallation et formaient comme autant de réduits ou de places d'armes distinctes, véritables bastions qui flanquaient la ligne continue des courtines de l'enceinte générale. Au-devant de ce mur d'escarpe, et lorsque les parois abruptes du plateau ne présentaient pas une falaise à pic, on creusait un fossé assez large pour isoler le pied du rempart. Quelquefois des pieux et des troncs d'arbres, disposés en chevaux de frise, défendaient l'accès du fossé, et de gros quartiers de rochers aux arêtes émoussées étaient approvisionnés pour être roulés sur l'ennemi au moment de l'escalade. La configuration du sol se prêtait, dans la plupart des cas, à ce mode spécial de défense, et les flancs inclinés de la montagne étaient soigneusement dégarnis de toute végétation, de manière à faciliter le roulement de ces blocs et à laisser partout l'assaillant à découvert (1).

---

(1) Nous empruntons la plus grande partie de ces détails si précis sur la construction des oppida celtiques aux commentaires de la nouvelle édition de l'*Histoire générale de Languedoc*, liv. II, chap. xxxiv. Toulouse, 1872.

L'oppidum constituait ainsi une véritable citadelle avec ses glacis, son escarpe, ses fossés, ses tours et tous ses ouvrages extérieurs ; des hommes énergiques pouvaient s'y maintenir pendant des mois entiers, et la limite de la résistance n'était marquée que par celle des approvisionnements.

Cette question des approvisionnements était loin d'être négligée. En première ligne, venait l'eau ; et, lorsqu'une source ou une fontaine suintait sur le plateau, on avait soin de l'aménager avec une prudente réserve ; mais cette ressource naturelle était loin de satisfaire, dans la plupart des cas, aux besoins les plus indispensables ; aussi, pour ne pas être exposés à mourir de faim et de soif sur ces cimes dénudées et incultes, les différents groupes d'émigrants étaient tenus d'apporter avec eux non-seulement leur blé, leur vin et leur huile, mais aussi l'eau, qui pouvait faire défaut sur ces hauteurs arides. Ce transport avait lieu avec un nombre considérable de grandes amphores à deux anses dont le type nous est parfaitement conservé (1), et qu'on hissait péniblement à dos de mulet, à travers des sentiers de montagne à pentes très-roides et souvent encombrés de fuyards. Dans la précipitation de ces émigrations temporaires, la plus grande partie des vases étaient brisés, et ceux qui survivaient à ces voyages et à

---

(1) Voir toutes les collections celtiques et gallo-romaines notamment le musée de Saint-Germain.

ces transbordements tumultueux étaient très-certainement mis en pièces à leur tour après avoir été vidés ; ainsi s'explique tout naturellement la quantité véritablement prodigieuse de débris de poteries de toute nature dont les murs de l'enceinte étaient criblés et dont le sol des oppida est quelquefois littéralement couvert. Pendant l'été, les émigrants installaient des gourbis de ramée et des tentes grossières, à l'intérieur et souvent tout autour du mur d'enceinte ; pendant l'hiver, on se mettait à l'abri sous de misérables cabanes construites de troncs d'arbres et recouvertes d'une épaisse toiture de chaume ou de roseaux ; les bêtes de somme et les troupeaux paissaient au piquet ou en liberté sur les glacis, en dehors des courtines ; et l'on vivait tant bien que mal sous des hangars en plein air, en ménageant des provisions que l'on faisait cuire dans des fours de potier dont on a retrouvé plusieurs fois de curieux vestiges contre le parement intérieur du mur de ceinture. Au moment du danger, femmes, enfants et troupeaux étaient ramassés dans l'intérieur de l'enceinte ; les hommes valides disputaient le pied de l'escarpe, réparaient les brèches de l'attaque, et l'on attendait de la fortune et du sort des armes l'heure de la délivrance ou celle de la mort.

Ces oppida, qui n'étaient alors à proprement parler que des lieux provisoires d'asile ou de refuge, n'avaient pas, dans le principe, de population permanente ; ce ne fut que peu à peu qu'ils se transformèrent en véritables cités, dont les habitants réguliers, *oppidani* (1), formèrent des groupes compactes, assez nettement définis, et que le sentiment de la défense commune rendait solidaires. Les guerres privées étaient alors à l'état endémique ; et à cette cause incessante de ruine et de désordre venait s'ajouter le fléau périodique des invasions étrangères. Pour vivre, il fallait être fort, nombreux et compacte, et c'est ainsi que sont nées et se sont développées les premières associations.

V

On peut, d'après cette description, se rendre compte d'une manière assez exacte de la physionomie et des caractères généraux de la population à la fois guerrière et pastorale qui vivait aux plus anciennes époques historiques et dont nous sommes les descendants. Des bassins isolés les uns des autres par des chaînes de montagnes rarement franchies ; — chaque vallée réduite aux strictes ressources de sa production individuelle ; — un territoire souvent désert et très-pauvrement cultivé ; — sur toutes les hauteurs, des enceintes

---

(1) César désigne, à plusieurs reprises, les habitants de l'*oppidum* d'*Uxellodunum* sous le nom d'*oppidani*. Le même nom est donné aux habitants de l'*oppidum* des *Tolosates* (Vieille-Toulouse). — *Hist. gén. de Languedoc*, notes E. B. *passim*.

fortifiées ; — point de routes, à peine quelques sentiers de piétons ; — et au bas de la vallée, le fleuve libre, sans digues, unique voie de communication transportant sur des barques grossières ou sur des radeaux les hommes et leur matériel : — tel était l'aspect sévère que présentait, à l'époque celtique, non-seulement la contrée qui devait devenir plus tard la riche Narbonnaise, mais aussi toute cette Gaule Chevelue, *Gallia Comata,* qui s'étendait des grèves du Rhône jusqu'aux bouches multiples du Rhin.

Le littoral du midi de la Gaule paraît cependant s'être bientôt dégagé de cette barbarie primitive. C'est de l'Orient que nous sont venus la lumière et le progrès. Les relations commerciales avec les Phéniciens et les Grecs avaient enrichi d'assez bonne heure la vallée du Rhône et toute la région méditerranéenne. De colonie à colonie, les échanges se faisaient par eau en longeant les côtes et en remontant les fleuves ; on ne tarda pas à reconnaître bientôt l'impérieuse nécessité d'une voie littorale qui pût rendre les communications permanentes et sûres en les affranchissant des lenteurs et des incertitudes de la navigation. Ce fut l'origine de la grande route qui reliait l'Ibérie à l'Étrurie, et traversait la partie méridionale de la Celtique. Annibal la trouva toute tracée lorsque, après avoir franchi les Pyrénées, il s'engagea dans le pays des Arékomiques pour se rendre en Italie. Redressée, élargie et entretenue plus tard par les légions romaines, elle devint la voie Domitienne et Aurélienne, l'une des plus fréquentées de l'Empire. Aujourd'hui encore, son tracé se confond avec celui de nos routes modernes, et elle constitue sur plusieurs points les tronçons de l'une des plus importantes artères de la France.

## VI

Il n'est pas sans intérêt de remarquer qu'après trente siècles de civilisation, de travail et d'industrie, l'homme ne s'est pas sensiblement éloigné des grandes lignes que la nature lui avait indiquées.

La mer est toujours par excellence « la route gratuite et éternelle »; et les fleuves, « ces chemins qui marchent », seront encore pour les générations futures, comme ils l'étaient pour celles qui ont disparu, les meilleures voies d'écoulement de toutes les richesses du sol. Nos routes de terre, dont l'inextricable réseau semble, au premier abord, échapper aux grandes lois qui ont déterminé le relief et le modèle de l'écorce terrestre, suivent au contraire pour la plupart, avec une très-grande fidélité, les lignes de pente nettement dessinées par les eaux. Ce sont essentiellement des routes de vallées, auxiliaires et *doublures* en quelque sorte du fleuve lui-même ; et les chemins de montagne ne sont et ne peuvent être que des créations artificielles et exceptionnelles, destinées à mettre en communication deux bassins séparés par une ligne de faîte.

La majorité des hommes vit, circule et meurt, comme autrefois, sans sortir des bornes d'une vallée ; et les nomades qui franchissent ces limites sont encore aujourd'hui relativement très-peu nombreux. Les chemins de fer eux-mêmes, que les merveilles de l'industrie moderne paraissent rendre indépendants de ces lois naturelles, s'y conforment dans le fond d'une manière très-étroite et ne sont en général que des voies latérales aux grands fleuves ; et ce n'est que dans des conditions extrêmement rares que l'on s'éloigne du centre des vallées, et que l'on perd de vue ces rivières qui semblent être les avant-projets dressés par la nature et comme les lignes primordiales, dont les routes tracées par les hommes ne devront jamais s'écarter.

Ces voies de communication rapides et perfectionnées sont incontestablement la plus grande révolution économique et sociale des temps modernes ; on peut apprécier les services qu'elles ont déjà rendus au monde civilisé ; il est difficile de se faire une idée, même approximative, de l'accroissement de richesse qu'elles développeront un jour et de l'influence bienfaisante qu'elles exerceront sur l'ensemble de notre globe. Mais toute médaille a son revers ; et il est juste aussi de reconnaître qu'elles ont développé sans mesure les goûts d'instabilité et de changement, qui sont un des fléaux de notre époque; et nous ajouterons que, si elles facilitent à quelques-uns la connaissance superficielle d'une grande partie du monde, elles détruisent chez presque tous le sentiment de la nature, l'esprit d'observation et de recherche et le noble désir d'étudier sérieusement ce sol, tour à tour fécond et aride, dont la physionomie, les aspects si variés et les révolutions sont liés à l'histoire même des hommes.

Car l'histoire, dans le sens scientifique et élevé du mot, n'est pas seulement le récit aussi vrai que possible des événements accomplis aux diverses époques de la vie connue de l'humanité. C'est, en réalité, un véritable drame permanent dont les premiers et les plus curieux épisodes se perdent dans la nuit du passé, qui se déroule de siècle en siècle devant un immense public s'éteignant et renaissant tous les jours, et dont on ne peut saisir le caractère et la marche que si l'on reconstitue exactement les différentes scènes sur lesquelles ces millions d'acteurs et de spectateurs ont agi, souffert et fini par se coucher côte à côte dans le repos éternel.

## VII

J'ai cherché, dans une étude précédente, à faire revivre les plages désertes du golfe de Lyon. J'ai essayé d'arracher à l'indifférence, cette triste fille de notre temps, les cités disparues ou amoindries qui jalonnent le *lido* sablonneux des côtes du Languedoc et du Roussillon.

Je convie aujourd'hui le lecteur à continuer avec moi cette exploration de la région méditerranéenne, que nous avons commencée ensemble au cap de Creux et terminée aux embouchures du Rhône.

Cette étude ne présentera pas, je l'espère, moins d'intérêt que la précédente. Elle en différera tout d'abord d'une manière essentielle, par l'aspect varié et l'architecture rocheuse de la zone littorale. Nous avons quitté une plage nue, monotone et désolée; nous entrons tout à coup sur un territoire fertile, presque harmonieux et doucement ondulé; c'est la Provence. Le rivage, jusqu'alors indécis, est désormais arrêté par des contours et des falaises nettement dessinés; les lagunes ont disparu, et avec elles le triste cortége de ces *villes mortes*, qui semblent les épaves des générations éteintes. Les collines boisées et les vallons peuplés de pâles oliviers sont noyés dans une poussière lumineuse; et les rochers calcaires qui s'avancent en mer comme de monstrueuses cariatides se colorent, suivant les différentes heures du jour, des plus douces teintes mauves et roses, baignés à leur pied par une immense nappe d'azur. Après avoir laissé derrière soi le désert et le grand silence des cimetières, on entre dans une atmosphère chaude, radieuse, où circule la séve de la vie et où s'épanouissent toutes les magnificences d'une végétation tropicale.

Les souvenirs qui s'attachent à ces rivages merveilleux remontent aux plus hautes époques historiques connues ; et, comme toujours, la légende et l'histoire se confondent dans une demi-teinte pleine de charme et de poésie.

Historiquement, ce furent d'abord les Ibères et les Ligures qui occupèrent toute cette partie méridionale de l'ancienne Gaule. — Le flot de l'invasion celtique commença dès le sixième siècle avant notre ère, et cette grande migration aryenne paraît avoir, quatre siècles plus tard (deuxième siècle avant J- C.), dépossédé complétement les populations ibéro-liguriennes qui étaient disséminées sur tout notre littoral.

Les Phéniciens occupaient déjà depuis longtemps quelques points de la côte, lorsque l'émigration grecque y introduisit les mœurs, les usages, les rites religieux et le sentiment délicat de l'harmonie et de l'art, qui est resté pendant de longs siècles le plus noble apanage de cette race privilégiée.

La civilisation romaine est venue enfin organiser administrativement toutes les villes grecques du littoral sur le modèle de la métropole ; mais, malgré l'influence de la conquête et l'exercice permanent de la force, cette race celtique, mélangée d'éléments grecs, a conservé de tout temps une physionomie spéciale dont nous retrouvons encore aujourd'hui le caractère très-nettement accusé. Alors que toutes les races conquises par les maîtres du monde étaient absorbées et fondues sous la domination des Césars, la population gallo-grecque a gardé, dans ses allures, dans ses mœurs, dans ses monuments et jusque dans ses traits, une sorte de grâce et de finesse qui rappelle sa noble origine.

En parcourant cette côte de Provence que des révolutions et des invasions sans nombre ont bouleversée de fond en comble, nous verrons à chaque pas affleurer les vestiges du monde ancien ; nous essayerons de les dégager des éléments modernes qui en altèrent et en déforment les contours ; ces manifestations et ces souvenirs de l'Orient et de la Grèce nous apparaîtront alors avec toute la pureté de leurs lignes primitives. L'asservissement de l'Empire, la brutalité féodale et la dévastation sarrasine n'ont pas absolument tout détruit ; et la beauté calme et sereine de l'art grec se révèle encore dans les moindres ruines, au sein d'une végétation semi-tropicale qui rappelle à la fois la couleur l'éclat et les parfums de l'Orient.

# CHAPITRE PREMIER.

### LA RÉGION D'ARLES ET LES DIGUES DU RHÔNE.

Relation entre l'histoire de l'homme et l'histoire du sol. — Transformation du territoire d'Arles. — Le golfe d'Arles à l'origine de la période quaternaire. — Le diluvium du Rhône et le diluvium de la Durance. — La grande *Crau* et la *Crau* d'Arles. — La plaine d'Arles couverte par les eaux. — Formation de la Camargue. — Digues du Rhône : leur développement, leur histoire, leurs avantages, leurs inconvénients. — Les *Ségonnaux* : leur richesse supérieure à celle des terres protégées. — Ruptures de digues. — Inondations de 1840 et de 1856. — Funestes conséquences des digues pour l'agriculture et pour le régime du bas Rhône.

I

Il est difficile de se faire une idée exacte de la physionomie d'une ville ancienne, si l'on n'étudie pas tout d'abord son territoire ; et le premier soin de celui qui veut connaître le passé d'un peuple doit être de reconstituer le sol sur lequel il a vécu.

Cette étude du sol fait presque toujours défaut à la science de l'histoire, réduite dès lors à l'état de simple chronique ; et cependant les variations que ce sol a éprouvées depuis les premiers âges ont été, dans certains cas, tellement sensibles que l'on ne peut saisir nettement la progression, la raison d'être et le caractère des événements accomplis, si l'on ne se représente pas aussi fidèlement que possible les scènes successives qui se sont déroulées sur cet immense théâtre.

La vie de l'homme est, en effet, intimement liée à la nature du milieu qu'il habite; ses mœurs, ses coutumes, ses migrations, son industrie, les moindres conditions de son existence dépendent d'une manière directe de la constitution physique de la surface sur laquelle il s'agite. Sur la plus grande partie du globe, cette surface n'éprouve que des variations lentes, séculaires et à peine appréciables; mais, en d'autres points, et notamment dans la région des embouchures des grands fleuves à delta, le territoire se modifie quelquefois avec une étonnante rapidité et se transforme presque à vue d'œil; les plaines s'étendent et s'exhaussent après chaque inondation; l'accroissement annuel est quelquefois de plusieurs hectares; des étangs se forment et disparaissent tour à tour; le fleuve change son cours et fait brusquement irruption au milieu des alluvions récemment déposées; des îles nouvelles naissent, se développent, se groupent et finissent par se rattacher au continent; des flèches de sable se soudent les unes aux autres, dessinent un mince cordon littoral, détachent du domaine maritime de petits golfes, qui lentement se transforment en lagunes, en étangs, en marais, et dorment à l'état de terrains vagues et indéfinis jusqu'au moment où la culture s'en empare; la mer enfin tantôt ronge la côte, tantôt semble se retirer devant elle; et la résultante de tous ces phénomènes successifs est, après une période de quelques siècles, de changer d'une manière notable l'aspect, le relief et la physionomie de toute la région.

II

Le territoire d'Arles est un de ceux qui ont le plus varié depuis les temps historiques, et par sa nature il est destiné à éprouver encore dans l'avenir de nouvelles transformations.

Il est toujours intéressant, lorsqu'on parcourt un sol de création relativement moderne, de jeter un coup d'œil rétrospectif sur le passé et de remonter aussi près que possible des commencements de l'époque géologique actuelle, c'est-à-dire au moment où la terre, sortie de sa dernière convulsion, a pris dans son ensemble le relief et le modelé dont nous saisissons aujourd'hui les grandes lignes. La campagne d'Arles n'existait pas alors; et la grande plaine triangulaire dont les trois sommets sont Beaucaire au Nord, Cette à l'Ouest et Fos à l'Est, était une dépendance de la mer. Là où nous voyons les embouchures du Rhône former une saillie très-prononcée qui empiète tous les jours sur le domaine maritime, se trouvait un immense enfoncement, et les vagues venaient déferler contre les falaises abruptes de Lunel, de Nimes et de Beaucaire, contre les chaînes rocheuses des Alpines et de la Montagnette, situées à l'est et au nord de Tarascon, et au pied des collines calcaires dont les croupes doucement arrondies séparent aujourd'hui l'étang de Berre du désert de la Crau.

Ce golfe avait ses îles, et il est encore très-facile de les reconnaître en examinant toutes celles de nos cartes modernes qui indiquent les différentes altitudes du sol. Le plan général d'inondation des eaux du globe n'a pas, en effet, changé d'une manière sensible depuis une longue période de siècles; et tout ce qui dépasse à peine de quelques mètres le niveau actuel de la mer devait naturellement émerger autrefois au-dessus des eaux. Ainsi la chaîne des Alpines était baignée sur tout le développement de ses blanches falaises; la Montagnette présentait des dispositions analogues; le petit massif calcaire que couronnent les ruines de l'abbaye de Montmajour, la montagne de Cordes, le hameau de Castelet, etc., étaient des îlots perdus au milieu du golfe, et à peine si le plateau d'Arles s'élevait de quelques mètres au-dessus de cette zone inondée.

Le Rhône et la Durance entraient en mer au point le plus profond de cette grande courbe du rivage primitif: le premier, un peu au-dessous de la plaine humide qui vit tour à tour se développer les premières cabanes de l'*Aven* celtique, les constructions successivement élégantes et massives de la colonie grecque et romaine d'*Avenio*, Avignon, et les tours crénelées de la ville des papes; la seconde, divisée en deux branches dont l'une fit irruption par l'étroit défilé de Lamanon, et l'autre, contournant au Nord le versant des Alpines, baignait de ses eaux troubles le pied de l'ancien *Glan* des Saliens, qui fut bientôt le *Glanum* de l'Empire et est resté le Saint-Remy de la Provence.

Dès le principe, les deux fleuves commencèrent dans le golfe ce grand travail de comblement que tous les cours d'eau exécutent sans relâche à leurs embouchures, lorsque la vitesse de leur courant vient s'amortir contre la masse immobile des eaux tranquilles d'une mer sans marée. Mais cette œuvre si lente n'aurait pu, après une longue période de siècles, s'étendre que sur les parties les plus rapprochées du rivage et atteindre qu'une zone fort restreinte du domaine maritime; et le golfe existerait encore aujourd'hui, si un cataclysme subit n'était venu tout à coup transformer toute cette partie de la côte.

### III

A une époque qu'il est impossible de préciser, mais qui est cependant postérieure aux dernières dislocations géologiques du sol, deux déluges formidables ont balayé toute la vallée du Rhône et de la Durance; et des quantités innombrables de roches, arrachées violemment des flancs des Alpes, ont été entraînées et roulées sur tout le cours de ces fleuves. Les plus terribles inondations ne peuvent donner une idée, même amoindrie, de la puissance de ces cataclysmes, véritables avalanches d'eau, de boue et de rochers, qui ont eu pour résultat de tout engloutir et de tout détruire sur leur redoutable passage (1); la vitesse d'écoulement et la masse énorme de matières charriées n'ont pas permis au fleuve de réduire ces quartiers de roche en sables et en limons; le temps, qui est un des éléments indispensables de cette trituration, a fait défaut. Les blocs ont été seulement brisés en mille pièces, leurs arêtes arrondies, leur surface polie par le frottement; et, lorsqu'aux approches de l'embouchure la vitesse s'est brusquement ralentie, cette immense traînée de cailloux roulés est venue se répandre dans le golfe, qui a été ainsi comblé sur une épaisseur de près de vingt mètres et à une distance qui se prolonge à plusieurs kilomètres en mer.

Le grand *diluvium* du Rhône a fait irruption par le défilé que forment les montagnes de Beaucaire et le massif de la Montagnette, au nord de Tarascon; le *diluvium* de la Durance s'est précipité, de son côté, par la gorge de Lamanon, à l'est de la chaîne de la Trévaresse et au pied même du contre-fort de la montagne du Défends.

Tous deux venaient des Alpes; le premier, dans la direction du Nord, par le grand couloir du

---

(1) Voir, sur l'origine et les différentes hypothèses des courants diluviens, les *Villes mortes du golfe de Lyon*, 1ʳᵉ partie, chap. III, § IX, et 2ᵉ partie, chap. IX, § XIII, et notes.

Rhône; le second, du côté de l'Est, par la vallée briançonnaise de la Durance. La résultante de ces deux courants s'est dirigée vers le Sud-Ouest; et c'est pourquoi l'immense nappe de cailloux charriés s'est déroulée jusqu'aux environs de Cette, couvrant toute la plaine qui s'étend de Nimes jusqu'à la mer.

Ce fut la Crau primitive, bien autrement vaste que la petite Crau actuelle, et dont on peut évaluer la superficie à près de deux cent cinquante mille hectares, tandis que le désert pierreux désigné plus spécialement aujourd'hui sous le nom de *Crau d'Arles* n'a guère que trente-cinq mille hectares d'étendue.

Sauf quelques ondulations accidentelles, cette plaine triangulaire paraît être, à vue d'œil, un plan à peu près horizontal; mais en réalité elle offre une pente générale très-doucement inclinée vers le rivage, et c'est sur ce lit de cailloux stériles que le Rhône et la Durance ont commencé à couler librement. Rien de plus irrégulier et de plus variable dans le principe que le régime et le cours de ces deux fleuves, abandonnés à eux-mêmes sur cette surface absolument dénudée. Tous deux l'ont envahie sur une très-grande étendue, et le sol a présenté pendant de longs siècles l'aspect d'une véritable inondation. Au milieu de l'enchevêtrement d'un nombre indéterminé de lacs et d'étangs dont la profondeur était presque toujours insignifiante, les bras du fleuve serpentaient en tous sens, creusant des passes incertaines à chaque instant modifiées ; les eaux troubles des moindres crues se répandaient sur toute la plaine, y déposaient des couches successives de sable et de limon ; et ces dépôts accumulés ont formé une terre végétale de première valeur, dont l'épaisseur varie de cinq à dix mètres. Telle est l'origine tout à fait récente de la Camargue, des plaines d'Arles, du Trébon et du Plan-du-Bourg.

Le Rhône et la Durance, en effet, transportent avec eux tous les ans dix-sept millions de matières minérales, résultat de la trituration des blocs et des cailloux qu'ils roulent depuis leur source jusqu'à la mer. Ces créments précieux se perdent aujourd'hui presque en entier aux embouchures ; mais, aux époques éloignées dont nous parlons, une très-notable partie de ces *troubles* se déposaient sur la grande nappe de cailloux de la Crau ; les eaux venaient s'y étaler et y mourir sans vitesse, et les limons qu'elles abandonnaient ont constitué peu à peu un sol d'alluvion vierge et éminemment fertile.

Dès que la première couche de terre végétale fut ainsi formée, le fleuve put se tracer un ou plusieurs sillons suffisants pour l'écoulement de ses eaux moyennes ; mais, à la moindre crue, il se répandait en dehors de ces *lits mineurs,* s'élevait au-dessus des berges, envahissait les terres riveraines et ne rentrait dans ses premières limites qu'après avoir déposé sur ses francs bords une nouvelle couche de limon. Les inondations les plus considérables avaient régulièrement lieu, alors comme de nos jours, au commencement de l'été; et, lorsque la fonte des glaciers des Alpes coïncidait avec les pluies tièdes apportées par les vents de mer, la plaine entière était envahie par les eaux, et tout le territoire disparaissait sous une nappe boueuse qui laissait, en se retirant, des dépôts dans tous les bas-fonds.

## IV

Ainsi la Crau de Provence, la Crau de Languedoc, la petite Crau d'Arles, la Crau plus réduite encore de Saint-Remy, soudées autrefois les unes aux autres, n'étaient, dans le principe, qu'une seule et immense Crau, véritable mer de cailloux, *campi lapidei,* comme l'appelaient les anciens (1), dont les parties les plus basses étaient toujours inondées et les autres périodiquement submergées par les grandes eaux du fleuve.

Cette puissante formation a eu lieu d'ailleurs tout d'une pièce; le diluvium du Rhône et de la Durance a été en effet un accident subit qui, dans un rapide cataclysme, a nivelé la base et construit en quelque sorte la fondation sur laquelle repose le territoire d'Arles, et que les géologues appellent

---

(1) *Campi lapidei, Herculis præliorum memoria.* (PLINE, l. III, c. v.)

d'une manière si juste le *substratum* de la Camargue ; et c'est au-dessus de cette couche caillouteuse que les inondations périodiques du fleuve ont lentement déroulé le manteau de terre végétale et d'alluvion qui tapisse la cuvette de tous les marais, forme l'assiette de toutes les prairies et constitue en définitive le sol cultivable, et si peu cultivé, de la majeure partie de la plaine actuelle.

L'ossature a donc été l'œuvre d'un jour ; l'épiderme, au contraire, a été et est encore le résultat du travail lent et continu des siècles. Le premier est une formation géologique terminée depuis le commencement de l'époque actuelle et qui ne changera pas, à moins que notre planète ne subisse une nouvelle dislocation ; le second est en voie de transformation permanente, se modifie sans cesse sous nos yeux et est destiné, dans la suite des âges, par l'action combinée de l'homme et de la nature, à se développer de plus en plus ; et c'est ainsi qu'un territoire d'une réelle fertilité remplace déjà depuis plusieurs siècles la vaste surface qui n'était, à l'origine des temps, qu'un champ de désolation et un immense désert.

## V

Le territoire d'Arles était donc anciennement un territoire submergé ; il est resté, de nos jours, un territoire submersible ; et son existence, comme celle de la Hollande, placée en contre-bas de la mer du Nord, ne se maintient que d'une manière tout artificielle et sous la protection des digues du Rhône.

Ces digues, sur le mérite desquelles il est permis de faire bien des réserves, sont une œuvre relativement moderne. Leur effet, ou plutôt leur prétention, est de protéger d'une manière absolue contre les inondations du Rhône, non-seulement toute la région riveraine qui s'étend de Tarascon et de Beaucaire jusqu'à la mer, sur la rive gauche du grand Rhône et sur la rive droite du petit Rhône, mais encore toute l'île de la Camargue. Les deux têtes de la défense sont la ville de Beaucaire et le massif de la Montagnette, à cinq kilomètres au nord de Tarascon ; les chaussées courent parallèlement aux deux bras du fleuve, et leur hauteur diminue peu à peu jusqu'au rivage maritime. Mêmes dispositions pour la défense de la Camargue ; la digue, très-élevée à la pointe du delta, suit les deux côtés de son triangle, et la protection de la grande île est complétée, le long de la plage, par une chaussée littorale qu'on appelle la *digue à la mer*.

Cet ensemble de défenses a près de trois cents kilomètres de développement :

Soixante-huit sur la rive droite du grand Rhône ou *Rhône d'Arles* ;

Soixante-douze sur la rive droite, de Beaucaire à la mer, et dont la majeure partie longe le petit Rhône ou *Rhône de Saint-Gilles* ;

Cent dix environ des deux côtés de la Camargue, sur les rives des deux Rhônes;

Près de quarante, enfin, bordant la plage et défendant l'île contre les tempêtes et les coups de mer.

Un budget annuel de cent vingt mille francs suffit à peine à leur entretien, et lorsque des désastres, qu'il est impossible d'éviter, mais qu'il est sage de prévoir, viennent détruire une partie de ces ouvrages, il devient indispensable de les rétablir en toute hâte et à grands frais ; et des dépenses excessives, ajoutées aux pertes agricoles, doivent être soldées par des impositions spéciales, auxquelles contribuent les populations appauvries et quelquefois ruinées de toute la zone si mal protégée.

## VI

On ne connaît pas de document qui permette d'établir que les digues aient été l'objet d'un entretien régulier avant le quatorzième siècle; et il est très-probable que, vers le douzième et même vers le treizième, elles étaient dans un état fort rudimentaire, abandonnées à l'initiative et à la garde individuelle des intéressés. Cet entretien était alors tout à fait insuffisant pour protéger d'une manière efficace l'ensemble des terres riveraines contre les grandes crues du fleuve. Était-ce un mal? On peut en douter. Les Égyptiens n'ont jamais songé à se défendre contre les crues de leur Nil, qu'ils considéraient comme une divinité protectrice, auxiliaire de leur agriculture ; ils regardaient et ils regardent encore avec raison comme une véritable fortune les inondations périodiques de ce fleuve, qui transforme leur désert brûlant en une fertile plaine d'alluvion. Ces riches limons, qu'Hérodote appelait avec autorité et même avec éloquence « les présents du fleuve (1) », ont fait les territoires du Caire et d'Alexandrie, et constituent aujourd'hui la plus grande partie du sol cultivable de l'Égypte. Le niveau de ce sol continuellement engraissé s'exhausse lentement de siècle en siècle, et le fleuve, toujours fécond, vient chaque année arroser, dessaler et amender des surfaces immenses disposées horizontalement pour le recevoir et sur lesquelles ses eaux boueuses s'étendent en nappes bienfaisantes. Si l'on endiguait aujourd'hui le Nil, dans deux siècles l'Égypte serait perdue.

Le Nil provençal procédait de la même manière, avant que le génie de l'homme, surexcité par des craintes irréfléchies, eût imaginé de le resserrer entre deux digues insubmersibles. La grande île de la Camargue, dont la superficie actuelle dépasse soixante-quinze mille hectares, était périodiquement recouverte par les eaux d'inondation, qui s'y étalaient librement et ne se

---

(1) Δῶρον τοῦ ποταμοῦ. (Hérodote.)

retiraient qu'après avoir déposé une notable partie
des « présents » qu'elles tenaient en suspension.
Ces matières fertilisantes s'arrêtent aujourd'hui
aux embouchures et y constituent ce seuil infranchissable, si bien appelé *la barre,* et qui ferme en
effet, comme une porte sous-marine, l'entrée du
fleuve aux navires du petit cabotage ; ce sont elles
aussi qui donnent naissance à ces îles vaseuses et
à ces écueils cachés qui se transforment, s'étendent, se déplacent et disparaissent accidentellement avec les grandes crues et les grosses mers du
large, et que, dans le langage du pays, on appelle
les *theys* (1). Lorsque l'absence de digues permettait au fleuve d'inonder les terres riveraines
et de recouvrir d'une tranche d'eau trouble la surface entière des deux Camargues, la plus grande
partie de ces dix-sept millions de matières ter-
reuses, aujourd'hui entraînées par la vitesse du
courant, exhaussaient et fertilisaient le sol; le
fleuve, décanté pour ainsi dire, se rendait à la
mer dépouillé d'une notable partie de ses troubles,
et les embouchures ne présentaient pas cet encombrement de vases contre lesquelles les chasses
les plus énergiques des plus fortes crues et les
efforts multipliés de l'homme sont restés sans
action sensible. L'amélioration agricole de toute
la région marchait donc de pair avec le maintien
d'une passe navigable, et le fleuve, libre et aban-

---

(1) Voir *les Villes mortes*, etc., 2ᵉ partie, ch. ix, § vi.

donné à lui-même, était l'agent naturel d'un double bienfait.

Nous avons aujourd'hui tout changé. Préoccupés uniquement du soin de nous défendre contre des crues que nous n'avons pas su utiliser, nous avons enfermé les deux Rhônes, la Durance, le Vidourle, le Vistre, tous les fleuves et cours d'eau qui se rendent à la mer, entre deux digues insubmersibles; et nous vivons dans la terreur, hélas! justifiée, de les voir un jour se rompre et le pays balayé par une inondation soudaine.

Et cependant ces dix-sept millions de mètres cubes d'alluvions perdues représentent annuellement une surface de terre végétale de plus de soixante hectares, sur une épaisseur moyenne de vingt-cinq centimètres; et l'on peut sans exagération admettre que la moitié au moins de ces limons pourrait être utilisée pour l'amélioration et l'exhaussement du sol; ce qui aurait en outre l'avantage de diminuer aussi de moitié l'encombrement des embouchures. Le Rhône pourrait donc produire sur notre territoire la même œuvre bienfaisante que le Nil accomplit si régulièrement à la surface de son immense delta.

## VII

Il est bien certain que, si l'établissement de ces digues défensives contre les eaux du Rhône présente des avantages, ces avantages sont très-chèrement achetés.

Rien de mieux assurément que d'entourer d'une chaussée insubmersible des villes, quelques villages, certains points isolés du territoire, où, sur une surface restreinte, il peut y avoir de grandes richesses à protéger ; mais, en rase campagne, partout où le fleuve peut se répandre sans rencontrer d'obstacles, il eût été plus sage de le laisser envahir lentement et librement la vaste plaine ouverte devant lui, et sur laquelle ses eaux sans vitesse auraient déposé chaque année une nouvelle couche de terre vierge et féconde.

Sans doute, les inondations causent à l'agriculture des dégâts quelquefois très-regrettables ; mais ces dommages ne sont presque toujours qu'apparents : à la place d'une récolte perdue ou emportée, le Rhône dépose souvent un champ d'alluvion dont l'épaisseur atteint quelquefois trente centimètres ; c'est donc un capital certain substitué à une rente douteuse (1) ; et il est permis de regretter que les agronomes et les ingénieurs n'aient pas assez compris que ce qu'il faut avant tout à cette terre desséchée et imprégnée de sel marin, c'est de l'eau trouble et douce pour la dessaler, l'arroser et la nourrir, et que le Rhône avait été placé si près de nous par la nature prévoyante comme le meilleur et le seul auxiliaire de notre

---

(1) DE GASPARIN, *Mémoire sur les débordements du Rhône.* (Compte rendu de l'Académie des sciences, t. XVIII, année 1844.)

agriculture, et une source intarissable de richesse et de fertilité.

## VIII

On ne saurait mieux mettre en évidence la pauvreté des résultats agricoles obtenus en Camargue et dans le territoire d'Arles, qu'en comparant la valeur relative des terrains défendus contre le Rhône et de ceux qui ne le sont pas.

La différence est en faveur de ces derniers.

A l'époque de la domination romaine, cette partie de la Narbonnaise était une des plus riches provinces de l'Empire; Arles pouvait alors se dire orgueilleusement la Rome des Gaules, *Gallula Roma,* la puissante nourricière, *mamillaria Arelas,* et la Camargue était bien en réalité « le grenier de l'armée romaine ». Aujourd'hui, les abords d'Arles seuls présentent une végétation brillante, et la culture ne se développe que sur les alluvions déposées par le Rhône sur ses francs bords; mais toute la grande plaine est coupée de flaques d'eau saumâtre, sans écoulement, qui exhalent pendant la majeure partie de l'année des émanations malsaines; sur une étendue de près de quatre-vingt mille hectares, dix-huit mille à peine, échelonnés sur les deux rives du grand et du petit Rhône, sont livrés à la grande culture; tout le reste forme une vaste cuvette, où les pâturages et les terres vagues, recouvertes d'efflorescences salines, deviennent de plus en plus déserts; des joncs, des tamaris rabougris, de chétives graminées sont les éléments clair-semés de cette flore paludéenne terne et incolore. A mesure qu'on avance dans cette solitude, la végétation s'appauvrit et s'étiole; les bas-fonds se succèdent, les landes sablonneuses se prolongent à perte de vue. Point de relief; le sol dénudé et plat miroite sous la lumière trop crue du ciel de la Provence. Partout la tristesse, la désolation, la fièvre, presque la mort.

## IX

Bien avant l'occupation romaine, cette plaine submersible était couverte de prairies, et tour à tour cultivée et naviguée. Arles grecque s'appelait alors *Theline* (Θήλη, mamelle) (1), nom que les géographes des premiers siècles de notre ère lui ont longtemps conservé, et qui rappelle la merveilleuse richesse de son terroir.

On peut d'ailleurs très-bien juger de la fertilité de cette région ancienne, baignée périodiquement par les eaux du Rhône, d'après la puissante végétation qui recouvre aujourd'hui les terres situées dans l'intérieur même des digues, et qui

---

(1)     *Arelatus illic civitas attollitur,*
        *Theline vocata, sub priore sæculo,*
        **Graio incolente.**
                    (AVIEN., *Or. mar.,* v. 679 681.)

contraste d'une manière si frappante avec l'état précaire d'une assez grande partie de la zone protégée.

Ces longues îles d'oseraies, ces berges et ces francs bords situés dans le lit majeur du Rhône, submergés régulièrement par les crues moyennes, tous ces terrains bas que plusieurs fois par an le fleuve recouvre, nourrit et engraisse, sont désignés dans le pays sous le nom assez singulier de *segonnaux* (1).

Leur valeur agricole est supérieure de plus d'un tiers à celle des meilleurs terrains défendus ; leur niveau s'élève en moyenne à un mètre, quelquefois à deux mètres au-dessus du sol invariable et souvent improductif de la Camargue; et cet exhaussement, tout entier dû à des dépôts successifs de matières minérales de premier ordre, peut donner une idée de ce que serait devenu tout le delta, si l'on avait laissé le fleuve opérer en toute

---

(1) Il est aussi naturel de chercher que difficile de trouver une étymologie rationnelle du mot provençal *segonnal, segonnaux*. Inutile de s'arrêter longtemps aux mauvaises interprétations qui le font dériver de *secundum flumen* ou de *siccatum* (*les segates*), terrains situés au bord du fleuve et desséchés après le passage des eaux.

Le mieux est de remarquer avec M. Jacobs (*Études scientifiques sur les fleuves et rivières de la Gaule au moyen âge*. Paris, 1859) que le radical *saog* se retrouve dans plusieurs noms de rivières mentionnés par Frédégaire, l'anonyme de Ravenne et d'autres chroniqueurs du neuvième siècle. Tout porte donc à croire que ce mot, comme plusieurs autres de forme analogue, est d'origine celtique.

liberté le grand colmatage de la plaine qui s'étendait devant lui.

Ainsi les dépenses si considérables de premier établissement et d'entretien de ces formidables digues du Rhône, dont le développement total est de plus de trois cents kilomètres, ont eu pour résultat de priver les terrains défendus du bienfait du dessalement, du limonage et de l'irrigation ; et, comme conséquence pratique, ces terrains protégés contre le Rhône ont aujourd'hui une valeur vénale moindre d'un tiers que celle des terrains inondés. L'homme, se substituant à la nature, a donc appauvri son territoire.

X

A ce singulier résultat vient s'ajouter une considération d'une bien autre gravité. Quel que soit, en effet, le soin avec lequel ces défenses sont établies, quelques dépenses qu'on y consacre, malgré une surveillance active et incessante, tout danger n'a pas disparu. Sans parler des crues extraordinaires qui peuvent dépasser le niveau des digues, il est clair que la sécurité de tout le territoire dépend d'une cause quelquefois futile et presque toujours imprévue; un tassement subit, une crevasse cachée au pied de la digue, la moindre fissure produite par le cheminement d'un castor peuvent provoquer un désastre; et il y a lieu de remarquer que la rupture inopinée de l'une des digues doit produire nécessairement des dégâts considérables. Le fleuve fait alors une brèche, par laquelle il se répand avec une violence d'autant plus grande qu'il a été plus longtemps contenu ; et tout le territoire envahi par les eaux est alors dévasté de la manière la plus lamentable. Au lieu d'une inondation lente, progressive et bienfaisante, c'est un véritable déluge qui balaye toute la plaine placée en contre-bas du fleuve et y produit des désordres effroyables.

Les vieilles chroniques de Provence et de Languedoc ont conservé le souvenir de ces terribles catastrophes; mais, sans remonter à une époque très-éloignée de nous, les inondations de 1840 et de 1841 et celle de 1856 ont été d'autant plus terribles que les digues plus élevées avaient résisté plus longtemps à la pression des eaux du fleuve, et que, lorsqu'elles ont fini par céder, la masse entière de ces eaux s'est précipitée avec fureur d'une hauteur de près de six mètres sur une plaine qui n'était nullement préparée à recevoir une pareille invasion.

En 1840 et en 1841, « le champ de l'inondation embrassait une étendue de 43,000 hectares, comprenait trois villes, dix communes, les salins de Peccais, le port d'Aiguesmortes, quatre routes importantes, un développement de 98 kilomètres de canaux de navigation, sans compter une infinité de canaux de desséchement et d'arrosage. Le chiffre officiel des pertes causées à l'agriculture seulement s'est élevé à 14 millions, et la réparation des chaussées a coûté 1,100,000 francs (1). »

En 1856, les désastres furent plus grands encore, et la rupture de la chaussée de la Montagnette (2) occasionna les plus grands malheurs; les eaux, contenues longtemps par cette chaussée, ne purent s'écouler librement sur ce territoire qu'elles auraient inondé sans doute, mais n'auraient certainement pas dévasté; dans la ville de Tarascon, l'inondation atteignit presque instantanément le premier étage des maisons et prit des proportions

---

(1) *Mémoire sur l'organisation d'un syndicat général de Beaucaire à la mer.* Exposé par MM. Bouvier et Surell, ingénieurs de la navigation du Rhône. — Beaucaire, 15 juillet 1844.

(2) La Montagnette est un massif isolé, de terrain crétacé inférieur, situé au nord de Tarascon. Elle affecte presque la forme d'une ellipse, dont le grand axe est orienté du Nord-Est au Sud-Ouest. La longueur de ce grand axe est de neuf kilomètres, celle du petit axe de cinq environ. L'altitude des différents pitons de ce massif varie de cent à cent soixante mètres. La sécheresse et l'aridité de la Montagnette, aux roches dénudées et abruptes, contraste avec la richesse et la fertilité de la plaine horizontale qui l'entoure de tous côtés, et qui est entièrement formée par les alluvions du Rhône et de la Durance. La digue de défense, dite *chaussée de la Montagnette,* part de ce massif et s'étend, en aval, jusqu'au rocher de Tarascon, sur lequel est bâti le célèbre château de René, roi troubadour de Provence; elle barre ainsi l'entrée de la vallée. Son développement est de cinq kilomètres environ; c'est l'origine d'une ligne de défense continue qui se prolonge le long du Rhône jusqu'à la mer, et qui protége la plaine d'Arles et toute la rive gauche du fleuve.

effrayantes; et les habitants de cette malheureuse ville, qui s'étaient crus un instant protégés par la digue qui venait de se rompre, surpris par l'eau et affolés de terreur, durent percer les toits de leurs maisons pour échapper à une mort certaine. Pour éviter de plus grands malheurs, on fut obligé de couper la chaussée du chemin de fer et de laisser les eaux se répandre dans la plaine (1). Les territoires d'Arles et de Tarascon ne furent pas les seuls dévastés et noyés. Les digues du cours inférieur du Rhône ne furent ni emportées, ni surmontées; mais il s'y produisit des brèches par infiltration, et une grande partie de la zone horizontale qui s'étend de Beaucaire à la mer fut envahie; toute la plaine devint un véritable lac sillonné de courants et de remous, et les bateaux à vapeur purent naviguer jusqu'à Aiguesmortes, éloignée de près de vingt kilomètres du fleuve. La ville était entourée d'une tranche d'eau de plus de un mètre

---

(1) « A Tarascon, les eaux du Rhône, qui, lors des inondations précédentes, pouvaient s'étendre au large dans la plaine, s'étant trouvées arrêtées par le chemin de fer, menaçaient la ville d'un horrible désastre. M. de Crèvecœur, préfet des Bouches-du-Rhône, s'est transporté en toute hâte sur les lieux, et, sur ses ordres, les ingénieurs de la Compagnie ont fait couper la levée du chemin de fer, en amont de Tarascon, sur une longueur de cent mètres, pour donner passage à l'inondation. » — Extrait du *Courrier de la Drôme et de l'Ardèche*, du 3 juin 1856. Voir Délibération du Conseil municipal de Tarascon, 19 juin 1856.

de hauteur, mer boueuse qui interceptait toutes les communications; les portes furent fermées, et pendant plusieurs jours les plus gros navires du Rhône vinrent accoster les remparts comme de véritables quais, et durent ravitailler la population, protégée par son enceinte contre cet ennemi d'une autre nature.

Le chiffre des pertes subies par l'agriculture s'éleva à près de quinze millions.

Il est inutile d'insister plus longtemps sur un aussi triste sujet. Le mal est fait : les digues existent ; on doit les subir, et il est difficile aujourd'hui de s'arrêter dans une voie où l'on s'est engagé sans modération et sous l'empire d'une terreur irréfléchie.

Il est cependant permis de regretter le temps où le fleuve, libre et bienfaisant, répandait ses trésors sur toute la plaine, et faisait oublier les dégâts passagers qu'il occasionnait par la richesse féconde et durable dont il dotait le territoire.

La Camargue était alors une plaine fertile et cultivée. Partout des prairies verdoyantes et arrosées, des étangs largement alimentés, navigables pour la plupart, flottables toujours.

La ville d'Arles, baignée de tous côtés par le Rhône et les étangs, était en quelque sorte portée au-dessus des eaux. Tout autour, de longues îles boisées semblaient descendre lentement le cours du fleuve, et les terres basses de ce magnifique terroir recevaient du fleuve chaque année une nouvelle couche de limon aussi fertile que celui du Nil. Grâce à cette inondation salutaire, la ville grecque d'abord, la ville romaine ensuite purent se développer et s'enrichir, sans avoir à craindre ces émanations malsaines que produisent toujours la stagnation des eaux et le défaut d'écoulement des marais, et qui ont désolé les populations du bas Rhône pendant toute la période du moyen âge et la majeure partie des temps modernes.

# CHAPITRE DEUXIÈME.

### LA NAVIGATION DES UTRICULAIRES.

La science géographique auxiliaire de l'histoire. — Population primitive de la Provence. — Les Ligures. — Première apparition de l'Orient. — Époque héroïque. — La légende d'Hercule. — Le flot de l'invasion asiatique. — Arles celtique, *Ar-laith*. — La flottaison sur les lagunes — Origine de la navigation. — Le bateau d'Ulysse. — Premiers navires égyptiens et phéniciens. — Préparation et usage des outres. — Les *kelechs* de l'Inde — Les utriculaires des fleuves de l'Asie. — Passage de l'Hydaspe par Bacchus. — Les ponts d'outres de Xénophon. — Passage de l'Oxus par Alexandre. — Passage du Rhône par Annibal. — Siége de Cyzique par Mithridate. — Campagne de César en Gaule. — Les *Ascites* ou *Ascomans*. — Tentative de restauration des utriculaires au dix-huitième siècle. — Le P. Jésuite Montigny et le chevalier de Folard. — Une navigation perdue.

I

L'ancienneté de la ville d'Arles a été pendant longtemps un thème inépuisable de discussions et de controverses. Aucun fait précis et un peu saillant ne marque l'époque de sa fondation. Quelques-uns des historiens et des géographes de l'époque classique, Polybe, Tite-Live, Pline l'Ancien, Plutarque, Étienne de Byzance, etc., n'en font aucune mention ; et ce silence a été souvent invoqué, sans la moindre raison, comme une preuve que la ville n'existait pas antérieurement au second siècle avant notre ère, ou tout au moins n'avait pas alors une importance assez sérieuse pour être signalée d'une manière spéciale.

César, Strabon, Pomponius Méla, Ptolémée, Festus Aviénus, Ausone, etc., (1), en parlent, au contraire, comme d'une colonie puissante ; mais aucun d'eux ne donne le moindre détail sur son origine et n'indique, même avec une très-large approximation, la date de son apparition. Tous les textes, rapprochés et discutés, n'ont pas beaucoup éclairé la critique ; et il est d'ailleurs bien difficile d'avoir aujourd'hui des notions à peu près historiques sur les événements de ces temps sans histoire, dont les traits principaux se perdent dans la nuit du passé.

La connaissance exacte de la topographie du sol, les débris que l'on peut encore y retrouver sont de précieux éléments, peut-être les meilleurs, qui permettent de projeter un certain jour sur l'obscurité qui enveloppe ces époques éloignées. Cette reconstitution géologique et géographique des temps anciens, auxiliaire indispensable et guide sûr de l'histoire dans le sens élevé et scientifique du mot, est souvent une œuvre délicate et

---

(1) *Naves longas Arelate numero duodecim facere instituit.* (Cæsar, *De bello civili*, I, 36.)

Πρὸς δὲ τῷ 'Ροδάνῳ ἐμπορίον οὐ μικρὸν Ἀρέλατε. (Strabon, *Géog.*, l. V, c. 1, 56.)

*Urbium quas habet (Gallia) opulentissimæ sunt... Sextanorum Arelata.* (Pomp. Mela, *De situ orbis*, l. II, c. v.)

*Pande, duplex Arelate, tuos, blanda hospita, portus.*
*Gallula Roma Arelas.....*
(Auson, *De clar. urb.*)

difficile; ce n'est pas toutefois sans charme que l'on voit peu à peu se dissiper les ténèbres de ces horizons lointains et se dégager lentement de leur ombre les contours altérés et effacés des populations primitives. Sans doute, ce n'est pas la lumière nette et vive de la critique et de la science; mais cependant une sorte de demi-teinte colore déjà l'aube des sociétés naissantes, et quelques lueurs de la vérité historique commencent à percer le crépuscule de la légende, dissipent les fantômes de la fable et permettent de rendre aux hommes et aux choses du passé leurs traits et leurs couleurs, leur physionomie et leur caractère, leur forme et leur mouvement.

## II

La plus ancienne peuplade connue qui a vécu et s'est développée sur le littoral du Languedoc et de la Provence est celle des Ligures (Λίγυες, *Lighyes, Ligyens*). L'origine de cette population primitive remonte incontestablement aux temps historiques les plus éloignés. Le contact de cette race avec les populations ibériennes qui couvraient, à la même époque, la majeure partie du littoral de la péninsule espagnole détermina une sorte de fusion et d'amalgame, et donna naissance à ce que les ethnographes appellent une *race mélangée;* ce fut la race ibéro-ligure, dans laquelle l'élément ligure, ou ligyen, a été prédominant d'une manière très-accentuée dans toute la région comprise entre le Rhône et les Alpes, tandis que l'élément ibérien paraît, au contraire, l'avoir emporté dans les plaines de *Nemausus*, Nimes, de *Bétarra*, Béziers, et de *Narbón*, dans toute la zone située au nord et au sud des Pyrénées et sur la côte de la Catalogne.

La mer qui baignait la côte s'appelait alors la *mer Ligurienne;* les cartes géographiques les plus anciennes portent, et un assez grand nombre de cartes modernes ont conservé cette dénomination, *Ligusticum mare.* La terre ferme s'appelait et s'est pendant de longs siècles appelée la *Ligurie;* Strabon ne la désignait pas autrement que sous le nom de *terre Ligustique,* Λιγυστικὴ γῆ.

Le golfe lui-même, que nous nommons aujourd'hui *golfe de Lyon* et dont l'étymologie est assez difficile à établir nettement, pourrait bien n'avoir été, dans le principe, que le golfe des Ligyens (Λιγύων, Ligyôn, d'où par corruption Lyon) (1).

Quoi qu'il en soit, le séjour prolongé des Ligures sur le littoral remonte incontestablement à ces temps héroïques et fabuleux que l'on peut placer sans erreur sensible entre le quinzième et le douzième siècle avant notre ère. L'histoire flotte alors dans la légende, emprunte à tous les récits de la fable une couleur et un éclat aussi sédui-

---

(1) Voir *les Villes mortes...*, 2ᵉ partie, ch. I.

sants que mensongers; et les premiers souvenirs laissés par les hommes sont liés aux exploits des héros et des demi-dieux, qui n'ont été, dans la plupart des cas, que des hommes agrandis et transfigurés.

C'était le temps où Hercule accomplissait son grand périple méditerranéen, et remontait toute la côte de l'Ibérie et de la Ligurie, à la recherche de ce fameux jardin des Hespérides que les géographes placent un peu partout, et qu'il est assez naturel de supposer soit dans la plaine de Valence, en Espagne, soit dans la partie la plus orientale de la Provence, où les champs d'orangers rappellent les pommes d'or parfumées que les Romains ne connaissaient pas, mais dont les Grecs paraissent avoir eu de tout temps une notion légendaire et mythologique. Le récit des amours du demi-dieu avec la vierge *Pyrène*, fille de l'un des rois des *Bébrykes* ou *Bébriciens*, a été longuement chanté par Silius Italicus (1). Mais l'existence de ce petit royaume fort vague a même été mise en doute par les Bénédictins (2). Les Bébrykes n'ont laissé d'ailleurs aucune trace positive et matérielle de leur passage; et tout au plus doit-on les considérer comme un rameau détaché ou une peuplade dérivée de la grande race ibérienne. La vierge Pyrène, qui, d'après les

---

(1) Silius Italicus, *Punica*, l. III.
(2) *Hist gén. de Languedoc*, l. I, c. II.

poëtes, aurait donné son nom, non-seulement à
la grande chaîne séparative de la Gaule et de
l'Espagne, mais à la ville de Pyrène, qui devait
tour à tour s'appeler *Illiberris*, *Helena* et *Elne*,
n'en est pas moins le souvenir le plus gracieux
et le plus ancien de notre littoral, et le premier repère que l'on doive relever dans ce passé toujours
confus, obscur et faussé par les fantaisies de la
fable et de la légende.

Hercule continua sa marche vers le Nord; et la
rencontre du héros avec la peuplade ligure, bien
que mêlée à l'intervention de Jupiter, paraît cependant avoir un fondement historique très-
sérieux.

La lutte qui s'engagea alors dans la plaine
d'Arles et la célèbre pluie de pierres rondes qui
écrasa l'armée ligurienne ont été rendues presque
classiques par les poëtes grecs du siècle de Périclès (1); et les anciens, les Grecs surtout, dont
l'intelligence était, en général, peu accessible et
encore moins sympathique aux déductions précises et nettes de la science, mais dont l'imagination, avide de merveilleux, aimait à rattacher
tous les phénomènes extérieurs à une cause mystérieuse et sacrée, n'expliquaient pas autrement
l'immense mer de cailloux roulés qui forme la
base du grand delta du Rhône, sur laquelle de-

---

(1) Eschyle, *Trilogie de Prométhée.* — *Les Villes mortes*,
2ᵉ partie, ch. IX, III.

vait un jour s'élever la ville d'Arles, et dont nous ne voyons aujourd'hui qu'une portion assez restreinte : c'est la *Crau*. On l'appelait alors tantôt « le champ d'Hercule », tantôt « le champ des cailloux », *campus lapideus sive Heracleus*. Les Grecs de *Massalia*, Marseille, et de toutes les colonies massaliotes échelonnées sur le rivage, Ioniens d'origine, la désignaient sous le nom de « *la grande plaine pierreuse,* κραναὸν πεδίον » , dans lequel nous retrouvons le vocable ionique κραναός, « dur, raboteux », employé par Homère pour caractériser les terrains déserts et pierreux (1).

Pomponius Méla, qui écrivait sous le règne de Claude, au milieu du premier siècle de notre ère, c'est-à-dire à une époque où l'on avait déjà des idées plus saines sur les origines et les causes physiques de la composition du sol, adopte, ou tout au moins reproduit, sans la discuter ni la réfuter, la légende d'Hercule (2).

Ainsi, l'histoire du territoire d'Arles remonte aux temps héroïques les plus éloignés. Hercule, demi-dieu ou héros, dégagé de tout le prestige de

---

(1) Homère, *Iliade*, l. III, v. 201. — *Id., Hymn. in Apoll.*, v. 72.
Le nom de *Crau* n'est probablement qu'une altération de l'ionique κραναός.

(2) *Alioquin littus ignobile est, lapideum (ut vocant); in quo Herculem contra Albiona et Bergion, Neptuni liberos, dimicantem cum tela defecissent, ab invocato Jove adjutum imbre lapidum ferunt. Credas pluisse, adeo multi passim et late jacent.* (Pomp. Mela, lib. III, cap. v.)

la fable et de tous les accessoires mythologiques dont on l'entoure ordinairement, appartient au quinzième ou au seizième siècle avant notre ère; et il n'est pas dès lors douteux que les rois légendaires, *Albion* et *Bergion*, fils de Neptune, ne fussent tout simplement les chefs de quelques-unes de ces tribus littorales qui constituaient la grande race ligurienne, dont l'existence réelle à ces époques primitives ne saurait être niée.

Le plus ancien souvenir qui nous est resté de la plaine d'Arles porte donc d'une manière fort nette l'empreinte et en quelque sorte le cachet de la Grèce et de l'Orient.

### III

Cette mer géologique de cailloux roulés devait bientôt être recouverte par une véritable mer liquide. Ce furent le Rhône et la Durance, libres alors de toutes digues latérales, qui se répandirent sans obstacle sur le sol plat et nivelé, que le grand diluvium alpin leur avait pour ainsi dire préparé.

La seule manière de se faire une idée un peu nette de l'ancien territoire d'Arles aux époques éloignées dont nous parlons est de supposer, d'une part, que les digues du Rhône et de la Durance n'existent pas, et, d'autre part, que le niveau de toutes les terres d'alluvion et le plafond de toutes les cuvettes marécageuses sont abaissés de près de deux mètres; car nous verrons plus loin qu'on ne saurait estimer à moins l'exhaussement séculaire du sol après une vingtaine de siècles, et très-certainement sur beaucoup de points nous nous tenons au-dessous de la vérité. Grâce à cette double hypothèse, qui était alors une réalité, — abaissement du sol à deux mètres et suppression complète des digues, — il est facile de reconnaître que la majeure partie du territoire, depuis Avignon jusqu'à la mer, était complétement recouverte par les eaux moyennes *des Rhônes* et *des Durances* (1). Seuls, les massifs rocheux d'Arles, de Montmajour, de Cordes, des Alpines, de Castelet, etc., émergeaient comme autant d'îles au-dessus de cette plaine liquide, où les eaux douces et jaunâtres des deux fleuves serpentaient, se divisaient en une foule de bras et finissaient par se mêler aux eaux claires et salées de la mer. Pendant les grandes crues, tout le territoire était noyé; pendant les sécheresses, à l'étiage ou même lorsque le niveau des eaux atteignait une hauteur ordinaire, de longues bandes d'alluvions, orien-

---

(1) Nous employons à dessein cette expression « *les Rhônes* et *les Durances* ». Elle ne doit pas surprendre. Dans les temps anciens, les ramifications de ces deux cours d'eau dans la zone du delta étaient aussi nombreuses que variables, et il y avait, en fait, plusieurs Rhônes, comme il y avait plusieurs Durances. On en voit très-nettement les anciens lits, et on les utilise même quelquefois comme canaux d'arrosage ou de desséchement. Ce sont les *Rhônes-Morts*, les *Roubines*, le *Vigueirat*, la *Duransole*, etc. Voir *les Villes mortes*, etc., chap. IX et XI.

tées dans le sens du courant du fleuve, venaient se souder aux îles rocheuses, et formaient autour d'elles des plaines basses d'une fertilité incomparable, tantôt boisées, tantôt couvertes d'oseraies ou de prairies, et dont la facile culture était, avec la pêche, une des principales sources de richesse pour les populations littorales.

Il fallait cependant pouvoir circuler au milieu de cet archipel et établir entre toutes ces îles et ces bancs d'alluvion, tour à tour noyés ou à fleur d'eau, des communications sûres et permanentes. La race ligurienne, répandue dans ces immenses lagunes à ces époques héroïques et légendaires, qui furent en quelque sorte le prologue de l'histoire, ne nous a malheureusement laissé que très-peu de souvenirs de ses mœurs, de ses usages et de son degré de civilisation. Tout est confus et un peu sombre dans ce passé lointain ; et il est plus que probable que les Ligures oscillaient sur la côte, entre les Alpes et les Pyrénées, dans un va-et-vient assez tumultueux. Leurs différentes tribus se rencontraient, se heurtaient et finissaient par s'amalgamer, sans autre raison que celle du hasard ou de la conquête. Polybe, le plus exact et le plus judicieux des historiens anciens, et qui, vivant au deuxième siècle avant notre ère, était le mieux en état de donner des indications un peu précises sur leur compte, les représente « errant à l'aventure dans les campagnes, dormant sur l'herbe ou sur la paille, ne se nourrissant que de viande, étrangers par conséquent à la civilisation agricole, ne s'occupant que de guerre, de chasse, de pêche et très-peu de culture, poussant devant eux leurs troupeaux, qui paissaient à l'aventure, et n'estimant que l'or, les armes et les animaux, seules richesses que l'aventurier nomade peut emporter avec lui ».

Le grand flot de l'invasion celtique devait modifier profondément cet état de barbarie primitive. Déjà, dès le onzième siècle avant notre ère, les expéditions phéniciennes avaient jeté sur différents points de notre littoral quelques germes de civilisation. Le commerce et le progrès s'accordent mal avec la guerre; et, partout où les Phéniciens avaient établi des colonies, partout où leurs navires faisaient escale, une sorte de tranquillité relative et de vie régulière avait succédé à l'agitation désordonnée et au vagabondage des populations liguriennes. Quatre ou cinq siècles plus tard, la colonisation grecque vint continuer et développer, sur la côte d'abord, et bientôt après dans l'intérieur des vallées, l'œuvre commencée par les Phéniciens. C'est alors que le grand courant de l'émigration asiatique se répandit sur le centre et l'occident de l'Europe, et descendit jusque sur les rivages de la Méditerranée. Le nom général de Keltes ou Celtes, Κέλται, *Celtæ,* donné à cette nuée d'envahisseurs, devint bientôt celui du pays conquis ; l'ancienne terre ligurienne, Λιγυστική γῆ, ne s'appela plus que la *Celtique,* Κελτική, et la dénomination romaine de *Gallia, Gaule,* n'en a été plus tard qu'une traduction altérée. Les différentes tribus des Celtes et des *Galls,* ou Gaulois, n'étaient que les flots successifs de cette immense marée humaine dont l'origine asiatique et aryenne est aujourd'hui parfaitement établie, et qui a commencé à prendre pied sur le sol de notre Gaule vers le sixième siècle avant notre ère ; elle l'a peu à peu inondée, et sa force d'expansion a été telle que, quatre cents ans après, deux siècles avant Jésus-Christ, la race ibéro-ligurienne était complétement absorbée et avait presque entièrement disparu.

Ainsi, ce n'est pas seulement la légende d'Hercule qui permet d'assigner à l'ancien littoral d'Arles une origine orientale. Les Phéniciens et les Grecs, par la route de la mer, les Aryens, dans leur grande migration à travers l'Europe, se sont réunis sur notre côte de Provence, plusieurs siècles avant la domination romaine ; ils venaient tous de l'Orient. Plus fins et plus policés que les hordes sauvages et éparses qui couvraient le nord et l'occident du monde alors connu, ils se sont peu à peu substitués à elles, et ont réellement jeté, sur notre sol presque vierge, les germes de la civilisation et des arts utiles et posé les premières bases d'une organisation durable.

## IV

L'éclosion de la ville d'Arles remonte incontestablement à ces époques reculées; et, sans pouvoir en préciser la date, il est certain que le plateau calcaire qui émergeait alors au milieu des étangs et de la grande nappe des Rhônes et des Durances mélangés a été, dès l'origine, un lieu de retraite et d'abri pour les tribus liguriennes, et est devenu dans la suite une sorte de *castellum* stratégique pour la race celtique, qui venait de s'en emparer; ce fut aussi une colonie et une station de commerce, *emporium,* pour les Phéniciens et les Grecs, dont les navires y faisaient escale et pouvaient de là remonter le Rhône et pénétrer dans l'intérieur du continent.

Les étymologistes, très-disposés à tout expliquer avec les racines des langues primitives, que nous ne connaissons encore que bien imparfaitement, voient dans le nom d'Arles un indice et un souvenir de l'ancienne topographie que nous venons de décrire. Arles était par excellence la ville des étangs et des marais; dominant la plaine et baignée de tous côtés par les eaux, elle présentait à la fois les avantages d'un *oppidum* et d'une ville lacustre.

L'étymologie celtique, *Ar-laith,* lieu humide, est donc, sinon exacte, du moins assez rationnelle. Elle est, dans tous les cas, bien plus acceptable que l'étymologie grecque : Ἄρης, *Mars*, *peuple de Mars,* ou l'étymologie latine romaine : *ara-lata,* autel élevé, en souvenir d'un autel consacré à Diane d'Ephèse et que les légions de César auraient trouvé à la pointe septentrionale de la Camargue. Bien des peuples anciens ont revendiqué l'honneur de compter Mars pour leur fondateur ou leur patron; et, d'autre part, les temples et les autels de Diane d'Ephèse, déesse favorite des Phocéens, sont si nombreux sur la côte de la Méditerranée, peuplée alors de colonies massaliotes, qu'il n'y a aucune raison de penser qu'Arles, plutôt que toute autre ville littorale vouée comme elle au même culte, ait dû son nom à cette circonstance, qui n'était ni une particularité, ni un trait distinctif.

Il est d'ailleurs évident pour tout le monde que le nom d'*Arelate,* qui est la plus ancienne forme connue du nom d'Arles, n'a une physionomie ni grecque ni romaine; et, sans suivre les étymologistes dans leurs dissertations toujours un peu hasardées, on ne peut s'empêcher de remarquer que le radical *Ar* est caractéristique de plusieurs peuplades importantes de la Celtique méridionale (1).

---

(1) Notamment les Volkes *Ar*ékomiques, qui occupaient toute la région comprise entre le Rhône et le delta de l'Aude, et dont la capitale *Nemausus,* Nimes, était une des plus populeuses cités de la Celtique. On doit aussi rappeler les tribus des *Ar*nemetici, des *Ar*andunici. (Voir

Les Grecs avaient facilement adopté le nom d'*Arelate*, mais très-souvent ils lui avaient substitué le surnom de *Theline* (Θηλή, mamelle), faisant ainsi allusion à la fécondité naturelle de ce sol d'alluvion, dont ils avaient compris tout de suite la richesse agricole et que la colonisation romaine devait bientôt exploiter avec tant de profit. Arles était en effet située, comme de nos jours, à la pointe de cette Camargue fiévreuse, marécageuse, mais éminemment fertile, et qu'on pouvait appeler à juste titre et avec orgueil le grenier de l'armée romaine, *horrea ac cellaria totius militiæ Romanæ*.

## V

Le premier soin, la condition la plus impérieuse peut-être de la vie des peuples civilisés est l'établissement et le maintien régulier de voies de communication, non-seulement sur leur propre territoire, mais encore avec les pays voisins. Les routes les plus naturelles sont les fleuves et la mer; et c'est pourquoi l'art de la navigation remonte à l'origine même des sociétés naissantes. Le littoral ancien de la mer Tyrrhénienne, le long de laquelle étaient échelonnées les colonies grecques et phéniciennes, depuis *Emporiæ,* Ampurias, en Cata-

---

GERMER-DURAND, *Mém. de l'Académie du Gard,* années 1863 et 1871.)

logne, jusqu'à Nice et Monaco, sur la côte rocheuse de la Ligurie, était alors sillonné par une véritable flotte de galères de divers ordres : unirèmes, birèmes, trirèmes, etc., et de navires de charge, *onerariæ naves*, dont les types nous sont aujourd'hui parfaitement connus (1); mais tous ces navires, de formes et de dimensions extrêmement variées, sans avoir un tirant d'eau comparable à celui de nos vaisseaux modernes, exigeaient cependant une profondeur que les étangs et les marais qui constituaient alors la majeure partie du territoire d'Arles étaient loin de pouvoir leur offrir.

La population celto-grecque qui vivait dans la région du bas Rhône et de la basse Durance avait donc à se créer une existence en quelque sorte artificielle, au milieu d'une plaine en grande partie inondée. Partout de l'eau, presque nulle part de la profondeur, telle était la situation générale du pays arlésien. Il était aussi impossible de marcher sur ces terrains détrempés ou submergés que de naviguer dans le sens actuel que l'on donne à ce mode de transport effectué, comme nous le voyons aujourd'hui, avec des navires ordinaires, qui déplacent toujours, quelque

---

(1) A. JAL, *Études sur la marine antique. — La flotte de César. — Archéologie navale. — Glossaire nautique*..... passim.
RONDELET, *Mémoire sur la marine des anciens.*

faibles qu'ils soient, un notable volume d'eau. La flottaison seule était praticable à la surface de cette immense lagune, et elle fut en fait pratiquée, pendant plusieurs siècles, avec un art et une sûreté qui font le plus grand honneur à l'ingéniosité de nos ancêtres. Aux Phéniciens et aux Grecs appartenait la navigation sur la côte et dans les passes navigables, mais variables, que les Rhônes et les Durances se créaient au milieu des étangs ; aux Celtes était réservée la flottaison sur ces étangs eux-mêmes, et sur les marais aux contours indécis qui leur faisaient suite. C'est là qu'ils se livraient à une pêche abondante ; c'est par cette voie qu'ils pouvaient aborder d'île en île sur toutes les zones alluvionnées, situées presque à fleur d'eau et où le fleuve leur avait préparé une véritable terre promise d'une incomparable fécondité.

Cette pratique de la flottaison nous est aujourd'hui à peu près inconnue ; elle est tout au moins limitée à des cas assez rares ; les radeaux de nos fleuves, lourds et massifs, ne sont que des pièces de bois liées entre elles et que l'on abandonne au courant des fleuves. Grands ou petits, nos navires sont tous soumis aux mêmes règles de construction et d'équilibre, et la plus modeste de nos barques se comporte sur l'eau comme le plus majestueux de nos paquebots. Aucune de nos embarcations modernes de quelque importance ne pourrait faire un service régulier sur des étangs ou des marais dont la profondeur descend à cinquante et même trente centimètres, et cette vie errante au milieu des marécages est tout à fait passée de nos mœurs.

La population celtique, qui avait traversé l'Europe et venait de se répandre sur les côtes du golfe de Lyon, importait avec elle les usages, les procédés et toutes les industries qu'elle avait de tout temps connus dans la région arrosée de l'Asie centrale. L'aspect de ce territoire inondé ne devait pas la surprendre, et elle retrouvait dans cette zone submergée les immenses nappes d'eau, se prolongeant jusqu'à la mer, les longues îles boisées et presque flottantes qui semblaient descendre le cours ralenti du fleuve, les flèches d'alluvions coupées çà et là de marais, la plaine entière verdoyante de roseaux et d'oseraies, l'espace, en un mot, et ces grandes lignes horizontales qui donnent aux régions des embouchures une physionomie si particulière et prêtent un charme étrange à ces pays bas et presque vierges, toujours tristes et silencieux.

Ce n'était pour ainsi dire pas une terre nouvelle. Toutes les embouchures des grands fleuves, dans les mers tranquilles, présentent des conditions géologiques et hydrographiques assez comparables (1), et rien ne devait plus ressembler au delta du Rhône et à l'île de la Camargue que les vastes deltas du Gange, de l'Indus, de l'Euphrate, du

---

(1) Voir *les Villes mortes*, etc., chap. II et III.

Danube, que la race aryenne occupait depuis l'origine des temps historiques. Les Celtes et les Gaulois n'étaient qu'une dérivation et comme un rameau détaché de cette puissante race asiatique; et en arrivant dans la région fertile et marécageuse du bas Rhône, ils n'avaient pour ainsi dire rien à changer aux habitudes et aux conditions ordinaires de leur vie orientale.

## VI

L'origine de la navigation, comme celle de la plupart des arts usuels, nous échappe absolument. Il est certain que le radeau a été la première forme connue; mais rien n'est moins maniable qu'un assemblage de poutres jointives dont le poids est considérable, qui s'enfoncent presque en entier au-dessous du plan d'eau, et dont la masse inerte exige un grand effort extérieur pour se déplacer assez lentement. Le radeau n'est qu'un flotteur. Il peut rendre des services à la descente des fleuves ou dans des cas extrêmes de sauvetage, mais ce n'est pas, à proprement parler, un engin de navigation; il obéit très-difficilement au vent et à l'aviron, et l'action du gouvernail est presque toujours sans effet.

Aussi, dès les temps héroïques, l'art de la construction navale s'est-il perfectionné d'une manière notable, et déjà, dès le treizième siècle avant notre ère, voyait-on le long des côtes de lourdes masses flottantes dont la forme générale et les principaux agrès rappellent le type du *gaulus* phénicien, qui devait parcourir bientôt toute la surface des mers connues.

La description qu'en fait Homère, dans l'*Odyssée,* nous donne à ce sujet des détails d'une précision remarquable et qui nous montrent quel était à cette époque l'état de la navigation.

Ulysse s'arrache aux prières de Calypso. Il veut, il doit continuer son voyage. La déesse, impuissante à le retenir, sèche ses larmes, dirige elle-même les apprêts du départ, et trace au fils de Laërte sa route sur la vaste mer. Le poëte grec ne se contente pas de nous montrer l'âme de ses héros; avec la précision d'un ingénieur, il nous fait assister aux phases successives de la construction du navire, à l'appareillage et à tous les détails de l'armement.

« Aux premières lueurs de la fille du matin, de l'Aurore aux doigts de rose, Ulysse revêt sa tunique et son manteau; la déesse elle-même se couvre d'un tissu flottant, léger, gracieux, éclatant de blancheur; elle entoure sa taille d'une ceinture d'or, et sur sa tête elle pose un voile. Résolue à congédier le magnanime Ulysse, elle lui donne une forte hache d'airain à double tranchant, à manche d'olivier. Elle lui donne encore une doloire affilée, et le conduit à l'extrémité de l'île, où abondent des arbres gigantesques, des aunes, des peupliers et des pins qui cachent leurs cimes dans les cieux; bois antiques dont le tronc desséché flottera plus légèrement sur l'onde. Lorsqu'elle lui a montré ce lieu de la riche forêt, l'auguste Calypso retourne à sa demeure.

» Alors le héros frappe à coups redoublés; bientôt il a jeté vingt arbres par terre; il les ébranche avec l'airain, les équarrit et les aligne au cordeau. La déesse revient bientôt avec des tarières; il perce alors les pièces de bois, les assemble, les maintient avec des liens et des chevilles. Telle est la cale d'un vaste vaisseau de transport que façonne l'artisan expérimenté, aussi grand est le large radeau que construit Ulysse. Pour former le tillac, il ajuste de longues planches à de forts étais. Il fabrique tour à tour le mât, l'antenne et le gouvernail, qu'il entoure de claies de saule pour contenir les flots; il leste le radeau avec de grands monceaux de bois. A ce moment, Calypso lui apporte la toile à voile, qu'il taille artistement et qu'il fixe, à l'aide de cordages, au mât et au tillac; enfin, avec des leviers, il lance sa frêle nef à la vaste mer.

» Le quatrième jour finit comme les travaux s'achèvent. Dans la cinquième journée, Calypso lui permet d'abandonner son île. Elle le baigne, le couvre de vêtements parfumés, place sur le navire une grande outre pleine d'eau fraîche, une autre moindre contenant du vin pourpré, un sac de cuir rempli de mets abondants; puis elle fait souffler derrière lui un vent tiède et favorable. Le divin Ulysse, le cœur rempli de joie, développe sa voile et s'assied près du gouvernail, qu'il dirige d'une main ferme et habile. Le sommeil n'approche point de ses paupières. Il contemple les Pléiades, le Bouvier lent à descendre sous les ténèbres, l'Ourse, que le vulgaire appelle aussi le Chariot, qui tourne toujours au même lieu en regardant Orion et seule n'a point part aux bains de l'Océan. La déesse a prescrit au héros de naviguer en la laissant à sa gauche. Pendant dix-sept jours, il fend les flots. Dans la dix-huitième journée, il aperçoit les montagnes ombragées de la terre des Phéaciens. C'est l'île la plus proche; elle lui apparaît dans les brumes de la mer, comme un faible bouclier (1)... »

Cette page vivante et colorée, j'allais dire presque divine, écrite plus de mille ans avant notre ère, est non-seulement d'une fraîcheur et d'une grâce incomparables, mais elle nous donne, sur l'art des constructions navales et de la navigation vers le douzième siècle avant Jésus-Christ (2), des

---

(1) HOMÈRE, *Odyssée*, liv. V.
(2) La prise de Troie, dont l'état actuel de la critique historique ne permet pas de préciser la date, est en général fixée dans le courant du treizième siècle — vers l'an 1270, d'après Hérodote — vers l'an 1210, d'après les marbres de Paros. C'est la période mythologique et légendaire de l'histoire, pendant laquelle les exploits des dieux et des héros de la fable interviennent à chaque instant dans les grands faits de l'humanité.

détails d'une précision et d'une netteté merveilleuses. C'était la navigation aux étoiles, sur le bord même des côtes, ou d'île en île, navigation lente, pénible, toujours incertaine, féconde surtout en naufrages dont les récits abondent dans le cours de l'*Iliade* et de l'*Odyssée*.

## VII

Les Grecs étaient déjà une des premières nations maritimes; mais cependant ils avaient été depuis longtemps devancés par les Phéniciens et les grandes peuplades asiatiques et africaines. Aussi loin, en effet, que l'on peut remonter dans la nuit du passé, on voit les Phéniciens et les Égyptiens construire, avec des matières bien plus légères que le bois, principalement des joncs et des roseaux, de véritables coques de navires dont il était facile de diriger la marche et qui devaient avoir sur le bateau d'Homère l'avantage de la vitesse et d'un très-faible tirant d'eau.

Hérodote parle des barques d'osier recouvertes de cuir, en usage chez les Égyptiens depuis un temps immémorial; et ces embarcations, dit-il, étaient d'une incroyable légèreté [1]. Ils circulaient ainsi sur les différents bras de leur Nil, et pouvaient naviguer à la surface de ces petites

---

[1] Hérodote, *Clio*, l. I, cxciv.

mers intérieures, disposées à la base du delta et que les limons vaseux du fleuve ont transformées depuis en lagunes, en étangs et en marais.

Les mêmes procédés étaient très-certainement connus de tous les peuples primitifs qui habitaient les deltas fertiles et marécageux du Gange, de l'Indus, de l'Euphrate; et les régions arrosées par les rivières du vaste continent asiatique, dépourvues alors complétement de routes, étaient sillonnées par des embarcations spéciales qui permettaient de remonter toutes les vallées et de circuler au-dessus de ces plaines basses et submersibles, si bien désignées sous le nom de *champs d'inondations*.

Le caractère distinctif de ces embarcations était de n'exiger qu'un faible mouillage et de pouvoir en même temps transporter une assez grande quantité de matériel. Pour obtenir ce résultat, en apparence impossible à réaliser, on usait d'un artifice fort ingénieux. Des outres remplies de matières très-légères, telles que du chaume ou de la paille, mais le plus souvent gonflées d'air, étaient disposées sur les flancs ou au-dessous de la carène du navire. Ainsi supportée et soulevée, la nef reposait à la surface des étangs et, sans exiger une profondeur de plus de quelques centimètres, était chargée d'hommes, de troupeaux et de provisions de toute nature. A mesure que l'on augmentait le chargement du navire, ce que les gens de métier appellent d'une manière si juste le *poids utile*, on pouvait, par une insufflation directe, gonfler les outres, maintenir et même relever la ligne de flottaison.

Les populations riveraines de l'Euphrate et du Tigre ont conservé de nos jours les traditions et les usages des premiers temps; et l'on voit encore aujourd'hui de véritables flottilles de radeaux portés sur des outres descendre et remonter le cours inférieur de ces fleuves majestueux et tranquilles, rappelant ainsi, à près de trois mille ans de distance, les habitudes et les mœurs des plus anciennes peuplades dont l'histoire ait conservé le souvenir.

### VIII

La description exacte de ces embarcations nous a été laissée à la fin du dix-septième siècle par le voyageur Thévenot, qui a passé une partie de sa vie à explorer l'Asie Mineure, la Perse, la Syrie, et la plus grande partie de l'Inde (1). Les naturels de l'Asie leur donnent, dit-il, le nom de *kelechs;* et ces kelechs, que l'on retrouve sur tous les fleuves de l'Inde, sont formés par l'assemblage de planches jointives, liées entre elles par des joncs et présentant la forme d'un navire à fond plat. Ils ont en moyenne huit à dix mètres de longueur de l'étrave à l'étambot, sur cinq mètres de large. Au-dessous de la cale, on dispose douze

---

(1) THÉVENOT, *Voyage dans l'Inde.* Amsterdam, 1727.

ou treize rangées de vingt outres. Ces deux cent soixante outres peuvent être gonflées d'air, et le navire acquiert ainsi une légèreté et une mobilité extrêmes, glissant sur l'eau sans y pénétrer d'une manière sensible, et pouvant se déplacer sans le moindre effort à la surface presque horizontale des étangs, des fleuves et même de la mer. Trois hommes sont en général affectés à la manœuvre d'un kelech, et ces embarcations d'un type uniforme peuvent porter en moyenne vingt hommes et trente à quarante quintaux. On les retrouve partout sur le Tigre et l'Euphrate : les naturels du pays ne connaissent pas d'autres moyens de transport; et, lorsqu'ils passent au-dessus des bancs de vase ou qu'ils s'engagent au milieu de marais en partie colmatés, ils gonflent leurs outres, soulèvent ainsi le radeau et peuvent flotter et atterrir au-dessus des parties les moins profondes du fleuve ou des étangs latéraux qui bordent ses deux rives et s'étendent en nappes immenses aux approches de la région maritime.

Il n'y a réellement aucune différence entre les procédés de navigation usités chez les riverains de l'Euphrate moderne et ceux qui étaient appliqués à l'origine de notre civilisation. La confection et l'entretien des outres étaient naturellement une opération des plus répandues et de la plus haute importance. Les peaux des animaux étaient soigneusement préparées, poissées, cousues et conservées; et les écrivains du premier siècle nous ont donné de curieux détails sur les manipulations qu'on leur faisait subir pour leur donner de la souplesse et de l'imperméabilité (1). Il était d'ailleurs facile, à cette époque, de se procurer des peaux en très-grande abondance. Les populations primitives, à la fois guerrières et pastorales, se nourrissaient presque exclusivement de viande. L'agriculture, qui suppose des habitudes sédentaires et des mœurs très-adoucies, était peu développée. De nombreux troupeaux paissaient en liberté dans ces vastes prairies naturelles qui naissent spontanément dans les plaines basses et inondées, fertilisées par les eaux limoneuses des fleuves et surchauffées par les rayons d'un soleil presque tropical. L'état de la civilisation ne comportait pas encore la pratique des cultures régulières. Les tribus erraient un peu au hasard, se déplaçaient très-fréquemment, par nécessité ou par goût, suivant le sort des armes ou les caprices du moment, se transportant ainsi de pâturage en pâturage, à la suite de quelques divisions intérieures, ou même seulement pour le simple plaisir de piller, de courir des aventures, de changer de place et d'échapper à l'ennui d'une vie monotone. Les troupeaux et les armes étaient les seules bases de la richesse. On emportait les unes, on chassait les autres devant soi ; et les peaux de ces

---

(1) Junius Moderatus COLUMELLA, *De re rustica*, l. XII, c. XVIII.

millions d'animaux fournissaient à des millions d'hommes des couvertures, des tentes pour abri, des vêtements, et même, comme nous venons de le dire, de véritables moyens de transport.

## IX

Le plus curieux, le plus répandu peut-être des usages auxquels les peaux étaient affectées était la confection des outres pour la navigation. Il est impossible de remonter à l'origine précise de cette fabrication, dont on retrouve même le souvenir à ces époques légendaires où les demi-dieux et les héros de la fable se mêlaient sans cesse aux populations primitives de l'extrême Orient. Le Grec Nonnos, qui écrivait à Panopolis, en Égypte, vers le milieu du cinquième siècle de notre ère, nous a laissé, dans un poëme plein d'érudition mythologique, le récit du passage de l'Hydaspe par l'armée de Bacchus (1). L'Hydaspe est aujourd'hui le *Djelem,* l'un des affluents de l'Indus, dans la province de Cachemire. Quelle que soit l'obscurité qui enveloppe les faits attribués à Bacchus, il est certain qu'on ne saurait nier, d'une manière absolue, son existence réelle et terrestre, et

---

(1) Ἀσκοῖς οἰδαλέοισι χέων ποιητὸν ἀήτην,
Δέρματι φυσαλέῳ διεμέτρεεν ἰνδὸν Ὑδάσπην,
Ἐνδομύχων δ'ἀνέμων ἐγκύμονες ἔπλεον ἀσκοί.
(Nonnos, *Dionys,* l. XXIII, v. 150-152.)

l'on s'accorde généralement à la placer avant le quinzième siècle antérieur à notre ère. Diodore de Sicile, l'un des historiens grecs les plus exacts du siècle d'Auguste, fait mention de trois Bacchus, Ἴακχος ou Διόνυσος; et Cicéron n'en compte pas moins de cinq. Il est donc évident que, de même que pour Hercule, on a réuni sur un seul type légendaire les faits héroïques de plusieurs personnages réels, dont le souvenir altéré et les exploits considérablement exagérés peuvent être placés dans la période, plutôt mythologique qu'historique, comprise entre le vingtième et le quinzième siècle. On se fait difficilement aujourd'hui une idée un peu nette de ce qu'était l'armée de Bacchus. Tout ce que l'on peut dire, c'est que la culture de la vigne, la fabrication du vin et une certaine civilisation agricole paraissent devoir être attribuées à ce conquérant, plutôt pacifique et fécond que guerrier et dévastateur; et il n'est pas dès lors sans intérêt de constater que, dans la vallée de l'Hydaspe, au cœur même de cette Asie qui a été le berceau du monde, les outres usitées pour renfermer le vin étaient aussi utilisées, pour le passage des fleuves, comme véhicules et moyens de transport.

Ce procédé spécial de navigation, loin de tomber en désuétude, se conserve, se développe et se perfectionne même de siècle en siècle; et, à mesure que l'histoire devient plus réelle, nous le voyons de plus en plus appliqué. L'outre fut bientôt l'élément essentiel de la navigation fluviale et paludéenne, et les bateaux construits avec des outres purent porter des armées entières. Rien n'était plus aisé, en effet, que de lier ensemble des arbres, des planches, des boucliers ou simplement de longues perches fixées par des lianes ou des branchages et de faire reposer ce plancher sur des outres convenablement gonflées. Les peaux de bêtes ne manquaient pas à ces armées nombreuses qui emmenaient avec elles leurs troupeaux, et la fabrication des radeaux avait fini par devenir une véritable industrie, dans laquelle on déployait une habileté merveilleuse.

Ce n'était pas seulement à la confection des navires que les outres étaient utilisées; on en faisait de véritables ponts. Xénophon nous a laissé à ce sujet des détails d'une précision pleine d'intérêt (1); et l'historien de la grande expédition de Cyrus dans l'Asie Mineure ajoute que le soldat qui avait proposé cet expédient pour faciliter le passage de l'armée des Perses était un Grec natif de Rhodes, où cette merveilleuse invention était déjà depuis assez longtemps connue.

Plus tard, lorsque Alexandre dut traverser la grande plaine marécageuse qui s'étend entre la

---

(1) Xenoph., *De exped. Cyr.*, l. III.
L'anonyme *De rebus bellicis*, qui est joint d'ordinaire à la notice de l'Empire, donne aussi la manière de construire ces sortes de ponts.

mer *Hyrcanienne,* aujourd'hui Caspienne, et la mer *Oxyenne,* qui est notre lac d'Aral, il eut à remonter les bras de l'*Oxus*, qui débouchait alors dans la première de ces mers.

L'état des lieux s'est profondément modifié depuis vingt siècles; le fleuve Oxus est devenu l'*Amou-Daria* ou le *Djihoum* moderne; il s'est rejeté vers le Nord, a quitté son ancien lit, se divise aujourd'hui en plusieurs branches, et toutes ses eaux, délaissant la mer Caspienne, se perdent dans le lac d'Aral. Ce furent encore, d'après les historiens anciens des campagnes d'Alexandre, des outres qui permirent à l'armée macédonienne de franchir les bras du fleuve et les terrains inondés (1) qui s'étendaient entre ses diverses branches et le rivage de la mer.

Le même expédient fut employé par Annibal pour le passage du Rhône (217 ans avant J. C.). Son armée, grossie d'un très-grand nombre de mercenaires qu'il avait enrôlés en traversant l'Espagne, aurait été longtemps arrêtée sur la rive droite du Rhône sans l'industrie des *utriculaires* celtibériens (2). Le Rhône fut franchi

---

(1) *Utres quam plurimos stramentis refertos dividit; his incubantes transnavere amnem.* (Q. Curt., *Hist. Alex.*, l. VII, c. vii.)

(2) *Hispani, sine ulla mole in utres vestimentis conjectis, ipsi cetris suppositis incubantes, flumen transnatavere.* (Tit.-Liv., *Hist.*, l. XXI, c. xxvii.)

sur des radeaux et des ponts mobiles soutenus par des outres.

De tout temps, en effet, les Ibériens, au dire de César (1), avaient l'habitude d'en porter une grande quantité dans leurs armées; c'était pour eux l'équivalent de nos équipages de pont, et le général romain, qui connaisssait la sûreté de leurs méthodes de guerre, s'était hâté de les appliquer à ses légions ; aussi, dans sa grande campagne des Gaules, le voyons-nous à chaque instant, porté sur ses outres, traverser les fleuves et les étangs et prévenir ainsi ses courriers (2).

L'usage des outres n'était pas limité au passage des fleuves et des étangs. On pouvait encore s'en servir sur mer, et les historiens Florus et Frontin racontent que, pendant la campagne de Propontide, alors que Mithridate assiégeait les remparts de marbre de l'ancienne Cyzique (74 ans avant J. C.), un soldat de l'armée de Lucullus put franchir un bras de mer de sept mille pas au moyen de deux outres reliées ensemble et qu'il gouvernait facilement avec ses pieds (3). Les ondulations de la mer elle-même

---

(1) *Consuetudo eorum omnium est, ut sine utribus ad exercitum non eant.* (CÆSAR, *De bello civili*, l. I.)

(2) *Si flumina morarentur, nando trajiciens, vel innixus inflatis utribus, ut persæpè nuntios de se prævenerit.* (SUÉTONE, *Jul. Cæs.*, c. LVII.)

(3) *Per medias hostium naves utre suspensus, et pedibus*

n'étaient pas un'obstacle à ce mode de transport,
qui semblerait, au premier abord, exiger une
nappe d'eau parfaitement tranquille; et il est encore fort curieux de constater que, pendant longtemps, une petite flottille de bateaux supportés par
des outres avait son port d'attache aux îles de Lérins et entretenait par mer des relations très-suivies avec le continent de la Gaule.

Il y a plus : les peuplades indomptées qui paraissent avoir exercé la piraterie sur mer aux
époques les plus éloignées n'ont eu le plus souvent pour bateaux que des *alléges* supportées
par des outres gonflées d'air; ce qui leur permettait de se plier à toutes les exigences de la navigation fluviale et paludéenne, de pénétrer dans
toutes les lagunes et de remonter les cours d'eau
assez loin dans l'intérieur des terres. Ces premiers
pirates ont commencé à exercer leurs ravages le
long des côtes de la mer Érythrée, qui correspond
à notre océan Indien, et devaient par là faire leurs
incursions dans les plaines basses et fertiles si-

---

*iter adgubernans, videntibus procul quasi marina pistrix
evaserat.* (FLORUS, l. III, c. v.)

Lucullus, militem e suis, sciolum nandi et nauticæ peritum, jussit insidentem duobus inflatis utribus, litteras insutas habentibus, quos ab inferiore porte duobus regulis
inter se distantibus commiserat, ire septem millium passuum
trajectum. Quod ita perite gregalis fecit, ut cruribus, velut
gubernaculis, dimissis, cursum dirigeret. (SEXT. JUL. FRONTINUS, *Stratagem.*, l. III, c. XIII.)

tuées aux embouchures des grands fleuves de l'Inde, de la Perse et de l'Arabie. Pline nous dit que ces bandits de la mer, qu'on appelait déjà de son temps « les Arabes », et qui furent les ancêtres des Sarrasins du moyen âge, portaient le surnom d'*Ascites* (1). Le géographe Julius Solinus (2) et l'auteur du périple de la mer Érythrée (3) parlent à plusieurs reprises des *Ascomans;* et, sous cette double forme, très-peu usitée aujourd'hui, mais qui était fort répandue aux premiers siècles de notre ère, il est facile de reconnaître la racine ἀσκός, outre, qui rappelle l'élément essentiel de la navigation ancienne.

## X

Les développements qui précèdent permettent donc d'établir d'une manière indiscutable que les peuples anciens ont employé pendant très-longtemps un procédé de navigation tombé aujourd'hui complétement en désuétude. Sans doute, dès les premiers siècles de notre ère, il existait une marine formée de bateaux, dont les types plus ou moins heureux, mais très-définis, nous ont

---

(1) *Quin et commercia ipsa infestant ex insulis Arabes* Ascitæ *appellati, quoniam bubulos utres binos sternentes ponte, piraticam exercent sagittis venenatis.* (PLIN., *Hist. nat.*, l. VI, c. XXIX.)
(2) CAIUS JULIUS SOLINUS, *in Polyhist.*, c. LX.
(3) FLAVIUS ARRIANUS, *in Peripl. maris Erythræi*, p. 157.

été conservés et rappellent tous, de près ou de loin, la nef moderne; mais cette marine était en quelque sorte la marine régulière, militaire ou commerçante. La navigation usuelle, celle de tous, et surtout la navigation palùdéenne et fluviale, avait lieu au moyen d'un nombre considérable de bateaux spéciaux, dont les nautoniers prirent tous le nom caractéristique d'*utriculaires*.

Nous les trouvons dans l'extrême Orient, à l'origine même des sociétés naissantes, alors que les peuples primitifs poussaient devant eux leurs troupeaux, traversaient l'Europe centrale, franchissaient les fleuves et les étangs avec leurs peaux préparées, établissaient des radeaux et des ponts d'après les mêmes principes et naviguaient sur les côtes de l'océan Indien, à l'aide de bateaux établis suivant les mêmes procédés; et lorsque, vers le cinquième siècle avant notre ère, la grande tribu aryenne vint s'établir sur les bords de notre littoral méditerranéen, elle dut nécessairement mettre en pratique les méthodes de construction dont elle avait conservé depuis un temps immémorial la fidèle tradition.

Le territoire d'Arles se prêtait d'ailleurs, d'une manière toute particulière, au développement de cette sorte de navigation; il était même difficile d'en imaginer une autre. Elle est aujourd'hui presque inconnue et complétement délaissée; on ne rencontre plus, sur aucun des étangs de la région du bas Rhône, une seule de ces barques d'utriculaires qui leur donnaient autrefois une physionomie si animée. La dernière tentative de ce genre qui ait été faite est consignée dans un curieux mémoire de l'érudit Calvet, premier professeur en médecine à l'université d'Avignon (1).

Calvet raconte qu'un jésuite du nom de Montigny avait, au commencement du dix-huitième siècle, cherché à faire revivre cet ancien mode de navigation. Le Révérend Père descendait, paraît-il, le Rhône jusqu'à Irigny, avec une petite barque formée de trois outres liées ensemble et supportant un pont mobile sur lequel étaient disposés les agrès. Deux raquettes de peau lui servaient de gouvernail et de rames, et l'embarcation glissait littéralement sur l'eau ; elle pouvait même à la rigueur être utilisée à la remonte, mais était surtout très-commode pour la descente et la traversée du fleuve. Cette réminiscence des utriculaires de l'époque celtique et gallo-grecque paraît avoir beaucoup impressionné les populations riveraines, mais n'a donné lieu à aucun résultat pratique ; ce fut un fait isolé et le dernier souvenir dans nos pays d'un mode de navigation à jamais perdu.

Toutefois, à la même époque, le brillant et lettré chevalier de Folard, qui était aussi d'Avignon et avait longtemps vécu, comme Calvet, en plein pays d'utriculaires, cherchait à appliquer à

---

(1) CALVET, *Dissertation sur un monument singulier des utriculaires de Cavaillon.* — Avignon, 1766.

l'art de la guerre tous les procédés des stratégistes anciens. La lecture constante de César lui avait donné de bonne heure le goût des plans de campagne, et son esprit curieux et inventif avait été vivement frappé de la facilité avec laquelle les armées des premiers siècles traversaient les fleuves et les marais sans le secours de l'art de l'ingénieur. Les utriculaires de la région du bas Rhône avaient été de sa part l'objet d'études particulières, et il fit tous ses efforts pour remettre en vigueur cette pratique des anciens dans les expéditions où les armées auraient à traverser des rivières ou des régions marécageuses. Il ne réussit pas, et ne devait pas réussir; car ce n'est pas avec des réminiscences archéologiques que l'on fait de l'art militaire; et il était d'ailleurs bien difficile de faire revivre en plein dix-huitième siècle les mœurs, les usages et les procédés tumultueux des populations primitives. L'art des constructions navales, l'industrie des pontonniers et surtout le transport rapide d'équipages de pont tout préparés remplacent avantageusement aujourd'hui l'usage des outres pour le passage des fleuves et des bras de mer.

Il n'en est pas moins vrai que l'outre, considérée comme élément premier et outil principal de la navigation paludéenne, a rendu pendant une très-longue période des services immenses, aux embouchures de tous les grands fleuves, et notamment dans la région du bas Rhône; que seule elle pouvait permettre de naviguer sur de vastes surfaces immergées, mais sans profondeur; que, grâce à elle, un désert marécageux a été, pendant de longs siècles, un des territoires les plus riches et les plus vivants de la Gaule Narbonnaise.

La flottaison sur les lagunes n'existe plus depuis longtemps. La plupart des étangs et des marais sont desséchés; mais une assez notable partie de ce qui fut autrefois une petite mer est encore recouverte d'une légère tranche d'eau, sur laquelle il serait peut-être possible de renouveler, en les modifiant un peu, les procédés de la navigation ancienne.

On ne flotte plus, aujourd'hui : on navigue; et, partout où la profondeur de l'eau ne permet plus à une barque de passer sans toucher le fond, la lagune est morte, déserte, et le territoire presque complétement abandonné.

Les Vénitiens cependant, dont la vie est subordonnée au maintien et à la canalisation de leurs étangs vaseux et à peine submergés, ont résolu le problème d'une manière aussi complète qu'ingénieuse. La gondole est le type par excellence de l'embarcation des lagunes. Comme la barque à outres des anciens, elle ne pénètre pas dans l'eau; elle repose sur le plan liquide et s'y enfonce seulement de quelques centimètres. C'est un mode de locomotion tout spécial. Les navires de tous les modèles, depuis le steamer du plus fort tonnage jusqu'au cutter de plaisance et au yacht des régates, ont un tirant d'eau sensible ; et, sur toute leur longueur, depuis l'étrave jusqu'à l'étambot, ils plongent d'une quantité très-appréciable. La gondole, au contraire, mouille seulement par sa partie centrale ; c'est un véritable patin dont les deux extrémités sont relevées suivant des courbes arrondies en forme de bec de cygne ; et, quelle que soit sa différence de forme avec les bateaux des utriculaires, elle a avec eux ce point de ressemblance, qu'elle se meut par glissement à la surface et qu'elle peut évoluer sur place avec une très-grande rapidité. Elle pivote en quelque sorte sur un axe vertical, et possède deux qualités maîtresses qui sembleraient devoir s'exclure, une extrême sensibilité et une stabilité parfaite.

## XI

La disparition complète des bateaux d'utriculaires dans la région du bas Rhône est un fait très-regrettable. La plupart des étangs ont aujourd'hui une profondeur tout à fait insuffisante pour la navigation. Les anciens peuples riverains des grands fleuves et les premiers occupants de leurs deltas rudimentaires avaient vaincu la difficulté avec leurs outres. Les Vénitiens des temps modernes ont su aussi peupler leurs lagunes avec leurs gondoles ; nous avons oublié et délaissé les procédés de nos pères, et n'avons jamais pu importer chez nous ce type fin et délicat qui fait la poésie du littoral de l'Adriatique. Nos lagunes, imparfaitement desséchées, infectées de miasmes pestilentiels, ne sont plus que des mares croupissantes; et, sur la plus grande partie de ce littoral où, pendant la période gréco-barbare, on rencontrait partout la vie, la richesse et le mouvement, on ne trouve plus aujourd'hui, en plein dix-neuvième siècle et après deux mille ans de civilisation, que la tristesse et la fièvre, le silence et l'abandon.

# CHAPITRE TROISIÈME.

### LA MER ET LES ÎLES D'ARLES.

La mer intérieure d'Arles. — Accroissement annuel du delta du Rhône. — Progression des embouchures. — Difficulté de la préciser dans les temps anciens. — Le golfe d'Arles reconstitué par un déblai rétrospectif. — Description du golfe. — Ses îles et ses bas-fonds. — Dangers de l'atterrage sur la côte plate et sablonneuse. — Nécessité des signaux. — Historique et importance des tours du Rhône. — Distance d'Arles à la mer à l'origine de notre ère. — L'île de Cordes, *Mons* ou *Insula de Cordoa*. — Ses constructions souterraines. — Le *Trou des fées* et les ruines sarrasines. — Les Maures à Arles et à Cordes. — L'île de Montmajour, *Mons Major*, et son monastère. — Dessèchement des marais d'Arles. — Transformation agricole. — Ancienne situation nautique d'Arles : ses deux ports. — La ville patricienne et la ville plébéienne. — Les trois marines d'Arles. — Le corps des utriculaires. — Les associations anciennes en général. — Les colléges et les *sodalités* : leur constitution, leur caractère religieux et funéraire. — Inscriptions des colléges d'utriculaires. — Analogie de toutes les villes situées aux embouchures des fleuves à delta : Alexandrie, Narbonne, Venise, etc. — Décadence de la ville d'Arles.

La navigation paludéenne dont nous venons d'esquisser les traits principaux donnait au territoire d'Arles une physionomie et une animation toutes particulières. Ce mot de *territoire* s'applique d'ailleurs assez mal à la plaine, en grande partie inondée, qui s'étendait autrefois depuis les contre-forts calcaires de Beaucaire et la chaîne des Alpines jusqu'à la grève sablonneuse du golfe de Lyon. Il faudrait absolument le proscrire. C'était en réalité une grande lagune, que nous serions presque tenté d'appeler la *mer d'Arles*. Car, lorsque soufflaient les vents du sud ou du sud-est, que dans la région de la Provence on nomme si bien « le vent des tempêtes », le niveau de la mer s'élevait d'une manière sensible, et les eaux grossies de la Méditerranée remontaient d'étang en étang, remplissaient toutes les cuvettes des marais, aujourd'hui en partie desséchées, et formaient autour de la ville un véritable lac salé.

Cette mer intérieure d'Arles, avec ses îles rocheuses, ses étangs peu profonds, desquels émergeaient çà et là de larges bancs d'alluvion bientôt recouverts d'un tapis végétal d'une fraîcheur et d'une richesse incomparables, était traversée par deux grands courants, l'un venant du Rhône, l'autre de la Durance. Au milieu de cette nappe d'eau tranquille, quelquefois salée, presque toujours saumâtre, les eaux douces et limoneuses des deux fleuves serpentaient suivant des courbes très-variables et modifiées après chaque grande crue.

Ces courants entretenaient ainsi une certaine profondeur et formaient de véritables passes pour la navigation; les navires, assez vastes déjà, que les Phéniciens et les Grecs employaient sur toute la surface de la mer Méditerranée, pouvaient s'y engager avec sécurité; et la marine romaine, qui devait faire d'Arles un des premiers ports de l'Empire, trouvait dans ces étangs tranquilles un de ses mouillages les plus assurés. La ville d'Arles était ainsi placée au centre des étangs, communiquant directement par eux avec la mer, et baignée, sur la majeure partie de son enceinte, par le grand bras du Rhône, qui lui faisait, comme de nos jours, une ceinture en arc de cercle doublement infléchi.

A défaut de documents cartographiques très-anciens, la lecture intelligente des cartes modernes, la compàraison de ces cartes entre elles depuis les portulans du seizième siècle jusqu'à la belle œuvre de Cassini et aux dernières reconnaissances de l'état-major, le témoignage et l'interprétation des géographes classiques des premiers siècles, et par-dessus tout l'étude physique et géologique du delta du Rhône, permettent de rétablir, avec une approximation voisine de la certitude, la situation topographique et hydrographique ancienne de la ville d'Arles.

## II

L'examen le plus sommaire permet de reconnaître immédiatement que le Rhône est l'agent créateur de l'immense plaine triangulaire doucement inclinée vers la mer, qui s'étend au sud d'Arles et qu'on appelle « l'île ou le delta de la Camargue ». Cette formation se continue et se modifie tous les jours sous nos yeux, et il n'est pas besoin de se perdre dans de savantes considérations de géologie pour suivre très-nettement la marche du phénomène.

Nous avons déjà eu l'occasion de dire que le grand fleuve, grossi de la Durance, charrie dix-sept millions de mètres cubes de vase, de limon et de boue. Il est sans doute difficile de savoir si cette masse de sédiments est toujours la même depuis l'origine des siècles, et quelle est la fraction de ces apports qui est entraînée au large et va se perdre en mer, et celle qui reste définitivement attachée au continent. Toutefois on peut très-bien admettre, sans erreur sensible, que le tiers de ces matières minérales, le quart au moins, est annuellement soudé à la terre et doit finalement se retrouver, sous forme de flèches de sables, de cordons littoraux, d'exhaussement de berges, de comblement de marais et d'avancement en mer des deux musoirs du fleuve.

Le Rhône nourrit donc la côte, la développe, l'exhausse, l'avance, et quatre millions de mètres cubes au moins s'ajoutent chaque année à la masse du delta. En les supposant répandus et nivelés sur une épaisseur moyenne de un mètre, on voit que c'est environ quatre cents hectares, qui représentent, depuis l'origine de notre période actuelle, le taux normal d'accroissement et d'exhaussement de la grande plaine maritime d'Arles. Tel est le gain annuel de la terre sur la mer.

## III

Il est dès lors assez facile, en procédant en sens inverse et en remontant le cours des âges, de reconstituer l'ancienne lagune d'Arles. Il suffit en effet de faire, pour ainsi dire, un déblai rétrospectif et d'enlever par la pensée quatre millions de mètres cubes par an au territoire actuel ; et lorsqu'on aura répété cette opération jusqu'à l'origine de notre ère, on aura un aperçu assez net de la situation respective de la mer, du fleuve et des étangs. Ce rapprochement de la mer et de la ville d'Arles ressort encore d'une manière manifeste de l'établissement successif des tours du Rhône. Ces tours sont échelonnées de distance en distance sur les deux rives du fleuve. Strabon raconte que les Grecs de *Massalia*, Marseille, en avaient fait établir deux qui servaient de signaux à l'embouchure principale du Rhône, celle qui s'est longtemps appelée la bouche Marseillaise, *os Massalioticum* (1). Non loin de là, dit-il, ils avaient élevé un temple à Diane l'Ephésienne, la déesse favorite dont ils avaient importé le culte dans

---

(1) *Libyca appellantur duo ejus cra modica; ex his alterum Hispaniense, alterum Metapinum; tertium, idemque amplissimum, Massalioticum.* (PLIN., lib. III, cap. v.) — Voir, au sujet des différentes bouches du Rhône, les *Villes mortes*, etc., ch. IX, § VI, VII, VIII.

toutes leurs colonies. Les atterrissements du fleuve, les îles vaseuses qui en rendaient l'approche difficile, la nature du sol, plat, sans relief, presque à fleur d'eau et recouvert souvent par les crues ou le gonflement des eaux de la mer, constituaient un véritable danger; et « pendant les temps couverts, on ne pouvait distinguer la terre, même de fort près (1) ».

Il est fort regrettable de ne pouvoir retrouver aujourd'hui l'emplacement exact de ces anciens sémaphores. Le moindre vestige de ces constructions littorales serait un précieux repère et permettrait de déterminer la limite précise de la mer à l'origine de notre ère. Les archéologues signalent à la vérité, sur la rive gauche du Rhône, les ruines d'une tour gallo-romaine qui pourrait bien être une des tours de Strabon; mais il convient de n'accepter cette interprétation qu'avec une extrême réserve.

On peut toutefois se rendre assez bien compte de la superficie autrefois immergée. Les déductions de la science géologique sont bien autrement précises que les reconstitutions toujours un peu hasardées de l'archéologie. Or, c'est la loi constante de tous les grands fleuves qui débouchent dans une mer à faible marée, d'empiéter toujours sur le domaine maritime; et les observations les plus

---

(1) STRABON, *Géog.*, l. IV.

précises du régime du Rhône ont permis d'établir que la grande embouchure avance annuellement de quarante mètres.

Sans doute cette progression n'a pas toujours été aussi forte; et, comme le fait très-judicieusement remarquer Anibert, « certaines circonstances ont accéléré la formation des atterrissements. La faveur accordée aux défrichements, sous le règne de Louis XIV, ayant invité les habitants de la haute Provence, du Dauphiné et des Cévennes à cultiver les pâturages situés sur le penchant de leurs montagnes, les terres de ces lieux inclinés, devenues plus mouvantes, cédèrent ainsi plus facilement à la rapidité des pluies. Une portion très-considérable s'en est, pour ainsi dire, fondue dans le Rhône par le canal des torrents qui aboutissent à la Durance, à l'Isère et au Gardon.

« D'un autre côté, les jetées en pierre, dont on use, depuis environ un siècle, pour la défense des levées du territoire d'Arles, resserrant plus étroitement les eaux dans leur lit, ont précipité les principaux crémepts vers l'embouchure du fleuve.

« C'est sans doute à ces deux raisons combinées qu'il faut attribuer le prompt reculement de la mer, en cette partie, depuis quatre-vingts ans au plus. Mais, quoique auparavant la progression fût plus lente, elle ne s'opérait pas moins, puisque la cause en existait toujours, et qu'il est reconnu en physique que les mêmes causes produisent constamment les mêmes effets (1). »

Il convient dès lors de remarquer que, si le fleuve déposait dans les temps anciens moins de sédiments à son embouchure, c'est parce qu'il se répandait beaucoup plus sur le territoire pendant la période des inondations. Les sédiments donnaient naissance à moins d'îles vaseuses, le développement de l'appareil littoral marchait plus lentement; mais en revanche le delta plus inondé était beaucoup plus rapidement colmaté et exhaussé. On peut donc très-bien, en se reportant à près de vingt siècles en arrière, c'est-à-dire à l'époque du passage d'Annibal ou de la grande campagne de Marius en Provence, se faire une idée assez nette de la physionomie de cet ancien territoire. En supposant même que la majeure partie des dix-sept millions de mètres cubes charriés aujourd'hui soit due à des causes modernes dont l'endiguement et la disparition des grandes forêts des Alpes et des Cévennes sont les principales, il est certain qu'en accumulant ainsi, pendant deux mille ans, plusieurs millions de mètres cubes, on arrive à un chiffre véritablement formidable; et, bien qu'il soit impossible d'être précis et affirmatif en de pareilles matières,

---

(1) ANIBERT, *Observations sur un passage d'Ammien Marcellin, touchant l'ancienne distance de la ville d'Arles à la mer.* — Arles, 1782.

il est difficile de ne pas atteindre le chiffre de deux milliards de mètres cubes; ce qui représenterait une couche de limon de vingt mille hectares sur une épaisseur moyenne de dix mètres. Qu'on enlève par la pensée une pareille masse de terre végétale dans toute la zone qui s'étend depuis la Durance jusqu'à la mer, et l'on verra le nombre considérable d'îlots qui devront disparaître, de lagunes qu'il faudra approfondir, de prairies et de terrres vagues aujourd'hui qui deviendront de véritables bassins; et ce déblai rétrospectif donnera alors une idée de ce que devait être, à l'époque romaine, ce territoire noyé et qui justifie parfaitement l'expression de *mer d'Arles* que nous avons proposée.

## IV

Le Rhône, dans le golfe d'Arles, comme le Mississipi dans le golfe du Mexique, comme le Gange dans celui du Bengale, avançait autrefois ses bras dans la mer; et un nombre très variable d'îles vaseuses, de bancs de sable et d'écueils sous-marins rendaient la navigation presque impossible aux navires d'un certain tonnage. Le marin qui approchait de terre avait une grande peine à reconnaître cette côte instable, mal définie, et qui, sur un développement de près de cent kilomètres, présentait une uniformité et une horizontalité presque complètes. Les tours du Rhône étaient donc indispensables pour signaler l'entrée du fleuve ; et leur emplacement était tout indiqué à la limite extrême du rivage, au point le plus avancé de cette grève incertaine, détrempée à la fois par les eaux du Rhône, des étangs et de la mer.

Très-vraisemblablement, tant que dura leur puissance maritime, les Grecs de Marseille établirent, à des intervalles de temps assez rapprochés, plusieurs de ces signaux à la pointe même du fleuve ; mais il est fort probable aussi que la certitude de les voir bientôt hors d'usage, par suite de l'avancement de la côte, dut les engager à ne donner à ces constructions qu'un caractère provisoire; le plus souvent ils les disposèrent comme de simples *amers,* en établissant des échafaudages en charpente, dont les grands aubes qui bordaient les rives du Rhône leur fournissaient les matériaux.

C'est à cette cause sans doute que l'on doit attribuer la disparition complète de ces vestiges de l'ancienne navigation à l'époque gallo-grecque et gallo-romaine.

Puis vint cette longue nuit du moyen âge et cette période violente et tourmentée de l'invasion sarrasine pendant lesquelles le commerce, la navigation et tous les arts subirent un temps d'arrêt de plusieurs siècles. Le littoral de la Provence ne fut plus alors qu'un champ de dévastation et un véritable désert.

Peu à peu le calme revint et l'horizon s'éclaircit. La navigation reprit vers le douzième siècle, et avec elle la nécessité de signaler de nouveau les embouchures qui s'étaient considérablement avancées. Les registres du conseil de la ville d'Arles mentionnent que, vers le milieu du quinzième siècle, « la tour servant de phare et de défense était sur le terrain de *Malusclat* en Camargue (1) ». Nous sommes, on le voit, en pleine renaissance de civilisation. Un phare pour signaler la côte — une tour armée pour la défendre — c'était la sécurité dans la paix, la méthode et la prévoyance dans la guerre.

Le quartier de Malusclat est une des plus riches parties du territoire d'Arles; c'est une plaine basse, située sur la rive droite du grand Rhône, doucement inclinée vers l'étang central du Valcarès et limitée au nord par un immense marais de plusieurs milliers d'hectares dont le nom caractéristique de *marais de la grand mar* indique très-nettement qu'il faisait partie autrefois du domaine maritime.

La tour de Malusclat se trouvait sur la berge de l'un de ces anciens lits du Rhône, qu'on appelle *lônes* et qui sont plus ou moins desséchés ou atterris. Les idiomes locaux, en général fort expressifs, nous ont presque partout conservé la

---

(1) ANIBERT, *Mémoire sur l'ancienneté d'Arles*, 1782.

physionomie de l'ancien état des lieux. La lône de Malusclat porte aujourd'hui le nom de *fiume-morte*; c'était l'un des éléments de ces nombreux bras du Rhône qu'on appelle si bien des *Rhônes morts* et dont les cuvettes, remplies encore d'eau saumâtre, sillonnent en tous sens la grande et la petite Camargue, depuis la pointe de l'île jusqu'aux dernières limites du littoral.

En 1469, la mer s'était déjà sensiblement éloignée de ce donjon, devenu dès lors inutile. Il est donc très-probable que la tour avait été bâtie au commencement du quatorzième siècle, peut-être même au treizième. Ce point de repère est extrêmement précieux; car la tour de Malusclat est à peu près à moitié chemin entre Arles et la mer et nous indique par conséquent, avec une approximation très-convenable, l'accroissement du rivage pendant une période de six siècles.

Ce fut le 20 août 1469 que le conseil de ville d'Arles décida la démolition de la tour de Malusclat et son remplacement par une nouvelle tour, de l'autre côté du fleuve, à la pointe même du musoir gauche du grand bras du Rhône. Le nouveau fort fut appelé la tour de *Belvare*. A partir de ce moment, les tours du Rhône se multiplient et indiquent avec une précision très-grande l'avancement du fleuve; ce sont pour ainsi dire les véritables chronomètres des embouchures. Sur la rive droite, la tour de *Mauleget*, la tour de *Saint-Acier*, la tour de *Parade*, la tour de *Bel-*

*vare;* sur la rive gauche, la tour de *Mondovi,* la tour *Vassale,* la tour du *Grau,* la tour de *Tampan,* la tour *Saint-Genest,* et enfin la tour *Saint-Louis.* Toutes avaient le même caractère; c'était un vaste massif rectangulaire en maçonnerie, formant un large empâtement percé de meurtrières étroites, et à talus fortement inclinés. La construction était couronnée par un parapet rarement crénelé, mais toujours recouvert d'une plate-forme dallée et flanquée de deux ou quatre échauguettes. Ces petites forteresses, d'un type uniforme, échelonnées le long de la plage, comme postes de surveillance, ou lieux de retraite et de casernement pour les agents de la gabelle, jalonnaient autrefois le monotone pourtour du cordon littoral de tout le golfe de Lyon; elles ont aujourd'hui presque entièrement disparu. Le sable les a envahies; la mer les a plusieurs fois atteintes; plus rapidement encore que les agents naturels, l'homme a contribué à leur ruine; presque partout il les a délaissées, souvent même détruites sans raison ou pour vendre à vil prix quelques matériaux sans valeur, continuant ainsi cette triste œuvre de destruction dont il est quelquefois si prodigue sur certaines parties de son domaine, tandis qu'il semble, en d'autres points, saisi d'une véritable fièvre de restauration et de constructions irréfléchies.

La dernière de ces tours, la tour Saint-Louis, a été bâtie en 1737, sur la berge même du Rhône, à quelques mètres seulement du rivage de la mer. Un siècle et demi n'est pas encore écoulé, et elle en est éloignée de plus de sept kilomètres.

## V

Cette progression du rivage est rapide, plus rapide même de nos jours qu'elle ne l'a jamais été ; il est certain cependant que le phénomène a suivi, depuis l'origine de notre période géologique, une marche continue; et l'on comprend dès lors la portée et la valeur des expressions employées par les géographes et les historiens classiques, et qu'il serait impossible d'expliquer autrement. Festus Avienus place Arles à l'embouchure sablonneuse du fleuve, dans le voisinage de la mer, et la représente comme un port maritime peuplé de Grecs commerçants (1). — Ausone la dépeint baignée de toutes parts par les eaux du Rhône et des étangs (2).

L'Anonyme grec, qui écrivait sous le règne des empereurs Constance II et Constant, c'est-à-dire au milieu du quatrième siècle de notre ère, dit en propres termes qu'elle était *située sur la mer* (3).

L'édit de l'empereur Honorius (418 ans après

---

(1) AVIEN., *Or. mar.*, v. 679-681.
(2) AUSON., *De clar. urb.*
(3) *Vet. orb. descript.* (Jacob. GOTHOS, c. XLIX).

J. C.) la désignait d'une manière solennelle comme le lieu de réunion de l'assemblée générale des sept provinces de la Gaule, et motivait ce choix sur le commerce considérable dont elle jouissait à cette époque. Les navires grecs de toute la Méditerranée se réunissaient alors sous les murs mêmes de la ville, où les eaux du Rhône se mêlaient à celles de la mer Tyrrhénienne, *decursus Rhodani et Tyrrheni recursus,* ainsi qu'on peut le lire dans le texte un peu déclamatoire de l'édit impérial, empreint de l'emphase des pièces officielles de la décadence.

Enfin, le témoignage d'Ammien Marcellin, qui écrivait aussi au milieu du cinquième siècle, donne sur le cours inférieur du Rhône des détails très-précis, et fixe à dix-huit milles seulement la distance qui séparait la ville impériale de l'embouchure maritime de son grand fleuve (1).

## VI

Tous ces documents, et mieux encore les déductions géologiques que nous avons développées, doivent faire envisager la campagne d'Arles sous

---

(1) *Spumeus Rhodanus Gallico mari concorporatur per patulum sinum, quem vocant* ad gradus, *ab Arelate octavo decimo ferme lapide disparatum* (AMMIAN. MARCELL., *Rer. gest.* l. XV, c. 11.)

son véritable jour à l'époque de l'occupation gallo-grecque et de la domination romaine. Arles n'était pas une ville continentale, mais en réalité une ville maritime; le territoire formait une immense lagune, la plus belle, la plus fertile et à coup sûr la plus peuplée qui existât alors dans le monde ancien. La ville gréco-romaine que Constantin le Grand avait honorée de sa résidence, à laquelle il avait sacrifié un instant Rome et Constantinople pour en faire la capitale du monde, où il avait voulu que sa femme Fausta donnât le jour à l'héritier de l'empire, et qui fut, cent ans plus tard, le siége du prétoire des Gaules, n'était pas, comme la plupart des villes des pays bas du Nord et du Midi, établie sur un sol uniforme, plat, vaseux, entourée de toute part par des mares infectes et croupissantes, et où, comme à Venise, le luxe des arts et les splendeurs des monuments peuvent seuls consoler de la nature absente.

Elle s'élevait sur un plateau calcaire de vingt-cinq mètres d'altitude, à pentes doucement étagées vers le fleuve, qui la baignait sur la moitié de son enceinte. La cité, riche et patricienne, était sur la rive gauche; sur l'autre bord, s'étendait la ville plébéienne, maritime et commerçante. D'un côté, le palais de l'empereur, les théâtres, les temples, le monde des courtisans, les heureux et les gens de plaisir; — de l'autre, les gens d'affaires, les mariniers et le peuple. Les deux villes communiquaient par un immense pont en pierre dû à la magnificence de l'empereur Constantin, et dont les amorces des culées se voient encore sur les quais de la ville moderne.

Tout autour, des étangs assez profonds donnaient accès aux navires d'un faible tonnage, tandis que des chenaux navigables, entretenus dans cette rade intérieure, permettaient l'approche des grands navires et ouvraient la route de cette Méditerranée, riche entre toutes les mers, et dont le sillon est quelquefois plus fécond que celui de la terre la plus fertile. Des îles nombreuses émergeaient tout autour; les unes vaseuses et verdoyantes, échelonnées le long du fleuve ou perdues au milieu des étangs, couvertes de cette magnifique végétation qui se développe avec une si rapide expansion sur les terres alluvionales, nourries par les eaux du Rhône et échauffées par le soleil de la Provence; d'autres, rocheuses, comme les plateaux d'Arles, de Cordes et de Montmajour, présentaient au-dessus de cette immense nappe horizontale un relief beaucoup plus accentué. Telles étaient encore les collines de Castelet, du Mont-d'Argent, de Pierre-Feu, de Trébonsille, etc., qui semblent aujourd'hui de simples accidents de terrain au milieu d'une plaine en partie desséchée. Une population plutôt maritime que continentale habitait ces îles dont les coteaux étaient plantés de vignes et d'oliviers récemment importés par les Grecs; et leurs falaises calcaires et nues, couronnées de myrtes verts, de genévriers de Phénicie et de houx sauvages, étaient battues de tous côtés par les petites vagues du Rhône, de la Durance et des étangs.

## VII

Les plus remarquables de ces îles étaient celles de Cordes et de Montmajour.

L'île de Cordes, située à quatre kilomètres d'Arles (1), paraît avoir été de tout temps un poste stratégique de premier ordre; et, bien qu'on n'y ait pas rencontré de vestiges bien déterminés présentant les caractères généraux des constructions celtiques, il est hors de doute qu'elle a dû être occupée de tout temps par les populations primitives du littoral soit comme poste d'observation, *specula*, soit comme lieu retranché, *oppidum* ou *castellum*.

On a retrouvé, en effet, à la partie supérieure

---

(1) *Insula de Cordoa*. — Voir les anciennes chartes des archives d'Arles, et les divers actes d'échange qui ont été faits de cette île entre les abbesses de Saint-Césaire d'Arles, à qui elle appartenait autrefois, et les abbés de Montmajour, qui l'ont possédée jusqu'à la révolution française.
*Ermessendi, sancti Cæsarii Arelatensis antistitæ, permutationis nomine attribuit (Guillelmus de Ronnis, abbes electus Montismajoris) totum jus quod Monasterium Montismajoris in Cordea insula, et ad meridiem proxima, habebat... Scriptis tabulis IV nonas Decembris anno MCCLIX. (Hist. Msc. abbat. Mont. Major. D. Claudii* Chantelovii, *in Guillelm. de Ronnis*.)

de l'île une singulière construction souterraine, sur laquelle on a fait déjà bien des hypothèses et qui remonte très-certainement aux époques assez obscures où l'homme de ces contrées, vivant de sa pêche et de sa chasse, passait la majeure partie de sa triste vie dans des repaires naturels que son industrie grossière n'avait pas encore beaucoup améliorés.

Le *Trou des Fées* de l'île de Cordes a éveillé inutilement la sagacité des archéologues et a beaucoup surexcité l'imagination ardente des Provençaux et surtout des Arlésiennes; les légendes les plus variées, mais sans intérêt et surtout sans la moindre couleur locale, n'ont cessé de se répandre au sujet de cette grotte semi-naturelle que les Sarrasins du huitième siècle ont transformée en une sorte de réduit couvert, d'une assez bizarre ordonnance. Elle présente, en effet, en plan la forme d'une épée ou plutôt d'un poignard à courte lame. On y pénètre par une sorte de descente qui conduit tout d'abord dans une petite cour ovale; a la suite se trouve un long corridor qui figure assez bien la lame de l'épée dont la partie principale, tracée d'équerre, représente la garde ou la poignée, et qui va en se rétrécissant jusqu'à la pointe. La hauteur de la voûte est de trois mètres; la longueur du corridor couvert, de près de trente mètres; sa largeur diminue progressivement de quatre à deux mètres. Cette singulière construction est taillée dans le calcaire tendre de la montagne; les parois en sont lisses, nettement tranchées, et, malgré leur ancienneté relative, on n'y aperçoit que très-peu de dégradations.

La montagne de Cordes présente d'ailleurs d'autres traces de fortifications défensives qui pouvaient la mettre à l'abri d'un coup de main.

Tous ces vestiges permettent d'affirmer que ce *castellum* était connu et habité par les populations primitives de la vallée du Rhône; et très-certainement le *Trou des Fées* a été, dans le principe, un de ces antres mystérieux dans les profondeurs duquel se traînait assez pauvrement la vie presque végétative de quelque peuplade isolée, et dont les membres actifs et valides trouvaient dans la pêche, sur les étangs circonvoisins, leurs principaux moyens de subsistance.

La montagne est d'un accès difficile; son altitude ne dépasse pas soixante mètres; et, sur presque tout le pourtour de l'île, à l'exception de la face méridionale, elle est bordée de précipices et de ravins. Aujourd'hui encore on ne peut l'aborder facilement que du côté du midi et lorsque les marais sont à sec. Au moyen âge, les eaux l'environnaient de tous côtés, et elle pouvait résister presque indéfiniment à une attaque sérieuse.

Le consciencieux Anibert, qui a exploré avec tant de soin les environs de la ville d'Arles, nous donne sur l'île de Cordes, ses fortifications et les ravins qui l'entouraient, des détails d'une précieuse exactitude. « Au bord du dernier de ces ravins, dit-il, en tirant au midi, on découvre les premiers vestiges d'une muraille de bonne maçonnerie, qui, après avoir couru quelques toises Nord et Sud, fait angle, continue Ouest et Est, et entoure toute la partie méridionale de la montagne.

« Quoique cette muraille tombe en ruine, et qu'elle soit plus qu'à demi détruite dans la plus grande partie de sa longueur, on en voit quelques pans presque entiers, à peu de distance de l'angle dont je viens de parler. On reconnaît en cet endroit que c'était un véritable rempart, construit en talus, suivant la forme ordinaire. On distingue un morceau du parapet; mais on n'aperçoit ni créneaux ni meurtrières. Ces restes, dans leur état actuel, peuvent avoir de quinze à dix-huit ou vingt pieds de haut.

« L'épaisseur du rempart, dans toute son étendue, est de six pieds et demi dans le bas; et celle des restes du parapet, d'un pied huit pouces et demi. Le tout est bâti en pierres de différentes grosseurs, liées avec du mortier blanchâtre mêlé de petits cailloux. La manière de cette bâtisse mérite quelque attention. Les plus grosses pierres sont en bas, et la diminution de leur volume semble proportionnelle à la hauteur où on les a placées. Elles ne sont point plantées dans le mur dans leur longueur, comme dans les ouvrages de maçonnerie qu'on sait être incontestablement des Romains; mais leur grand côté se présente au dehors.

suivant la façon moderne. Il paraît résulter de là que la muraille en question n'est pas d'une antiquité des plus reculées, et que sa construction ne remonte guère au delà du moyen âge.

« Ce rempart forme plusieurs angles plus ou moins ouverts, suivant les sinuosités du rocher, et son enceinte tend à s'arrondir dans sa prolongation. Après l'avoir suivi trois ou quatre cents pas en tirant à l'Est, on trouve les vestiges des fondations d'une tour carrée fort saillante, mais peu large. Environ quarante à cinquante pas plus loin, on découvre les restes d'une seconde tour de même forme, sur le bord du vallon qui partage la montagne en deux portions. Malgré les arbustes qui les couvrent, on démêle dans le fond de ce vallon les ruines du rempart; et l'on reconnaît qu'il venait finir du côté du levant, à l'endroit où les précipices recommencent (1). »

Les RR. PP. bénédictins de l'abbaye de Montmajour affirment même que des anneaux d'amarre pour les bateaux avaient été scellés dans les murailles du castellum. La chose n'eût pas été absolument impossible, malgré une certaine différence de niveau qui existe entre les remparts et la surface des étangs; on n'en a pas malheureusement trouvé la confirmation; et il est très-probable que ces anneaux n'ont pas plus d'authenti-

---

(1) ANIBERT, *Dissertation topographique et historique sur la montagne de Cordes et ses monuments.* — Arles, 1779.

cité que les trop célèbres amarres qui attachaient aux remparts d'Aiguesmortes la galère du roi de France avant son départ pour la Palestine, et dont la fantaisie et la crédulité publique ont fait tous les frais, puisque les remparts de la ville de saint Louis n'existaient pas à l'époque des croisades (1).

## VIII

Ce que l'on voit de la fortification extérieure de l'île de Cordes remonte incontestablement à cette époque troublée où les Sarrasins d'Espagne infestaient toute la région méridionale de la Gaule. Tout le monde sait que, vers le commencement du huitième siècle (713 ans après J. C.), les mahométans d'Afrique, après avoir formé en Europe de grands établissements avec les débris des États des Visigoths, franchirent les Pyrénées et se répandirent dans le Roussillon et le Languedoc. Ils s'emparèrent des principales villes, s'établirent à Narbonne, à Béziers, à Nimes, et, dès l'année 730, commencèrent leurs incursions en deçà du Rhône.

Il est bien difficile de mettre un peu d'ordre dans l'inextricable fouillis de tous les récits et chroniques du moyen âge qui traitent des exploits des Maures sur notre territoire; il est certain ce-

---

(1) Voir les *Villes mortes,* etc., ch. XI.

pendant que, jusqu'à la grande expédition de Charles Martel, les bandes sarrasines exercèrent sur tout le littoral de la Provence une série de brigandages, sans jamais y posséder d'établissement bien durable. La bataille des Aliscamps, la prise et le sac de la ville d'Arles, que l'on place généralement en l'année 731, ne furent que des actes de vandalisme et de violence; et les hordes commandées par Abder-Raman et ses successeurs paraissent n'avoir eu d'autre mobile que de capturer tout ce qui était pour eux d'un trafic quelconque, hommes, femmes, objets précieux, butin, et de détruire et brûler aveuglément ce qui ne leur paraissait pas devoir être d'une utilité ou d'une jouissance immédiates.

Il est même assez curieux de remarquer que cette race sarrasine, dont l'origine orientale semblerait devoir comporter des mœurs assez douces et une civilisation plus raffinée que celle des races du Nord, a presque subitement modifié son caractère en franchissant les Pyrénées et surtout le Rhône; et, tandis qu'en Espagne elle avait fondé un empire stable, créé des institutions durables, une architecture élégante et poétique, des travaux d'art considérables dont on utilise encore aujourd'hui les magnifiques débris, elle n'a plus été dans toute la Narbonnaise qu'une soldatesque effrénée et stupide, et une véritable bande de pillards et d'incendiaires, dont la brutalité a dépassé toutes les violences des populations les plus barbares. Arles fut pris, en partie rasé, presque entièrement brûlé; mais les hordes dévastatrices ne l'occupèrent pas régulièrement, et c'est sur les collines de Cordes et de Montmajour, alors parfaitement défendues par leur ceinture d'étangs, qu'elles ont campé pendant de longues années; c'est surtout sur la montagne de Cordes qu'elles avaient établi leur quartier général, leur point de ralliement, leurs magasins de vivres et de butin.

« Ce n'était point en effet une forteresse, fait à juste titre remarquer Anibert, que l'on ne saurait trop citer lorsqu'on étudie le territoire ancien d'Arles, telle que les souverains en bâtissent ordinairement sur les frontières de leurs États.

« Tout y annonce un simple camp fortifié, auquel on avait fait des retranchements en pierre, comme on les eût faits en gazon et en palissades, s'il n'eût été placé sur des rochers. Ne semble-t-il pas résulter de là que ceux qui s'étaient ainsi logés pensaient moins à s'y établir à demeure, qu'à se ménager un asile sûr pendant leurs courses passagères? » Et l'érudit écrivain n'hésite pas à attribuer au campement des Sarrasins la construction de la grotte mystérieuse et du rempart qu'il a si consciencieusement décrit.

« Ces grands ouvrages, dit-il, annoncent qu'ils avaient choisi ce poste pour leur quartier de rafraîchissement et l'entrepôt général des prises et des vivres. Une garnison médiocre suffisait pour s'y maintenir, tandis que le gros de l'armée, répandu dans les contrées circonvoisines, était sûr, à tout événement, d'y trouver un asile pour la retraite. Sa position qui en rendait l'accès commode et par mer et par terre, sa proximité de leurs premiers établissements en deçà des Pyrénées, les déterminèrent à en faire une de leurs principales places d'armes (1). »

La présence et le séjour des musulmans sur l'îlot montagneux de Cordes permettent d'expliquer très-naturellement sa dénomination tout à fait sarrasine. Ce nom de Cordes est en effet unique en Provence, et il est impossible de le rattacher à une étymologie celtique, grecque ou latine; c'est simplement une réminiscence de Cordoue. La ville de Cordoue, en Espagne, était, en effet, la résidence du grand émir; et c'était en son nom que les Sarrasins avaient envahi la Gaule méridionale. Cordoue, que nos anciens auteurs français appellent *Cordes* (2), était le centre auquel ils rapportaient tous leurs mouvements; et le nom de leur principal retranchement sur notre territoire, *mons* ou *insula de Cordoa,* le reproduit avec une très-grande fidélité.

---

(1) Anibert, *passim.*
(2) Nicole Gille, *Annales et chroniques de France. — Histor. Msc. Montismajor. in Petr. de Fuxo.* — Anibert, *passim.*

## IX

L'île rocheuse de Montmajour n'est pas moins remarquable que sa voisine; son nom *Mons-Major* indique même une certaine priorité sur tout le groupe rocheux qui constituait l'archipel de la mer Arlésienne; et l'on pourrait consacrer bien des pages à la monographie de cette colline dont le plateau est couronné par une des ruines les plus intéressantes de la Provence. Un petit monde sacerdotal a prospéré, en effet, sur cette hauteur, dès que le pays, rendu au calme par la retraite des Sarrasins, put commencer à jouir d'une tranquillité relative. Les bénédictins y avaient établi un de leurs centres d'études les plus importants et ont ainsi purifié et honoré par leur présence et leur travail cette terre entachée de tant de sang et ce territoire si souvent violé.

Tous les styles se rencontrent dans cette ancienne abbaye dont les fondations, posées vers le dixième siècle, attendirent pendant longtemps leurs assises supérieures et dont les dernières parties ont à peine cent cinquante ans de date. On y retrouve à la fois les pleins cintres sévères de l'art roman, les ogives délicates, les demi-jours mystérieux du moyen âge et les ornements gracieux, toujours élégants et quelquefois païens, de la renaissance. Ce n'est plus aujourd'hui qu'une ruine, et — chose triste à dire — cette ruine est l'œuvre des hommes et non celle du temps. Seule, une petite chapelle isolée, qui porte le nom de Sainte-Croix, a échappé comme par miracle à cette fièvre d'aveugle destruction qui signale si honteusement et si fatalement la fin de nos crises révolutionnaires. Mais le monastère n'existe plus, et de grands murs démantelés, en partie démolis, découpent sur l'azur limpide du ciel leurs corniches dégradées.

L'architecture naturelle des rochers calcaires s'harmonise de la manière la plus heureuse avec celle du monument. Tout est noble dans ce paysage; tout y est simple, calme et grand. A ces époques troublées où la violence, la guerre et l'obscurité intellectuelle régnaient sans partage sur le monde, les grands ordres religieux ont été les dépositaires de l'intelligence et les fidèles gardiens de toutes les sciences et de toutes les vérités. Les moines de l'ordre de Saint-Benoît furent par excellence les ouvriers de cette tâche féconde. Obéissant aux inspirations de la foi, guidés par l'élévation naturelle de leur caractère, ils ont presque toujours choisi leurs résidences avec un goût exquis et une rare noblesse d'imagination. L'île de Montmajour était bien faite pour eux. Du haut de leur terrasse, autrefois couronnée d'un élégant parapet en pierre blanche dont le dessin, taillé à jour et finement ciselé, se retrouve encore sur quelques fragments de l'aile principale du monastère, ils pouvaient contempler la nature silencieuse et sereine au milieu de laquelle ils avaient établi leur solitude. Tout autour, des marais presque déserts, encadrés de verdure et pareils à des miroirs tranquilles; — au loin, la Crau, pauvre et nue, avec sa nappe jaune de cailloux roulés, ses étangs clairs et ses horizons indéfinis; — à l'est, la montagne de Sainte-Victoire, noyée dans cette lumière douce et bleue si particulière au ciel de la Provence; — au nord, le rideau dentelé de la longue chaîne des Alpines; — au fond, la mer, la grande mer avec le heurt triste et sourd de sa vague éternelle; — et plus près d'eux, le large fleuve qui baignait la ville d'Arles, vivante encore, riche, brillante, peuplée et qui leur rappelait ce monde agité et violent dont ils s'étaient volontairement séparés par une double barrière, la prière et le travail.

Aujourd'hui que la vie paraît s'être retirée de ce rocher, qui fut pendant longtemps l'asile de la pensée et de la foi, on ne peut regarder sans émotion les lignes droites et pures de cette enceinte sacrée. Le cloître est silencieux, la grande nef déserte et en partie ruinée; les murs construits hier s'affaissent sur eux-mêmes; les voûtes ébranlées s'écroulent de toutes parts; les cellules des moines sont profanées et ouvertes à tous les vents; tout est abandonné. Et cependant, lorsqu'à la fin du dixième siècle la croix fut plantée, sur cette éminence surmontée alors par le croissant des Sarrasins d'Espagne, il fallut creuser un sol rougi d'un sang presque martyr et remuer une véritable stratification d'ossements superposés. Plusieurs générations de religieux se sont couchées à leur tour sur les dépouilles des soldats tués par les infidèles. Le plateau de Montmajour est devenu ainsi un véritable champ mortuaire; c'est un tombeau sur un tombeau.

L'homme, disons mieux, le chrétien a été là et il en a été violemment chassé. Mais il a laissé après lui l'empreinte de son passage et le souvenir impérissable de la vie supérieure qu'il y a longtemps rêvée.

Dans le silence religieux de cette solitude, les formes du passé semblent toujours subsister. Pendant l'hiver, le vent âpre de la vallée du Rhône souffle sur le grand squelette décharné du monastère, secoue fiévreusement les branches des arbres qui l'entourent, et une psalmodie lugubre, semblable à l'hymne funèbre des trépassés dans le désert, remplace la prière tranquille et sereine des religieux disparus.

Tout autour cependant la nature éternellement jeune sourit à l'image de la mort; les chevelures verdoyantes des plantes pariétaires couronnent les sommets branlants de la ruine et ornent de leurs petites fleurs pâles les moindres fissures des murs effondrés. Les oliviers ternes, les genévriers toujours verts, les asters bleuâtres, les arbres de Judée aux fleurs violacées forment la parure triste et douce de ce cimetière; une lumière tiède l'environne; on aime à y demeurer seul ; et la solitude et le silence y ont une saveur étrange, un charme religieux et pénétrant.

Tout semble mort autour de ce sépulcre; mais la vie demeure cachée sous ces décombres; ces ruines presque neuves sont à la fois un enseignement, un reproche et une espérance; une double auréole leur reste : le souvenir et le soleil.

## X

Le nom d'île a été conservé à la montagne de Montmajour, comme à celle de Cordes, pendant tout le moyen âge et jusque dans les temps modernes. Cette désignation était fort juste; elle le serait presque encore à l'heure où nous écrivons. Ce n'est, en effet, que sous le règne de Henri IV que le Hollandais Van Ems commença, dans le territoire d'Arles, ses premiers travaux de dessèchement; et le canal d'Arles à Bouc, qui est le principal moyen d'écoulement des eaux de toute la région, n'a que soixante-dix ans d'existence. Mais la plaine d'Arles est très-imparfaitement desséchée, et tout autour de ces anciennes îles le sol plat, vaseux, miroite au soleil, se détrempe après les pluies et conserve pendant plusieurs mois de l'année l'aspect de ces lagunes indécises, intermédiaires entre l'eau et la terre, et dont la culture ne s'est pas encore emparée d'une manière définitive.

Des chartes nombreuses du douzième et du treizième siècle (1) rappellent que l'on ne pouvait aborder à Cordes et à Montmajour qu'en bateau ; et lorsque, vers la fin du dix-huitième siècle, l'abbaye jetait ses dernières lueurs, les pèlerins qui s'y rendaient en foule de tous les points de la Provence étaient obligés de s'embarquer à Arles, de traverser une partie des étangs sur des barques et des radeaux, où ils payaient un droit de passage, de s'engager ensuite au milieu des terres noyées sur d'étroites levées en terre coupées de distance en distance par de petits ponts de bois. Ce fut l'origine de la route moderne. Elle était

---

(1) *Commutamus vobis in Comitatu Arelatensi insulam sancti Petri quæ nominatur a Montemajore...* — Acte d'échange de Montmajour entre l'archevêque d'Arles et une femme nommée Teucinde.

*... insulam, quam Montemajore vulgus vocitat... et est Comitatu Arelatense, ab urbe eadem milario et semis...* — Acte de donation de Montmajour aux moines de Saint-Benoît (974). — Voir ces chartes dans l'histoire manuscrite de Montmajour (Arch. d'Arles) et dans la *Gallia Christiana*.

Item, l'an MCCC e IX, lo divenzes lo ters jorn del mes de Mai, son lo perdon general dé san Peyre de Montmajour, en loqual perdon soron Romieux, é vengron de tot lo mond plus de cent cinquanta milla Chrestiano, é Christianos, é plus, vous dié per vertat, non tant solament per ausir, mas per veser. Item de vieures son bon marcat, quatre deniers lo pechier del millor vin, et dos deniers l'autre, de pan, carn, peïs, millor marcat, lo pasage de l'aigua per persona quatre deniers, etc... — *Mémoires* de BERTRAND BOISSET, bourgeois d'Arles, quinzième siècle; extrait de la bibliothèque de MM. les trinitaires d'Arles. (Archives d'Arles.)

autrefois pénible, incertaine, toujours coûteuse, et des milliers de voyageurs n'hésitaient pas à la parcourir. Elle est aujourd'hui facile, gratuite, à l'abri des eaux et presque complétement délaissée.

Le Rhône, qui alimentait la grande lagune d'Arles, a été par cela même l'agent principal de son desséchement. Les quantités énormes de matières qu'il a déposées dans le fond de ces cuvettes jadis profondes les ont transformées successivement en marais à peine navigables, puis en flaques d'eau putride, dont les exhalaisons pernicieuses ont fait peu à peu le vide dans ce territoire jadis si peuplé. C'est un phénomène commun à toutes les lagunes littorales d'être ainsi comblées par le fleuve même qui les alimentait; et, bien que les mots paraissent jurer ensemble, on peut dire qu'elles se dessèchent *par immersion*. Cette opération naturelle est lente, mais fatale; et ses conséquences immédiates sont tout d'abord la fièvre, la misère et la dépopulation. Le grand desséchement commencé au seizième siècle par Van Ems continue de nos jours. L'ouverture du canal d'Arles à Bouc, l'établissement de roubines qui sillonnent les points les plus bas de la plaine, le réseau des canaux de vidange qui écoulent au Rhône toutes les eaux stagnantes, la transformation agricole de la Crau et de la Camargue ont avancé heureusement la fin de cette période pestilentielle aujourd'hui presque terminée; et, si la ville actuelle ne doit plus revoir les jours prospères de l'ancienne *Rome des Gaules*, du moins parviendra-t-on, dans un avenir peu éloigné, à créer une plaine cultivable en place de la vaste lagune, désormais perdue et envasée, qui fut autrefois l'un des premiers ports du monde

### XI

La nature avait placé la ville d'Arles dans une situation privilégiée. Jusque vers le dixième siècle environ de notre ère, le fleuve libre se répandait sur tous les étangs voisins et formait autour des remparts romains une immense rade intérieure; ces étangs eux-mêmes, échelonnés le long du fleuve, communiquaient tous entre eux et aboutissaient au golfe de Fos, où le Grau de Galéjon leur ouvrait l'accès de la mer.

Il était donc facile aux navires de toutes les nations de se rendre sous les murs de la ville constantinienne. Deux routes s'offraient à eux : l'une par le Rhône; c'était celle des allèges, des tartanes à faible tirant d'eau, de toutes les embarcations que nous appelons aujourd'hui des barques de petit cabotage, et qui pouvaient naviguer aux embouchures et franchir la barre sans difficulté; l'autre, par le Grau de Galéjon, dans lequel la mer pénétrait alors beaucoup plus librement que de nos jours.

Marius fut le premier qui comprit l'importance de cette route directe d'Arles à la mer. Les fameuses *Fosses Mariennes,* dont tous les écrivains ont parlé et que la plupart des archéologues ont cherché à expliquer d'une manière si peu conciliable avec l'état ancien des lieux, n'étaient et ne pouvaient être que la régularisation d'un chenal maritime, navigable et profond, traversant ce long chapelet d'étangs qui borde la rive gauche du Rhône et descend à la mer.

Ausone parle en effet d'une manière très-explicite des deux ports d'Arles (1), l'un sur le fleuve, l'autre sur la lagune; il est évident que le premier était celui des nautoniers du Rhône et de la Durance, tandis que le second était celui des utriculaires et des hommes de mer.

La navigation dans le grand bassin d'Arles pouvait donc se diviser en trois catégories parfaitement distinctes.

En premier lieu, le Rhône permettait de descendre jusqu'au cœur de la Gaule; c'était la grande artère commerciale de la province, mais possible seulement par les navires plats ou moyennement chargés.

La vraie route de la mer, la plus sûre et la plus directe était celle des étangs par le canal des Fosses-Mariennes. A l'entrée, se trouvait le port maritime, créé de toutes pièces par les Grecs de Marseille, et c'était par cette voie que les navires

---

(1) Voir la note, page 54.

du plus fort tonnage pouvaient remonter jusque sous les murs de la ville.

La troisième navigation s'étendait sur toutes les ramifications du bas Rhône et de la basse Durance, dans tout ce champ d'inondation des deux fleuves qui formait une immense lagune. C'était le véritable domaine des utriculaires. Leurs barques et leurs radeaux s'étendaient à droite et à gauche du fleuve, glissaient à la surface des marais, pouvaient atterrir sur les bancs d'alluvions nouvellement émergés, et mettaient ainsi en communication tous les îlots de cet archipel aujourd'hui disparu et pour ainsi dire figé sous les couches successives de sable et de limon.

A chacune de ces trois navigations correspondait une marine spéciale. Il y avait donc à la fois une flotte maritime, une flotte fluviale et une flotte paludéenne. Les gens de mer, les marins proprement dits, *navicularii marini*, étaient presque tous nomades ou étrangers et appartenaient en général à la nationalité grecque. Les nautoniers de la région du Rhône et de la Durance, *nautæ Rhodanici, Druentici*, habitaient indistinctement toute la vallée du grand fleuve depuis Lyon jusqu'à la mer, et ne venaient à Arles que pour y faire escale. Les utriculaires enfin, *utricularii*, faisaient presque tous partie de la famille arlésienne; beaucoup plus nombreux que les autres et surtout beaucoup plus attachés à ce sol spécial, qui n'est ni la terre ni l'eau, ils constituaient la population véritablement originale de ce territoire étrange aujourd'hui si profondément modifié.

Les Grecs et les Romains séjournaient dans la ville; c'étaient des étrangers ou des maîtres. Les utriculaires, véritables nationaux de la lagune, peuplaient les faubourgs, les îles et les étangs; là ils formaient une population à part et conservaient leurs mœurs, leurs usages et leur liberté.

## XII

Des documents épigraphiques très-curieux permettent d'affirmer qu'une très-grande solidarité existait entre tous les groupes de navigateurs; ils s'étaient régulièrement organisés sur le modèle des grandes associations romaines, et l'on ne saurait mieux les comparer qu'aux sociétés ouvrières de notre époque et aux grandes corporations du moyen âge.

Le sentiment de l'association est loin d'être moderne; et les sociétés antiques l'ont connu plus vivement encore que la nôtre (1). « Un des plus grands besoins qu'elles paraissent avoir éprouvé a été celui de se réunir; de là ces nombreux collèges ou associations ouvrières et ces confréries

---

(1) Mommsen, *De collegiis et sodaliciis Romanorum.* — Kiel, 1843.

Gaston Boissier, *les Associations ouvrières et charitables dans l'empire romain.* 1871.

religieuses appelées *sodalités*, *sodalicia*, qui, de Rome, se répandirent rapidement dans presque toutes les provinces de l'empire et se multiplièrent surtout en Orient, dans l'Italie et dans les Gaules, pays riches où florissaient le commerce et l'industrie.

« Tour à tour protégées et inquiétées par la république et les empereurs qui voyaient en elles, tantôt un élément de force, tantôt un germe d'opposition et de résistance, ces associations finirent par devenir de véritables corps constitués ayant chacun leur existence propre et une sorte d'autonomie.

« Nîmes, Narbonne et Arles en avaient un très-grand nombre, comme le prouvent des inscriptions connues depuis longtemps et celles que la main de l'homme ne cesse de tirer du sol. Ces colléges ou associations ne différaient guère entre eux que par leur plus ou moins d'importance; leur organisation était partout la même, et calquée sur celle de la cité ou du municipe romain; car un collége était considéré comme une petite cité particulière dans la cité véritable; même constitution, mêmes lois, mêmes officiers. La société se choisissait, en effet, des chefs dont les fonctions se ressemblaient beaucoup, quoique leur nombre et leur nom différassent souvent d'un collége à l'autre. On les appelait tantôt maîtres ou présidents, et ils étaient alors nommés pour cinq ans, *magistri quinquennales*, tantôt administrateurs, *curatores*, et leurs fonctions étaient plus durables. Au-dessous d'eux, se trouvaient des questeurs chargés d'administrer la fortune de la société et d'autres officiers d'une moindre importance. Ils jouissaient tous de prérogatives étendues; ainsi, dans les repas de corps, ils recevaient une meilleure portion que les autres associés, et leurs noms figuraient en tête de l'*album* ou liste officielle des membres, liste tenue avec soin et revisée tous les cinq ans, comme celle du sénat romain et des conseils municipaux des villes de province.

« Le motif qui donnait le plus souvent naissance à un collége était une occupation commune, un même genre de vie; ainsi, chaque corps de métier avait son association qui portait son nom. Les charpentiers, *fabri tignarii*, les marchands de bois, *dendrophori*, les patrons de radeaux ou de barques, *scapharii*, les armateurs de navires, *navicularii*, les utriculaires, *utricularii*, etc., sont ceux dont les noms figurent le plus souvent dans les inscriptions.

« L'exercice ou la protection d'une industrie n'était pas toujours le seul but que se proposaient les associés, *corporati*, puisque beaucoup de colléges comptaient dans leur sein des membres actifs dont la profession ou la position sociale ne répondait en aucune façon au nom que portait le collége. Le but véritable des associés était alors de se réunir pour vivre avec leurs amis  trouver hors de chez soi des distractions et se rendre ainsi la vie plus agréable. Dîner et se réjouir ensemble, tel était en réalité le grand but que se proposaient toutes les sociétés romaines (1). »

Un des traits caractéristiques de ces sociétés était de se choisir des protecteurs ou, comme on les appelait déjà, des *honoraires, honorati collegii,* et des patrons, *patroni*. C'était parmi les honoraires qu'on choisissait les patrons, ce qui donnait lieu à une première élection faite par tous les membres. Une sorte d'élection au deuxième degré parmi les patrons nommait le président, qui conservait pendant un certain temps la haute administration du collége, avait pour mission de défendre ses droits et l'honneur de le représenter officiellement. Les fonctions de président d'un de ces colléges, et en général la dignité de protecteur, d'honoraire ou de patron, étaient non-seulement gratuites, mais souvent fort onéreuses. Il fallait en effet secourir les membres pauvres de l'association, faire des dons aux plus avides, subvenir aux funérailles, aux besoins, aux caprices même des électeurs quelquefois fort exigeants, et toujours et souvent leur offrir à dîner. Des hommes considérables recherchaient avidement ces honneurs; mais on se tromperait fort si l'on pensait que c'était par esprit d'humanité et de bienfai-

---

(1) *Hist. gén. de Languedoc,* liv. I, notes et pièces justificatives, *passim.*

sance qu'ils briguaient ces charges fort dispendieuses. La charité désintéressée, qui est rarement le fait des heureux de ce monde, était absolument inconnue des anciens. L'amour-propre, le désir de paraître, d'être en vue, l'espérance secrète d'être un jour désigné pour un emploi public fortement rétribué, de jouer, en un mot, un rôle politique quelconque, tels étaient les principaux mobiles qui engageaient de riches citoyens à solliciter le coûteux patronage d'un collége ou d'une sodalité. Les hommes n'ont pas changé avec les siècles; à peu de chose près, ils ont conservé les mêmes appétits et les mêmes défauts. La bienfaisance officielle n'est souvent considérée que comme un moyen d'influence; et ce que les protecteurs de tous les temps tiennent le plus à protéger, ce sont leurs propres intérêts.

La religion, cependant, tenait une très-grande place dans les associations anciennes. Les colléges avaient un culte commun, des prêtres spéciaux appelés flamines, *flamen*, un lieu de réunion appelé *schola* que l'on bâtissait ordinairement sur un emplacement donné par un riche particulier, dont on se hâtait de faire un honoraire de la société, dans l'espérance qu'il ne bornerait pas sa générosité à cette première offrande.

L'entretien de la schola était un des grands soucis des sociétaires et des dignitaires. Les riches faisaient à cet effet des donations spéciales; ils en faisaient surtout pour les décorations du petit temple qu'il renfermait et qui en constituait la partie la plus importante. Ce temple était orné avec le plus grand soin; on y trouvait non-seulement l'image de la divinité protectrice de la société, mais encore celles d'autres dieux qui, en apparence, n'avaient aucun rapport avec elle. C'était là que les associés se réunissaient pour prendre les décisions importantes et procéder aux élections. Un fonctionnaire, nommé *ædituus*, sorte de sacristain, était chargé spécialement de l'entretien du temple.

Une cause qui, d'ailleurs, rattachait les colléges à la religion était le soin qu'ils prenaient de la sépulture de leurs membres. Les funérailles étaient, dans l'antiquité, un acte essentiellement religieux. Les anciens pensaient en général que les âmes des morts erraient inquiètes et souffrantes, quand le corps n'avait pas reçu de sépulture convenable. On croyait fermement que ceux-là seuls jouiraient du repos et du bonheur dans l'autre vie qui auraient été ensevelis selon les rites; aussi prenait-on un soin particulier pour se préparer un tombeau; c'était le souci de tout le monde, on y songeait d'avance pour n'être pas pris au dépourvu; on tenait surtout à être enterré auprès des siens, dans des sépultures de famille. Les colléges qui, pour les pauvres gens, remplaçaient souvent la famille, avaient été amenés à construire pour leurs membres des sépultures communes. Après avoir passé la vie ensemble, dans les mêmes travaux et les mêmes plaisirs, c'était une consolation de savoir qu'on reposerait dans la même tombe. Un tombeau commun était alors construit, grâce ordinairement aux libéralités que les protecteurs faisaient aux colléges qui les avaient nommés (1).

## XIII

Telles étaient les bases générales de tous les colléges dans les sociétés anciennes ; et sur le sol qui nous occupe, parmi ceux qui ont laissé le plus de témoignages de leur existence, il faut citer au premier rang les colléges d'utriculaires.

C'est ainsi que des inscriptions presque identiques se retrouvent à Fourvières, *Forum vetus*, près de Lyon ; — à Montélimar, au milieu de la vallée du Rhône ; — à Cavaillon, colonie marseillaise, sur le flanc de la colline du Lubéron qui domine la vaste zone autrefois inondée par la Durance dont le cours était alors livré à tous les caprices de la nature (2) ; — à *Ernaginum*, Saint-Gabriel, dans les Alpines, qui paraît avoir été un de leurs principaux ports d'attache ; — à Arles, au centre de l'archipel rocheux d'une véritable

---

(1) *Hist gén. de Languedoc*, l. I, notes, etc., *passim*.
(2) ..... *Te sparsis incerta Druentia ripis.*
(Auson. *Carm.*)

mer intérieure; — à Saint-Gilles, *Heraclea,* dans les marais de la plaine de Nimes.

On les signale encore près d'*Alesia,* en Bourgogne; — à Narbonne, dans les boues de l'Aude, *Atax;* — à Temeswar, en Hongrie, dans la plaine basse située entre le Temès et la Bega, deux affluents du Danube; partout enfin où l'absence de berges, la plaine inondée et peu profonde empêchaient l'usage de la navigation ordinaire et se prêtaient à ce mode de locomotion.

Il y a plus encore; et l'on vit de hardis bateliers se confier à la mer sur des barques à outres et faire, de port en port, un véritable service de cabotage. Il eût été sans doute difficile de créer une marine sérieuse et régulière avec des engins si fragiles; il est fort curieux, toutefois, de constater que des colléges d'utriculaires ont existé et prospéré sur le littoral de la Gaule méridionale, et de retrouver sur la côte rocheuse de Provence, notamment à Antibes et aux îles de Lérins, des inscriptions tout à fait analogues à celles de la région du bas Rhône.

## XIV

Le séjour des utriculaires dans la lagune d'Arles a été l'une des principales causes de sa prospérité : la vie et le mouvement devaient s'éteindre avec eux. Il est difficile de préciser l'époque où ils ont disparu. Dès le huitième siècle, cependant, les étangs commençaient à perdre sensiblement de leur profondeur; le sol s'exhaussait, la flottaison devenait difficile, et l'ancienne mer d'Arles se transformait peu à peu en marécage et en lac de boue.

Presque toutes les villes littorales noyées dans l'intérieur d'une lagune présentent les mêmes dispositions que la Rome des Gaules, ont passé par les mêmes phases et sont un jour destinées à périr de la même mort.

La mer est en face; tout autour, un cercle de marais indéfinis; au milieu de ces étangs, un réseau de canaux navigables permet à la batellerie fluviale de se joindre à la batellerie maritime.

L'ancienne Alexandrie, Amsterdam, Narbonne, Venise, sont placées dans des conditions à peu près identiques; et les grandes lagunes que le Nil, le Rhin, l'Aude, le Pô, forment et modifient sans cesse, ont été la cause de leur éclosion, de leur développement et de leur ruine.

L'homme essaye en vain de lutter contre l'invasion incessante des atterrissements. A force d'art, de travail et de génie, il peut, pendant quelques siècles, ralentir la marche des phénomènes naturels; mais cette marche est fatale, et toutes ces villes flottantes doivent un jour périr dans la lagune même qui les alimentait et qui deviendra pour elles un véritable linceul de boue.

Le double port d'Alexandrie n'existe plus. Le lac Maréotis, autrefois navigable, a en partie disparu. Les crues du Nil l'ont atterri, et la rade intérieure n'est plus qu'un étang sans profondeur.

Narbonne, qui fut, à l'origine de notre ère, l'un des plus grands ports de la Gaule, est embourbée depuis quinze siècles dans la vase de ses marais, et l'agriculture seule sera pour elle un élément de régénération.

Venise et Amsterdam auront aussi leur heure et n'échapperont pas à cette loi commune de l'ensablement.

Arles, autrefois ville maritime, dépérit lentement dans le cloaque de ses étangs fiévreux; et il faudra peut-être bien des siècles encore avant que les irrigations, le colmatage et le travail de la terre rendent à cette campagne transformée une partie de son ancienne richesse et apportent une faible compensation à la perte de sa prospérité maritime.

Mais, quels que soient les travaux de dessèchement de ses marais et d'amélioration du cours du Rhône, malgré ses gares de chemin de fer et tous les avantages de l'industrie moderne, Arles ne retrouvera plus ni ses trois flottes, ni ses deux ports. La mer qui lui donnait la vie s'est retirée à jamais d'elle. La lagune qui fut son berceau est devenue presque sa tombe.

## XV

La nature est la principale cause de ce dépérissement continu; mais elle n'est pas seule coupable, et l'homme a une grande part de responsabilité dans cette triste décadence. L'absentéisme est en effet une des plaies qui désolent la campagne et la ville d'Arles. Depuis plusieurs siècles, les plus riches tenanciers de ce territoire fertile l'ont presque complétement abandonné et se sont peu à peu désintéressés de toutes les questions vitales du pays. Les vieux hôtels, les grands domaines sont à peu près déserts. Les anciens maîtres du sol n'ont plus aujourd'hui l'énergie de l'habiter; ils ne l'aiment ni ne le respectent, et ils considèrent cette terre féconde et nourricière comme une simple valeur commerciale dont ils cherchent à tirer un revenu matériel aussi avantageux que possible. Ce calcul est maladroit — nous dirons plus, il est coupable; car la terre est un dépôt sacré qu'il faut savoir conserver et défendre, et qu'il est au moins regrettable et toujours imprudent d'abandonner à des mains étrangères ou mercenaires.

Arles n'est plus aujourd'hui la résidence des propriétaires du sol; des mariniers, dont les principaux chefs sont à Marseille, des hommes d'affaires et des fermiers, dont les maîtres habitent les grandes villes, forment la masse et le bas-fond de cette population autrefois noble et raffinée. En désertant le pays qui leur appartient et qui leur donnait jadis une influence et une suprématie légitimes, les hautes classes ont en même temps perdu leur prestige et leur dignité. C'est là pour le pays une cause d'irrémédiable décadence, d'appauvrissement et de désordre social.

Comme la plupart des villes anciennes du midi de la France, la Rome des Gaules, jadis patricienne et élégante, n'est plus qu'un énorme bourg aux allures de plus en plus vulgaires et plébéiennes. Elle perd chaque jour sa physionomie, son originalité et son caractère. Son port est désert, ses rues presque vides, sa campagne nue et triste; la solitude et la fièvre l'environnent. Elle s'agite sans dignité, vieillit sans noblesse et s'éteint sans grandeur.

# CHAPITRE QUATRIÈME

LA RACE GRECQUE SUR LES BORDS DU RHÔNE.

Les origines d'Arles perdues dans la légende — Premiers souvenirs historiques. — Le camp d'*Ernaginum* et les *Fosses Mariennes*. — Construction à Arles de la flotte de César. — L'*oppidum* et l'*emporium* d'Arles à l'époque celtique. — Arles, comptoir phénicien. — Émigration grecque. — Introduction de la vigne, de l'olivier et des arts. — Colonies grecques du littoral. — La femme grecque à Arles. — Le type grec, le type romain, le type sarrasin. — Le type aryen dans la vallée du Rhône. — Hellénisation de la Provence. — Perfectionnement du monnayage indigène. — Monnaies gauloises à légendes grecques. — Occupation d'Arles gréco-celtique par les légions de Rome. — Caractères de la colonisation romaine. — Affaiblissement chez les Grecs du sentiment de la nationalité.

I

La description que nous venons de faire, dans le chapitre précédent, de l'ancien territoire d'Arles, est, nous le craignons, de nature à surprendre plus d'un lecteur; et peut-être nous aura-t-on quelquefois accusé d'avoir fait une trop grande place à l'imagination et à la fantaisie et d'avoir converti notre étude en une sorte de *roman géographique*. Qu'on veuille bien se rassurer.

Cette reconstitution consciencieuse de l'ancienne lagune qui fut autrefois presque une mer et s'étendait de la chaîne des Alpines au rivage sablonneux de la Méditerranée actuelle, emprunte aux considérations géologiques que nous avons développées sur le régime du bas Rhône un caractère scientifique d'une rigoureuse précision. Les documents archéologiques n'ont pas été les éléments de ce travail; ils font d'ailleurs presque absolument défaut avant l'époque de la domination romaine, et nous ne saurions beaucoup les regretter. Car la science est un guide plus sûr et plus digne de foi que l'archéologie, dont les déductions subtiles ne présentent souvent qu'un enchaînement trop séduisant d'hypothèses ingénieuses et de brillants commentaires.

L'histoire réelle et positive n'existe pas pour Arles avant les premiers siècles antérieurs à notre ère. Il est impossible, en effet, de parler sérieusement aujourd'hui d'*Arulus*, ce roi ou chef des Celtes qui, le premier, aurait donné son nom au rocher fortifié d'Arles et dont l'existence, tout à fait légendaire, pour ne pas dire chimérique, n'est appuyée sur aucune donnée probable.

Il est même assez difficile d'accorder une grande confiance à la légende poétique qui attribue la fondation de *Massalia*, Marseille, à l'imprudente hospitalité donnée aux Grecs émigrants de Phocée par le roi d'Arles *Senannus*, *Nannus* ou *Nann*, chef de la tribu des *Segobriges*, l'une des moins définies de cette race celtique qui couvrait alors la majeure partie de notre Gaule. Le roi Nann habitait-il Arles ? A-t-il tout au moins existé ? Personne n'oserait l'affirmer aujourd'hui ; et tout ce qui reste de ce personnage demi-fabuleux, c'est le gracieux, mais bien fragile souvenir des amours de sa fille Gyptis avec l'un des jeunes Grecs que l'esprit d'aventure venait de conduire sur la côte rocheuse et aride de la future Provence.

Tradition, légende ou fable, ces épisodes un peu nuageux d'un passé qui remonte au septième ou au huitième siècle avant notre ère ne sont garantis par aucun monument, aucun texte, aucun fragment épigraphique, aucune ruine, pas même le moindre vestige de cette *antiquité figurée* qui permet de retrouver, à travers les siècles, la trace des populations disparues et nous parle quelquefois avec tant d'éloquence de leur grandeur évanouie.

## II

Le premier événement, très-nettement défini, réel et classique à la fois, dont la plaine d'Arles a été le théâtre, est cette merveilleuse campagne de Marius, envoyé par le sénat de Rome cent un ans avant Jésus-Christ (an de Rome 652), pour barrer le passage au flot des barbares qui venaient de balayer l'Espagne et le sud-ouest de la Gaule, se dirigeaient vers les Alpes et l'Italie, et menaçaient de renouveler, sur les bords du Tibre, les terribles exploits de la première invasion gauloise.

Marius ne s'arrêta pas précisément dans la plaine d'Arles, marécageuse, insalubre, découverte de toutes parts (1). Il s'établit au nord, sur la hauteur, au-dessus de la petite ville d'*Ernaginum,* aujourd'hui Saint-Gabriel, qui forme le cap le plus avancé du côté du Rhône (2) de la chaîne des Alpines. Ce plateau calcaire, aux falaises abruptes, dominant la plaine. et le cours du fleuve, devint pour lui un véritable observatoire en même temps qu'un camp fortifié difficilement accessible. Il y resta plus d'un an, attendit les Ambrons, surveilla leur passage du Rhône, repoussa leurs premières attaques sans quitter sa position défensive, resta impassible devant leurs injures et leurs provocations, et les laissa défiler pendant plusieurs jours devant les lignes de ses retranchements (3).

---

(1) A. Aurès, *Nouvelles Recherches sur le tracé des Fosses Mariennes et sur l'emplacement du camp de Marius.*

(2) ..... καὶ τειχίσας στρατόπεδον παρὰ τῷ 'Ροδάνῳ ποταμῷ. (Plutarque, *Marius,* c. xv.)

(3) Les Teutons et les Ambrons, résolus de forcer le camp des Romains et de s'ouvrir un passage en Italie, attaquèrent Marius dans ses retranchements. Leur attaque dura trois jours et fut des plus vives; mais la résistance des Romains fut si opiniâtre que ces barbares, accablés d'une grêle de traits que ces derniers leur tiraient, se voyant toujours repoussés avec perte et désespérant de pouvoir forcer le camp de Marius, abandonnèrent cette entreprise après avoir perdu beaucoup de monde. Ces barbares, s'étant partagés ensuite en trois corps, se mirent en marche pour continuer leur route vers les Alpes, persuadés que Marius n'oserait les poursuivre. Ayant donc plié bagage, ils défilèrent sous les yeux des Romains, qui

Tout le monde sait avec quelle âpreté il se mit ensuite à leur poursuite et l'hécatombe sanglante qu'il en fit aux environs d'Aix dans cette plaine de Pourrières, dont le nom presque repoussant, *campi putridi,* semble avoir conservé le souvenir de leur effroyable extermination (1).

Marius, avons-nous dit, n'entra pas dans Arles, dont le fond de la population, en grande partie celtique ou gauloise (sans compter l'élément grec composé principalement de gens de mer et de négoce auxquels on ne pouvait absolument se

---

furent témoins du nombre effroyable de leurs troupes : leur passage dura, en effet, six jours de suite. En passant sous les retranchements des Romains, ils leur demandaient par raillerie *s'ils n'avaient rien à mander à leurs femmes, parce qu'ils espéraient de les voir bientôt.* (*Hist. gén. de Languedoc,* l. II, c. xlv, d'après les historiens anciens, et notamment Plutarque, *Marius,* c. xv.)

(1) D'après Tite-Live (*Epitome,* 68), les barbares eurent deux cent mille hommes tués sur le champ de bataille, et livrèrent quatre-vingt-six mille prisonniers, parmi lesquels le roi teuton, Teutobodus, et plusieurs autres chefs de tribu, qui furent réservés pour le triomphe du vainqueur à Rome.—L'historien Orose adopte à peu près les mêmes chiffres (l. V, c. xvi); Velleius Paterculus (l. II, c. xii) croit que l'on doit évaluer seulement à cent cinquante mille hommes le nombre des barbares tués sur la place.

Quoi qu'il en soit, le carnage dut être épouvantable; il dura deux jours et une nuit; et Florus affirme (l. III, c. iii) que les soldats romains, épuisés de fatigue et mourants de soif, durent boire dans les ravins une eau rougie par le sang des cadavres, qui encombraient le lit des torrents et y formaient quelquefois de véritables barrages.

fier), n'était pas encore l'allié de Rome et pouvait avoir, au contraire, des sympathies secrètes pour ces barbares qui avaient tout au moins avec elle une communauté d'origine et de race. Arles n'était pas d'ailleurs sur la route probable que les Ambrons devaient suivre pour se rendre aux Alpes. Il eût été, en effet, bien périlleux pour eux de s'engager à travers tous les marais qui entouraient la ville celtique ; et c'était déjà beaucoup, pour une armée de plusieurs centaines de mille hommes, d'avoir le Rhône à franchir, sans courir la chance de se perdre et s'envaser dans l'immense lagune qui s'étendait depuis les Alpines jusqu'à la mer. Il était donc probable et même certain qu'après avoir traversé le Rhône, alors beaucoup plus large que de nos jours et agrandi encore sur sa rive gauche de toute la surface des marais alimentés par les différents bras de la Durance, les barbares mettraient le pied sur le plateau des Alpines et ne quitteraient plus la terre ferme jusqu'en Italie.

Mais, si la ville d'Arles ne fut pas occupée militairement par l'armée de Marius, toute la plaine qui l'entourait était sillonnée activement par les navires de charge envoyés de Rome au secours de l'expédition. Il fallait vivre en effet sur ce plateau des Alpines où les légions attendirent pendant plus d'un an le passage des barbares ; et alors, peut-être encore plus qu'aujourd'hui, ces montagnes étaient arides et improductives ;

les subsistances, les armes, le blé surtout (1) ne pouvaient venir que de Rome et par mer ; car la mer était la seule route prompte, sûre et facile ; et le sénat, en jetant en plein pays ennemi la meilleure armée de la république, n'avait garde de l'abandonner sans ressources. Si le départ régulier de ces approvisionnements était facile à l'embouchure du Tibre, il n'en était pas de même de leur débarquement à celles du Rhône, où l'absence de port et les atterrissements semblaient devoir opposer à l'entrée des navires un obstacle infranchissable. Ce fut une des gloires de Marius d'avoir eu l'intuition de cette difficulté presque invincible, et de l'avoir résolue avec cette promptitude d'exécution et cet esprit pratique qui caractérisaient les Romains de la grande époque. Délaisser le Rhône, ouvrir au milieu des étangs une série de communications entre la mer et le plateau des Alpines fut l'œuvre de quelques mois à peine ; et l'armée héroïque qui devait combattre les barbares fut tout d'abord organisée en chantiers disciplinés. Terrassiers infatigables, ces soldats si durs à la peine qu'on les avait surnommés *mulets de Marius* creusèrent un chenal continu et navigable depuis le Grau de Galéjon jusqu'au camp d'Ernaginum, de manière que les navires d'Ostie purent venir apporter jusqu'au pied des

---

(1) Plutarque, *Marius*, c. xv.

retranchements des légions romaines les armes, les vivres et les souvenirs de la mère patrie. Les *Fosses Mariennes* furent ainsi le salut de l'armée. Œuvre d'abord provisoire et créée pour les besoins passagers de la guerre, elle fut continuée, perfectionnée et entretenue par les Grecs de Massalia, et devint entre leurs mains une source féconde de revenu et l'un des éléments principaux de leur prospérité commerciale et maritime.

### III

Un demi-siècle après (quarante-sept ans avant Jésus-Christ, an de Rome 706), la ville d'Arles se trouva mêlée à la guerre civile qui divisa pendant plusieurs années le monde romain entre Pompée et César, et qui devait se terminer par la dictature de celui dont le nom est resté le synonyme et en quelque sorte le symbole de l'audace intelligente, de la force et de l'égoïsme couronnés. Marseille embrassa la cause pompéienne, ferma ses portes à César et reçut au contraire dans ses murs Domitius, partisan de Pompée. On a quelque peine à comprendre comment les Grecs de Massalia, gens d'affaires et de plaisir, et à ce titre uniquement soucieux de leurs intérêts matériels, n'ont pas su garder entre les deux rivaux une prudente neutralité. Toutes les promesses, toutes les habiletés de César, doué cependant d'une puissance de séduction que personne n'a peut-être égalée, ne les empêchèrent pas de se jeter aveuglément dans la lutte. Le jeune conquérant des Gaules fut contraint, non sans regret, de faire le siége de Marseille à la fois par terre et par mer. Il dut suppléer en toute hâte à l'insuffisance de sa flotte. Arles lui fournit alors un précieux secours. Cette marine qui lui manquait pour bloquer le port, il la demanda aux vastes chantiers qui longeaient les deux rives du Rhône à la pointe de la Camargue. Douze navires de combat (1), et selon quelques auteurs, vingt-deux, *naves longæ et tectæ,* furent construits, éperonnés et armés en moins de trente jours. Cette prodigieuse rapidité d'exécution témoigne tout d'abord de l'excellente organisation des chantiers d'Arles et du nombre considérable de ses ouvriers, enrégimentés, comme nous l'avons vu au chapitre précédent, en corporations et en corps de métiers (*dendrophori, scapharii...,* etc.), et qui faisaient de cette ville libre et commerçante une des places les plus florissantes de la Gaule méridionale.

Arles reçut alors de César les vétérans de la sixième légion, *Sextanorum Arelate;* elle fut immédiatement élevée au rang de colonie romaine; c'était avec Narbonne la première et la plus importante de ces colonies, images de la métropole, dignes de porter le titre de *Julia Pa-*

---

(1) Cæsar, *Bell. civ.*, l. I, c. xxxvi. — A. Jal, *la Flotte de César,* l. I, c. v. Paris, 1861.

*terna* et de rappeler le nom de leur illustre fondateur (1). Le Grec Strabon, qui écrivait, trente ans plus tard, dans la langue même de sa patrie, l'histoire et la géographie du monde romain, la représentait comme un entrepôt commercial d'une haute importance (2); la faveur de Rome la couvrait déjà; la ville laborieuse et ouvrière se transformait rapidement en une cité opulente et patricienne; et trois siècles après, Ausone pouvait la saluer du nom de Rome des Gaules, *Gallula Roma Arelas*, et les empereurs en faire le siège de leur résidence.

### IV

Le passé de la ville d'Arles présente une particularité singulière. Il est absolument impossible d'indiquer, même avec une très-large approximation, la date probable ou même seulement possible de ses constructions primitives aujourd'hui disparues. Le silence des historiens, ordinairement assez disposés à accueillir favorablement les moin-

---

(1) Les colonies fondées par César lui-même étaient désignées sous le titre de *Colonia Julia Paterna*. On désigna simplement sous le nom de *Colonia Julia* celles qui furent plus tard fondées par les triumvirs Antoine, Octave et Lépide, qui se considéraient en cela comme les exécuteurs des volontés de César. Le titre de *Colonia Augusta* fut réservé pour les colonies fondées par Auguste après la bataille d'Actium. (E. Desjardins, *Rhône et Danube*.)

(2) Strab., *Géog.*, l. V, c. i, vi.

dres fables, est sur ce point unanime ; et l'obscurité la plus profonde enveloppe le mystère de sa fondation et les premiers siècles de son développement. Il est vrai que peu de villes peuvent se flatter d'avoir une origine plus ancienne. Des fouilles récentes ont ramené au jour, dans la plaine et sur les coteaux qui l'entourent, un nombre considérable de sépultures, d'ossements, de perles en or et en jais, d'armes grossières en fer et en pierre qui correspondent à ces époques incertaines que l'on est convenu de désigner aujourd'hui sous la dénomination, assez exacte d'ailleurs, mais quelque peu élastique, de *temps préhistoriques.*

Mais sans parler de cette période un peu nébuleuse sur laquelle la saine critique n'a pour ainsi dire pas de prise, et où l'imagination joue toujours un certain rôle, il est certain que la grande cité arlésienne, constituée dans le principe en *oppidum* fortifié, est restée, pendant de longs siècles, celtique de mœurs et de langage ; — qu'elle a bénéficié de très-bonne heure de son heureuse situation topographique aux embouchures d'un des plus grands fleuves de l'Occident ; — qu'elle a vécu ainsi riche, peuplée, à l'état de ville marchande, *emporium* à la fois maritime et continental, — et qu'elle peut hardiment porter, sur le front de ses plus anciennes ruines, une de ces dates effrayantes dont l'Assyrie et l'Égypte semblent avoir seules le privilége : quinze cents, peut-être deux mille ans avant Jésus-Christ.

Très-vraisemblablement entourée d'une enceinte continue de murailles massives et tourelées, elle devait présenter cet aspect sombre et triste, caractéristique de toutes les villes de l'époque celtique. A peine retrouve-t-on çà et là sur le sol quelques blocs mégalithiques, rappelant les procédés liguriens ou pélasgiques, débris sans doute de murailles appareillées, suivant l'usage de l'époque, sans mortier ni ciment; encore est-il bien difficile d'attribuer à ces ruines informes et clair-semées une date quelconque et une destination un peu précise. Inutile d'ajouter qu'il ne reste rien de complet et surtout rien de parfaitement authentique remontant à ces époques lointaines perdues dans l'ombre d'un passé à jamais fermé pour nous.

### V

La ville celtique est restée pendant longtemps pure de tout mélange étranger. Toutefois il est très-probable que les Phéniciens, dont la présence sur nos côtes est signalée au huitième siècle avant notre ère, ont dû, en remontant le Rhône et en traversant le dédale des étangs navigables qui couvraient alors la majeure partie de l'île de la Camargue, de la Crau et du plan du Bourg, établir à Arles une de leurs principales escales. Bâtie presque au point de diramation des différents bras du Rhône, et communiquant par les étangs avec les branches navigables de la Durance, Arles était en quelque sorte la tête de ligne de toute la circulation continentale ; ses marins et ses utriculaires pouvaient facilement pénétrer jusqu'au cœur de la Celtique ; et, à ces époques lointaines, où les routes de terre n'existaient pas et où les fleuves et la mer étaient les seules voies de transport, une ville qui commandait d'un côté l'entrée du Rhône et ouvrait de l'autre la route de la Méditerranée était en réalité une des principales portes du continent.

Les Phéniciens ne furent pas cependant colonisateurs dans le sens territorial qu'on attribue ordinairement à ce mot ; leurs établissements eurent plutôt le caractère temporaire de toutes les choses qui tiennent au commerce. Gens de mer et de négoce, vivant très-peu sur la terre ferme, roulant de port en port, et habitant presque toujours les vastes flancs de leurs navires de charge, ils ont beaucoup exploité les produits et les richesses du sol, sans laisser sur ce sol même une empreinte bien durable de leur passage. Tout au moins dans la ville d'Arles leur souvenir s'est-il complétement effacé, et ne retrouve-t-on aucun vestige de leur présence, aucun monument, aucune ruine, aucune inscription, rien qui rappelle la vie, le mouvement et la prospérité qui accompagnent ordinairement une marine de commerce.

## VI

L'influence des Grecs fut tout autre ; et l'on peut dire que la nationalité grecque, dès son établissement sur le territoire de la Gaule, a pénétré très-profondément la couche celtique que les navigateurs phéniciens avaient à peine effleurée. Le travail de la terre a toujours été le principal et même le seul élément d'une colonisation sérieuse ; et c'est plus avec le fer de la charrue qu'avec celui du glaive que l'on devient le maître définitif et réel du sol occupé. Les émigrants de Phocée eurent le bon sens de le comprendre : loin de se jeter sur notre littoral comme sur une proie, ils l'envisagèrent tout d'abord comme une seconde patrie ; ils se hâtèrent d'y importer les arts usuels et toutes les cultures qui faisaient depuis plusieurs siècles leur gloire et leur fortune sur les rivages de la mer Égée, et développèrent peu à peu, sur le sol de la future Provence, des mœurs plus douces et plus policées, un culte religieux plus noble et plus poétique, le goût des arts et tous les raffinements de la vie demi-orientale. Le pays, jusqu'alors rude et presque désert, fut bientôt peuplé et assoupli. La vigne et l'olivier furent plantés sur tous les versants arides. Tout contribuait d'ailleurs à rappeler aux Grecs la patrie abandonnée ; c'étaient les mêmes rochers blancs et calcaires, les mêmes vallons pierreux encadrés de coteaux étagés, aux tons bleuâtres et cendrés, et couronnés de bouquets de pins ; c'était la même flore un peu terne, mais au feuillage toujours vert : des chênes et des genêts sur les collines, des tamaris dans le voisinage de la côte, des arbres de Judée et des genévriers de Phénicie, réminiscence de l'Orient ; c'était surtout le même climat, la même mer et le même ciel.

En moins de deux siècles, une sorte de petite Grèce s'était établie sur cette côte ligustique autrefois sauvage et dépeuplée ; et la ville mère, Massalia, devenait le foyer d'une colonisation pacifique, véritable centre de rayonnement, dont l'éclat et l'activité suivirent une marche progressive jusqu'à l'époque de la conquête de la Gaule par César.

Cette expansion de la race grecque a eu pour premier résultat de créer autour de la métropole une pléiade de colonies massaliotes dont les historiens classiques nous ont donné la liste et rappelé les principaux événements. Depuis la Catalogne jusqu'au golfe de Gênes, la côte était littéralement jalonnée d'établissements marseillais. L'influence grecque ne devait pas toutefois limiter son action à la zone littorale ; et des villes relativement éloignées de la mer et enfoncées assez profondément dans l'intérieur des grandes vallées, telles que *Glanum*, Saint-Remy, *Avenio*, Avignon, *Vasio*, Vaison, etc., ne furent, dans le principe, que des comptoirs grecs en relation constante avec la métropole.

Strabon et Étienne de Byzance mentionnent presque toutes ces colonies, filles de la cité phocéenne; ils nous les montrent grandissant d'abord sous le patronage de leur mère, puis s'en détachant tour à tour et se créant peu à peu une véritable autonomie. Il est remarquable cependant que, dans cette nomenclature, le nom d'Arles ne soit jamais prononcé; mais ce silence, loin de surprendre, est une preuve de plus de l'importance considérable et de la valeur personnelle qu'avait depuis longtemps acquises la ville arlésienne, alors que Massalia naissait à peine, et commençait seulement à étendre, le long de la côte de Provence, ses jeunes rameaux.

Arles n'était plus à créer; Arles existait. C'était déjà depuis plusieurs siècles une ville riche et peuplée; et les Phocéens de Marseille, peut-être même quelques familles de la Grèce elle-même qui accoururent directement dans ses murs, y furent reçus en hôtes, presque en amis; ils n'eurent rien à fonder; ils apportèrent seulement leur goût pour le négoce, leur bonne grâce naturelle, leur amour des arts tranquilles, et se mêlèrent, sans effort et sans éprouver de résistance, à la population celtique. C'était d'ailleurs à la faveur de l'hospitalité gauloise (1), et non les armes à la main, que les premiers émigrants de Phocée avaient occupé le territoire qu'ils devaient bientôt enri-

---

(1) Voir la *Légende de Protis et Gyptis,* ch. x, § ii.

chir et orner. Vraie ou fausse, la légende des amours de Gyptis et du Grec Protis indique assez que la violence n'avait pas été le prélude de la conquête. L'hellénisation de la Provence et du midi de la Gaule fut donc une œuvre toute pacifique, et c'est pour cela qu'elle a jeté dans le cœur du pays des racines si profondes et laissé sur notre sol une empreinte si durable.

Plus d'une fille d'Arles, au regard clair, à la taille frêle et gracieuse, aux allures quelque peu sauvages, dut, à l'exemple de sa jeune souveraine, comparer les nouveaux arrivants aux Celtes et aux Gaulois rudes et grossiers auxquels le sort semblait l'avoir jusqu'alors réservée. Nul doute qu'elles n'aient regardé avec beaucoup d'intérêt ces jeunes navigateurs, intelligents, actifs, à la physionomie ardente et fine, qui plaçaient sous le vocable d'une adorable déesse leurs entreprises lointaines, et auxquels, comme la fortune, elles finirent bientôt par sourire et tendre la main. Les enfants de l'Ionie approchèrent presque tous leurs lèvres de la coupe séduisante qu'on leur offrait, et c'est ainsi qu'est né ce type arlésien, pur, correct, noble, éternel honneur de la vallée du Rhône, que l'on voit localisé dans la ville d'Arles et dans sa banlieue, et qui ne se retrouve nulle part ailleurs.

A vrai dire, ce croisement de la race celtique et de la race grecque ne fut qu'une sorte de reconnaissance et de reconstitution ethnographique. Les Celtes, dont l'origine aryenne est aujourd'hui clairement établie, n'étaient que des enfants de l'Asie qu'une grande migration avait dépaysés et jetés dans l'Europe occidentale ; les Grecs, de leur côté, venaient aussi du pays de la lumière et du soleil ; et l'harmonie parfaite qui s'établit pendant plusieurs siècles entre les anciens maîtres du sol et les nouveaux venus fut, sur la terre de Provence et en particulier dans la plaine d'Arles, une véritable fusion de la Grèce et de l'Orient.

## VII

On a trop parlé de la beauté des filles d'Arles pour qu'il soit permis de la passer sous silence ; aussi bien leur charme s'impose à l'œil le moins exercé. Quelques amis fanatiques de la perpétuité des races et des manifestations indéfinies de l'atavisme croient même pouvoir reconnaître à Arles trois types distincts, — l'un grec, qui est le plus répandu ; le second romain, le troisième sarrasin. Cette distinction est bien subtile, et nous avouons que nos observations les plus minutieuses ne nous ont jamais conduit à la vérifier. Quelle qu'ait pu être d'ailleurs l'influence de la domination romaine ou mahométane sur la ville d'Arles, nous avons peine à admettre qu'elle ait été assez continue pour modifier d'une manière sensible les traits nettement accentués d'une race déjà formée. Il est sans doute assez fréquent de rensontrer dans la plaine d'Arles quelques rejetons de cette forte race romaine dont les formes plus massives, le port plus majestueux que ceux de la race grecque rappellent assez les types si connus du Transtevere, de la Campanie et du Pays Latin. Il n'est pas rare non plus de voir errer çà et là des figures plus bronzées, aux traits anguleux, aux mouvements heurtés et fiévreux, dont les yeux noirs, faits de nacre et de jais, perçants et perpétuellement agités, semblent une réminiscence de ce type sarrasin aujourd'hui localisé chez les tribus cosmopolites des bohémiens errants. Mais ce sont des manifestations isolées; et il y a loin de l'existence de quelques sujets douteux à celle de trois races distinctes. Peut-être même ne faut-il voir, dans ces types bruns et un peu rudes qui s'éloignent plus ou moins du type délicat et en quelque sorte affiné de l'hétaïre grecque, qu'un débris de la race ibérienne ou ibéro-ligure qui a dominé, pendant de longs siècles, sur tout le littoral du Languedoc et du Roussillon, et dont un grand nombre d'individus ont dû très-certainement franchir le Rhône, séjourner et se perpétuer pendant des époques indéterminées sur la côte de la Provence.

Ce que l'on peut affirmer, c'est que la beauté grecque existe à Arles, et qu'elle existe seulement chez la femme (1). L'homme y est lourd, petit,

---

(1) ROGET DE BELLOGUET, *Ethnogénie gauloise.*

vulgaire, rude dans ses formes et ses mouvements, grossier surtout dans les intonations de sa voix. La femme, au contraire, a conservé quelque chose de sa délicatesse native; grande et souple, au profil de camée, la vie heureuse semble frémir dans les ondulations de sa taille; son nez est droit, son menton très-grec, son oreille fine; ses yeux, admirables de dessin, ont quelquefois une expression indéfinissable; et ses sensations subites et véhémentes sont tempérées par une sorte de grâce attique, don précieux de sa mère, qu'elle saura transmettre à ses enfants.

L'infériorité plastique de l'homme est manifeste; et, à part une certaine souplesse de membres et une vivacité plus méridionale que grecque et d'une distinction en général fort médiocre, il semble n'avoir rien conservé de l'élégance de la race dont il est descendu.

C'est qu'en effet, malgré sa prétention au premier rang dans l'histoire physique de l'humanité, l'homme doit se résigner à n'occuper qu'une place secondaire. Il n'intervient en définitive dans le développement de la race que d'une manière tout à fait accidentelle et passagère; dans cette perpétuité de l'espèce qui donne naissance au type et qui conserve la forme et la beauté, le premier rôle appartient sans contredit à la femme. Physiquement, moralement et même socialement, c'est elle qui est, en fait, le véritable moule de l'humanité, moule souvent déformé, avili et souillé par des contacts grossiers ou d'odieuses profanations, mais qui se ressent toujours de la distinction de son origine primitive. Or, pour le littoral de la Provence, ce moule est grec et oriental; et, malgré les croisements et les altérations sans nombre que la conquête romaine ou la brutalité sarrasine ont pu lui faire subir, l'argile qu'il a façonnée pendant neuf mois garde toujours, dans ses traits généraux et dans la plupart de ses détails, les traces de la noblesse et de la pureté du type originaire.

Ce n'est pas, on le pense bien, en examinant deux ou trois sujets isolés qu'on peut se rendre compte de la persistance et de la réalité d'un type ; et quelques cas particuliers n'ont jamais suffi pour établir une loi générale.

Il faut envisager en bloc une population tout entière. Il faut surtout la mettre en regard des populations voisines prises aussi dans leur ensemble; et le résultat de cet examen comparatif fait ressortir, d'une manière fort nette, les grandes lignes qui constituent une race parfaitement définie.

Pour Arles, cet examen est d'autant plus saisissant que les différents groupes des populations qui l'environnent ne présentent dans leurs masses générales aucun caractère particulier, aucune noblesse, aucune distinction native. Les Volkes, qui ont occupé plusieurs siècles avant Jésus-Christ toute la région de la rive droite du Rhône, les Salyens, les Cavares, les Voconces qui peuplaient à la même époque la plaine de la Camargue, la vallée de la Durance et la région supérieure du grand fleuve et de ses affluents, ne se manifestent à nous que comme des tribus grossières et rudes, dont la vie guerrière, souvent errante et presque animale, devait avoir pour conséquence d'abaisser d'une manière sensible le type de la race primitive.

C'est un fait notoire, et que tous ceux qui ont voyagé dans le midi de l'ancienne Gaule peuvent se donner le plaisir délicat de vérifier, que les femmes de la région d'Arles présentent, comme ligne, une supériorité marquée sur l'ensemble de la population féminine des villes d'origine volke, cavare, salyenne ou allobroge. Il y a chez ces dernières une dégénérescence manifeste. Les noms de *Narbô*, Narbonne, de *Nemausus*, Nimes, d'*Avenio*, Avignon, de *Carpentoracte*, Carpentras, d'*Arausio*, Orange, de *Valentia Cavarum*, Valence, et en général de presque toutes les villes de la vallée du Rhône et de la Narbonnaise, se présentent en foule à notre plume à l'appui de cette thèse, qui sera acceptée, nous le craignons bien, de mauvaise grâce par plus d'une lectrice, et qui cependant est, de l'aveu de tous, un résultat d'observations de la dernière évidence.

Un correctif est cependant nécessaire, et il est juste. Toutes ces peuplades primitives de l'ancienne Narbonnaise et de la région supérieure du Rhône n'ont été, malgré certaines différences locales, que des fragments de la grande famille celtique.

L'Orient a été le berceau de tous ces peuples ; et une telle origine se révèle et se trahit quelquefois, d'une manière aussi brillante qu'exceptionnelle, par quelque retour à la supériorité native. Aussi n'est-il pas étonnant, bien que le fait ne se produise que d'une manière fort rare, de voir émerger de loin en loin du milieu de cette masse vulgaire quelques sujets privilégiés, qui semblent avoir absorbé à leur profit toute la finesse de la race. C'est seulement chez les femmes, et chez un très-petit nombre d'elles, que l'on retrouve cette sorte de réminiscence exquise de la délicatesse orientale. Elle ne se manifeste pas, comme à Arles, par une beauté hardie et fière, heureuse de vivre de la vie corporelle, libre et en plein air. Le corps est plus frêle, mais aussi plus harmonieux ; les attaches particulièrement fines ; les cheveux longs, ondulés, de ce blond foncé que les peintres vénitiens ont immortalisé, couronnent magnifiquement une tête plus pâle, d'une forme presque divine, et qui respire au plus haut degré l'intelligence et la volonté ; le regard et le sourire ont quelque chose de vague, d'étrange et presque d'inquiétant ; les joues et les yeux légèrement creusés dénotent la souffrance et l'oppression ; une âme supérieure, ardente et triste semble à chaque instant vouloir briser son enveloppe matérielle ; on sent que la vie intellectuelle et morale de cette créature déliée, trop fine et trop nerveuse, a été comprimée et froissée par une force brutale et aveugle. C'est, en un mot, la jeune Gyptis, apte à tout sentir, animée sous sa froide enveloppe de marbre d'un véritable feu intérieur, agitée par des sensations indéfinies, et prête à tendre fièrement la coupe à celui dont l'amour lui apparaîtra comme le symbole de la délivrance, l'aurore de la vie personnelle et le gage de la liberté.

## VIII

Les témoignages les plus autorisés (Strabon, César, etc.) ne nous permettent plus de mettre en doute qu'à l'époque de la guerre des Gaules, c'est-à-dire un demi-siècle avant Jésus-Christ, Arles ne fût, depuis longtemps déjà, fort étendue, populeuse, riche et commerçante. Peu après la fondation de Massalia, les Grecs avaient gagné de proche en proche sur la zone littorale et s'étaient pour ainsi dire infiltrés dans toutes les couches de la société celtique. A Arles, ils avaient acquis un véritable droit de cité et s'étaient tout à fait greffés sur la population autochthone. Grâce à eux, la marine, l'agriculture, l'industrie, les arts même prirent un assez grand développement; c'étaient eux principalement qui alimentaient les chantiers de constructions navales, disposés sur les deux rives du Rhône, assez vastes, assez bien outillés pour que César, ainsi que nous l'avons dit plus haut, ait pu y faire construire douze navires de combat, *naves longæ et tectæ*, des plus grandes dimensions. La ville gréco-celtique ou gallo-grecque avait cessé d'être barbare; elle était devenue marchande et l'un des premiers comptoirs, *emporia*, peut-être même le plus important et à coup sûr le mieux situé de toute la Gaule méridionale.

Cette infusion lente et continue de la race grecque à travers la race gauloise se manifeste d'une manière très-curieuse dans la numismatique ancienne de toute cette partie du littoral; et l'on peut juger des progrès de l'hellénisme par les transformations et les perfectionnements du monnayage indigène.

Lorsque, à l'origine des temps historiques, la race celtique ou gauloise commence à se détacher de ce brouillard un peu vague qui enveloppe le berceau de toutes les sociétés naissantes, elle ne se présente pas comme une nation compacte, organisée, ou tout au moins composée de diverses peuplades ayant une communauté d'intérêts et entretenant entre elles des relations fréquentes, telle que nous la voyons quelques siècles plus tard, au moment des premières invasions gauloises sur le territoire de l'Italie. C'est une masse confuse de tribus distinctes et de groupes fermés, n'ayant encore aucun lien fédératif, aucune solidarité, s'ignorant presque les uns les autres, et correspondant assez exactement aux divisions naturelles du sol. Une tribu par vallée, telle est à peu près la formule des sociétés anciennes. Les échanges ne franchissaient pas les limites assez rapprochées de chaque petit bassin géographique; et la monnaie, qui est l'instrument indispensable de l'échange, était fabriquée exclusivement pour la région assez restreinte dans laquelle elle devait avoir cours. Aussi voyons-nous la plupart des populations gauloises posséder, comme toutes les villes phocéennes du littoral, leurs monnaies autonomes. Les plus anciennes sont d'un style très-barbare et d'un fort mauvais métal, alliage mal défini de cuivre, d'étain et de plomb; les types en sont extrêmement grossiers, informes, souvent méconnaissables; et ce n'est que vers le troisième siècle avant notre ère que l'influence grecque commence à se faire sentir et qu'on voit apparaître des monnaies en bronze, en or et en argent (1).

Ainsi, l'un des types les plus habituels de ces monnaies déjà un peu *grécisées* et que l'on rencontre sur tout le littoral de la Celtique « est une figure virile vue de profil, dans laquelle on a cru reconnaître un Hercule gaulois, mais qui serait tout aussi bien le dieu topique de la ville ou de la montagne, affublé par quelque monétaire grec

---

(1) La fabrication indigène ne fut, dans plusieurs cas, qu'une reproduction grossière des *statères* grecs; telles sont les monnaies d'or portant la légende de Philippe de Macédoine.

des attributs d'Hercule, la massue dans le champ, au revers le lion en course avec la lettre N à l'exergue (1) ».

Les oboles celtiques à légendes grecques abondent alors à cette époque ; chaque tribu importante a la sienne, en a même plusieurs, et elles portent presque toujours dans leurs légendes, contrairement à l'usage des monnaies massaliotes, le nom du chef plutôt que celui de la ville ou de la tribu (2). En même temps que les Grecs mêlaient leurs mœurs à celles des barbares, ils gravaient sur leurs monnaies locales quelques-uns de leurs attributs préférés ou même les armes de leur métropole. De là sont nés ces types mixtes, moitié grecs, moitié gaulois, dont il est intéressant de suivre les transformations dans les collections numismatiques de l'époque celtique. Telle est, par exemple, cette belle monnaie à légende grecque qui présente la tête si connue du Mercure gaulois aux cheveux bouclés, bizarrement associée

---

(1) DE LA SAUSSAYE, *Numismatique de la Gaule Narbonnaise*. — *Hist. de Languedoc*, l. II, c. xiv, notes E. B.

(2) Voir, entre autres, les monnaies celtiques du littoral à légendes grecques des rois ou chefs ΚΑΙΑΝΤΟΛΟC, ΡΙΓΑΝΤΙC et ΒΙΤΟVΙΟC (ΒΙΤΟVΤΟC-ΒΙΤVΙΤ). Ces dernières surtout sont pleines d'intérêt, en souvenir de l'illustre *Bituit* ou *Bétuid*, chef des Arvernes, et de la grande lutte qu'il soutint infructueusement contre les consuls Cn. Domitius Ahenobarbus et Q. Fabius Maximus, — an de Rome 633, — 120 ans av. Jésus-Christ. (*Hist. de Languedoc*, l. II, c. xiv, note E. B.)

au type phocéen du trépied, l'un des symboles caractéristiques du culte d'Apollon (1).

En même temps, la gravure et les empreintes se perfectionnent; l'élégance et le fini du travail ne le cèdent plus aux meilleurs types des villes phocéennes; la fabrication passe entre les mains des ouvriers grecs et devient, dans certains cas, une véritable contrefaçon de la monnaie massaliote.

C'est ainsi que l'on voit le type du sanglier, qui est éminemment barbare et gaulois, et que l'on retrouve si souvent dans la vallée du Rhône, à Avignon, à Nimes, à Orange, à Vienne, etc., se dégager peu à peu de sa grossièreté primitive; d'abord informe et presque méconnaissable, il finit, sous la main des artistes massaliotes, par être gravé avec une rare perfection; il se modifie peu à peu et se transforme en taureau, rappelant ainsi le type classique du taureau *cornupète* (2), caractéristique des colonies grecques du littoral et qui constituait, avec le lion des monnaies d'argent, les deux emblèmes héraldiques et pour ainsi dire la marque de fabrique du monnayage marseillais.

Plus tard, sous l'influence de la domination romaine, les caractères grecs des légendes finiront

---

(1) *Hist. de Languedoc*, l. I, c. LIII, note.
(2) *Mémoires de l'Académie des sciences, belles-lettres et arts de Marseille*, 1874-1876.

par disparaître devant les caractères latins; mais, pendant plusieurs siècles encore, on les voit entremêlés avec eux d'une manière assez bizarre, comme pour témoigner de la persistance de l'hellénisme chez une population qui avait conservé le souvenir de son ancienne langue et de ses anciennes mœurs, alors qu'elle n'était plus qu'une province absorbée dans le vaste empire romain et qu'elle avait depuis longtemps perdu sa force, sa vie personnelle et sa nationalité.

## IX

Ce fut vers l'an de Rome 707 (46 ans avant J. C.) qu'eut lieu la transformation d'Arles gréco-celtique en colonie romaine. Depuis trois ans, la Gaule était réduite à l'état de province. César, désireux d'acquitter ses dettes de reconnaissance envers un de ses lieutenants, avait nommé gouverneur de la ville le commandant de sa flotte, Décimus Junius Brutus, qui venait de s'illustrer au siége de Marseille. Lorsqu'il le jugea suffisamment récompensé, il le releva de cette haute et lucrative magistrature et songea à rattacher Arles à Rome par un lien plus intime et tout à fait durable. C'est alors qu'il chargea l'un de ses questeurs, Claudius Tiberius Nero, père et grand-père de trois enfants qui, pour le malheur de l'humanité, devaient s'appeler Tibère, Claude et Caligula, de conduire dans la Narbonnaise deux colonies, dont l'une s'installa définitivement à Arles, et la seconde vint renforcer l'ancienne colonie civile de Narbonne (1), fondée depuis près de trois quarts de siècle (118 ans avant J. C.), et qui commençait visiblement à décliner. Suétone est le seul des historiens anciens qui nous ait conservé le souvenir de cet événement considérable, l'un des premiers actes de colonisation *militaire* que Rome ait accomplis en dehors de l'Italie (2).

Le rôle de ce Tibère, envoyé seulement dans les Gaules comme chef des triumvirs, fut d'assigner, suivant l'usage romain, des terres aux soldats vétérans qui devaient former le noyau des deux colonies naissantes. Six mille hommes de la sixième légion occupèrent la ville et la campagne d'Arles, qui s'appela *Arelate Sextanorum*. C'était, en effet, une véritable prise de possession militaire, faite sans violence à la vérité, mais avec la rapidité, la discipline et la méthode des opérations de guerre bien conduites. Tacite nous dépeint ces vétérans de la république entrant en ordre dans leur nouvelle patrie comme dans une ville prise de vive force, et précédés de leurs tri-

---

(1) Voir les *Villes mortes*, etc., ch. VIII.
(2) *Pater Tiberii, quæstor C. Cæsaris, Alexandrino bello classi præpositus, plurimum ad victoriam contulit. Quare et pontifex in locum P. Scipionis substitutus et ad deducendas in Galliam colonias, in queis Narbo et Arelate erant, missus est.* (SUETON., *Tiber.*, c. IV.)

buns et de leurs centurions (1). Derrière eux marchaient une nuée de fonctionnaires spéciaux, désignés sous le nom d'*agrimensores* ou mesureurs des champs, chargés d'arpenter, de mesurer et de répartir entre les nouveaux arrivants une portion des terres de la nouvelle colonie. Puis venait toute une hiérarchie d'employés civils, religieux, judiciaires, administratifs, ayant chacun leurs fonctions parfaitement définies, leurs attributions toutes tracées (2), et placés sous la direction unique d'une sorte d'administrateur général qui prenait le nom de *curator coloniæ*, et qui était comme le moteur principal de cette machine gouvernementale parfaitement montée. C'était, en un mot, une véritable petite Rome qui se transportait tout d'une pièce sur un nouveau territoire avec son armée, ses citoyens et ses

---

(1) *Universæ legiones deducebantur cum tribunis et centurionibus et suis cujusque ordinis militibus.* (TACIT., *Ann.*, l. XIV, c. XXVII.)

(2) C'étaient des *apparitores,* sorte d'officiers publics attachés au service de la justice; des *scribæ* et des *librarii*, scribes ou grammairiens, qui correspondaient assez aux employés de bureau de nos administrations publiques; des *præcones,* ou crieurs publics, dont l'usage était aussi répandu que varié dans la vie romaine, auprès des tribunaux, dans les comices, dans les ventes, dans les jeux publics, dans les assemblées, dans les funérailles, etc.; des *pullarii,* fonctionnaires de l'ordre religieux, qui avaient soin des poulets sacrés; des *architecti*, chargés des bâtiments publics et de la voirie; des *finitores,* préposés aux délimitations des propriétés, etc.

cadres de fonctionnaires et de magistrats. Une cour ou *curie,* image du sénat, était immédiatement installée, et les décrets de ses *décurions* étaient pour la colonie l'équivalent des sénatus-consultes de Rome. On répartissait l'autorité civile et militaire entre les mains des triumvirs et des duumvirs ou consuls; c'étaient eux qui représentaient la force et le pouvoir. La police et l'administration étaient confiées aux censeurs, aux questeurs et aux édiles; la religion enfin était livrée à l'exploitation de tout un attirail de ministres et de prêtres, augures, pontifes, flamines, voués au culte assez complexe des dieux de l'époque et plus tard des empereurs divinisés.

Ce n'était pas tout : il fallait non-seulement parler aux yeux des peuples nouvellement conquis, mais aussi rappeler à ces colons et à ces soldats la patrie absente et quelquefois regrettée. La ville fut agrandie et ceinte de nouvelles murailles, coupées de distance en distance par des portes flanquées de tours rondes et crénelées comme celles que l'on admire encore à l'entrée de la campagne de Rome.

Une véritable armée d'ouvriers de toute nature fut occupée à la construction des mêmes édifices publics que l'on avait vus si longtemps sur les bords du Tibre : un capitole, un forum, des temples, des arcs de triomphe, des aqueducs, des marchés, etc., et surtout des lieux de repos et de plaisir, un cirque, des théâtres et des bains.

En quelques années, l'aspect de la ville et de la campagne d'Arles avait complétement changé. La populeuse bourgade s'était transformée et enrichie; et, tout en augmentant chaque année son importance commerciale, elle avait cessé d'être exclusivement marchande pour devenir patricienne et opulente, digne d'être comparée à Rome elle-même, *Gallula Roma Arelas.*

## X.

C'était un privilége, un avantage et même une sorte d'honneur pour une ancienne capitale de *barbares* que d'être ainsi élevée au rang de colonie; mais c'était aussi une demi-servitude. Le caractère essentiel de la colonisation romaine était, en effet, d'uniformiser toutes les villes conquises, de les couler dans le même moule politique et administratif, de les classer et de les désigner par les numéros mêmes des légions des vétérans qui avaient été les premiers à les occuper (1). Cette tendance à tout calquer sur la métropole, à tout

---

(1) Citons, entre autres : *Narbo-Martius Decumanorum,* Narbonne, fondée par les vétérans de la dixième légion; *Arelate Sextanorum,* Arles, sixième légion ; *Bæterræ Septimanorum,* Béziers, septième légion ; *Arausio Secundanorum,* Orange, deuxième légion; *Forum Julii Octavanorum,* Fréjus, huitième légion, etc., qui prouvent que toutes ces colonies étaient militaires d'origine, et conservaient, comme un titre honorifique, le numéro de la légion qui les avait fondées.

rapporter à un même centre est le propre de tous les pouvoirs forts, militaires et dominateurs; déjà très-sensible dans les dernières années de la république, cette ligne de conduite s'accentua d'une manière remarquable dès les premiers empereurs, et devint bientôt une règle tout à fait absolue. Toutes les colonies impériales finirent par se ressembler; on y voyait les mêmes rues, les mêmes temples, les mêmes institutions, les mêmes monuments. C'était partout le même vocabulaire impérial et administratif; on se serait cru partout dans la même ville, sorte de Rome au petit pied, rappelant sinon la grandeur, du moins l'organisation, la police, les mœurs, et surtout les plaisirs et les excès de la ville aux sept collines.

A tout prendre, la situation faite aux peuples conquis n'était pas de nature à les indisposer beaucoup contre leurs nouveaux maîtres. Les barbares, comme tous les hommes de guerre et de violence, admettaient très-bien le prestige et la loi de la force; les marins et les commerçants, d'autre part, comme tous les hommes d'argent et d'aventure, faisaient assez bon marché de leur dignité personnelle, pourvu que leurs intérêts matériels ne fussent pas compromis. Obligés de céder devant le plus fort, les Gallo-Grecs d'Arles trouvèrent, dans la vie facile et tranquille qui leur était faite, une sorte de dédommagement à la liberté perdue. Tout était combiné d'ailleurs pour leur adoucir le sacrifice forcé de leur dignité et de leur autonomie. Il leur était dès lors presque doux de se laisser conduire par un maître très-policé, qui leur offrait, en échange des soucis de l'administration et du gouvernement de la ville, tous les plaisirs et toutes les jouissances matérielles d'une civilisation déjà fort avancée, et dont les raffinements et la corruption devaient exercer une véritable fascination sur une population très-mélangée, déjà un peu gâtée par le contact des marchands et des gens de mer. Cette servitude n'était pas une oppression; et, en fait, l'histoire ne signale presque nulle part de ces résistances glorieuses dont le souvenir est la consolation et l'honneur des peuples vaincus. Ce n'est que dans le centre ou dans le nord de la Celtique que les légions romaines, se trouvant en présence d'aristocraties guerrières, comme celles des Allobroges ou des Arvernes, fières du grand rôle qu'elles avaient joué et encore jalouses de leurs droits, eurent quelquefois à lutter contre cet esprit d'altière indépendance qui était le propre de la race gauloise (1). Mais aucune des villes du littoral ne

---

(1) A Vienne notamment, qui était la métropole des Allobroges (STRAB., l. IV, c. 1, § 2), l'antipathie des deux populations réunies dans les mêmes murs avait de très-bonne heure dégénéré en querelles qui ensanglantèrent à plusieurs reprises les rues et le *forum* de la nouvelle colonie. Les colons romains furent chassés de la ville et durent se réfugier sur le territoire des *Segusiavi*, l'un des petits peuples de la Gaule Chevelue, qui était séparée de celui des Allobroges par le fleuve du Rhône, et qui for-

paraît avoir éprouvé de si nobles susceptibilités. Les Grecs de la côte étaient assez corrompus par le climat et la richesse, par les habitudes mercantiles, par le goût des arts et des plaisirs faciles; ils ne foulaient plus d'ailleurs le sol de la mère patrie; en habitant depuis plusieurs siècles une terre d'emprunt, ils avaient à peu près perdu le sentiment viril de la nationalité, et avaient communiqué à la population celtique toutes leurs qualités, tous leurs défauts et par-dessus tout cette sorte de mollesse qui fait à la fois le charme et la faiblesse des races méridionales.

La population gallo-grecque du littoral était donc mûre pour cette demi-servitude, et on la vit se soucier assez peu de la perte de ses libertés politiques. Les Grecs, qui depuis plusieurs siècles exerçaient dans la ville d'Arles cette influence incontestable que donnent toujours l'intelligence, la richesse et le travail, étaient avant tout des gens d'affaires, des marchands, des artistes et des lettrés. Le patriotisme désintéressé n'était pas leur fait. Les arts furent pour eux une sorte de compensation à ce qui leur manquait du côté du caractère. Loin d'être une tyrannie, la domination romaine fut regardée par eux presque comme une protection; et c'est en réalité sous son égide que l'hellénisme se développa librement, pendant les

---

mait de ce côté la limite de la province romaine. (*Hist. gén. de Languedoc*, notes E. B., l. II, c. II.)

premiers siècles de notre ère, sur tous les rivages de la Méditerranée.

Arles surtout fut l'un de ses principaux foyers. Officiellement romaine, elle était en fait grecque de mœurs, de langage et de tempérament. Quelques-uns de ses monuments et un très-grand nombre d'œuvres d'art et de débris exhumés de son sol privilégié, bien qu'appartenant à l'époque romaine impériale, sont des œuvres essentiellement grecques, exécutées souvent par des artistes grecs, tout au moins sous leur influence et leur direction; et sous le masque romain qui couvre la grande colonie du Rhône, nous allons retrouver avec intérêt les traits harmonieux de cette race grecque, supérieure; quelquefois frivole et un peu sceptique, mais fine entre toutes et dont l'élégance et le goût exquis feront toujours l'admiration des esprits délicats et des natures distinguées.

# CHAPITRE CINQUIÈME.

## LES PLAISIRS PUBLICS SOUS L'EMPIRE.

Absence de vie politique sous les Césars. — Les plaisirs publics et gratuits. — Les thermes : leurs dimensions, leur luxe, leurs musées. — Les grandes tueries de l'amphithéâtre. — Le gymnase et l'hippodrome chez les Grecs. — Les jeux du cirque à Rome. — Le théâtre antique. — Dispositions architecturales; divisions de la scène, etc. — La tragédie grecque. — De l'art dramatique chez les Romains. — Les gladiateurs et les bêtes féroces sur la scène. — Corruption générale

I

L'étude et la restauration des monuments anciens ne sont pas seulement intéressantes pour l'artiste et l'archéologue. Ces vestiges du passé portent avec eux un plus haut enseignement et sont en réalité un des éléments les plus précieux et un des guides les plus sûrs de l'histoire.

Les textes épigraphiques constituent en quelque sorte les archives des peuples disparus; mais ces trésors ne sont accessibles qu'à un petit nombre d'érudits; les monuments, au contraire, témoins muets des plus grands événements de l'histoire, semblent en avoir gardé une certaine empreinte, et ce sont des livres ouverts à tous.

A l'aspect de ce qui reste des villes romaines, l'observateur le plus superficiel, le plus vulgaire, ne peut manquer d'être saisi de l'importance démesurée et des proportions grandioses de tous les édifices consacrés aux plaisirs, au bien-être ou aux passions de la multitude. Les deux ruines les plus imposantes de Rome sont le Colisée des Flaviens et les Thermes de Caracalla ; elles écrasent par leur masse tout ce que le vieux Forum, qui leur est presque contigu, renferme de temples, de basiliques, d'arcs de triomphe, de colonnades et de débris de toute nature.

Mieux que tous les récits des historiens, ces deux colosses dénudés expliquent d'une manière saisissante les mœurs, les instincts et la vie débordante de la population romaine à l'époque impériale. Même remarque et même impression d'ailleurs dans toutes les villes riches qui dépendaient de l'empire : partout les édifices principaux sont les théâtres et les bains; partout ils sont construits dans des proportions effrayantes et dont nous sommes encore aujourd'hui stupéfaits. D'un bout à l'autre de l'Italie, à Vérone, à Pompéi, à Herculanum, à Pouzzoles, à Capoue; dans toute la Gaule méridionale, à Nimes, à Orange, à Arles, à Fréjus, etc.; en Espagne, en Afrique, en Asie même, en un mot dans toute cette partie de la terre qui constituait pour les anciens le monde civilisé et que le sort des armes avait faite la proie d'une seule ville, on voit se dresser les mêmes ruines, se profiler les mêmes arceaux, se dessiner les mêmes enceintes, débris quelquefois informes de monuments presque identiques, construits d'après les mêmes types, presque sur les mêmes plans, affectés aux mêmes usages, et qui nous révèlent des habitudes de vie dans le détail desquelles on ne peut entrer sans éprouver un singulier mélange d'admiration et de dégoût.

## II

Cette débauche de jouissances extérieures et matérielles s'explique par un seul fait : il n'y avait pas de vie privée dans les sociétés antiques. L'exiguïté des maisons particulières, comparée aux grandes proportions de tous les monuments publics, le prouve d'une manière surabondante. A Rome, notamment, pendant les sept premiers siècles de son histoire, toute l'activité des citoyens se dépensait à la guerre ou au Forum. Comme l'*Agora* d'Athènes, le Forum de la république était le lieu permanent de réunion de toutes les assemblées, le siége de tous les pouvoirs, le centre de tout l'organisme social; c'était le véritable cœur de la patrie.

Les victoires de César tranformèrent brusquement la société romaine et la firent complétement dévier de son orbite; elles tuèrent la vie publique et préparèrent du même coup l'avénement de la plus détestable institution que le monde ait connue, l'empire.

Dès lors, plus de comices, plus de tribune, plus de vie politique. Une armée de prétoriens, commandée par un maître souverain, mais au fond disposant à son gré du pouvoir suprême (1), tenait entre ses mains les destinées de tout un monde. Des millions d'hommes étaient devenus les tributaires d'un seul peuple, et ce peuple eut bientôt des exigences et des passions sans frein ni limites. Il devenait d'ailleurs presque impossible de contenir par la force seule, non-seulement les citoyens eux-mêmes, mais encore les armées de barbares à peine soumis et prêts à chaque instant à se soulever contre les légions romaines.

« Les hommes oublient tout pendant qu'ils s'amusent (2), écrivait Cassiodore, l'un des derniers hommes d'État de l'ancien monde romain, et il est plus facile de les conduire par les plaisirs que par la force ou la raison. » Et le plaisir fut en

---

(1) Les prétoriens étaient tellement devenus les maîtres de l'Empire que, le 30 mars 193 (troisième jour avant les calendes d'avril), après la mort de Pertinax, ils le mirent littéralement à l'encan. Ce fut Didius Julianus qui en devint l'acquéreur, après plusieurs surenchères, contre son concurrent, nommé Sulpicien. Le prix de la vente fut, d'après Spartien, de vingt-cinq mille sesterces (6,000 fr.) pour chaque prétorien. On sait que Julianus, empereur, voulut lésiner sur les engagements qu'il avait pris, et que, quelques mois après avoir été proclamé, il fut assassiné par les prétoriens, irrités de ne pas rentrer dans leur créance.

(2) *Hæc nos faveamus necessitate populorum imminentium quibus ratum est ad talia convenire, dum delectantur cogitationes feras abjicere. Paucos enim ratio capit et raros probabilis oblectat intentio et ad illud potius turba ducitur quod ad curarum remissionem constat inventum.* (Cassiod., *Litt.*)

fait la seule morale de l'empire; les fêtes sanglantes, les jeux de toute espèce, la débauche même servis gratuitement et à profusion à un peuple insatiable, tel fut pendant près de quatre siècles le programme unique de la politique des Césars. Aussi, dès qu'une province était absorbée dans le vaste empire romain, s'empressait-on d'y établir à grands frais des théâtres, des cirques, des thermes, qui n'étaient pas seulement des institutions de plaisir, mais encore de véritables moyens de gouvernement. Et pendant quatre siècles la vie du monde romain s'est trouvée ainsi partagée entre l'oisiveté honteuse des bains et les excitations des spectacles les plus insensés que la folie de l'homme puisse rêver.

### III

On doit reconnaître toutefois que l'organisation du plaisir était savamment comprise et conçue sur une échelle grandiose. Le séjour dans les thermes pouvait à lui seul occuper la majeure partie de la journée. Mais le bain en lui-même, malgré l'importance qu'on y attachait dans le monde ancien et bien qu'accompagné de raffinements qui n'existent plus de nos jours, n'était qu'un des éléments de ce programme de plaisirs offert d'une manière permanente aux citoyens (1).

---

(1) Ce fut Agrippa, ministre et favori d'Auguste, qui le

Les thermes étaient en réalité de somptueux palais où se trouvaient réunis, avec un art infini et une prodigalité sans bornes, tous les genres de divertissements possibles. Construits sur le modèle des gymnases grecs, ils comprenaient une succession de cours, de promenoirs et de salles couvertes dont quelques-unes atteignaient des dimensions supérieures à celles de nos plus grands édifices modernes. Les thermes de Caracalla occupaient sur le mont Aventin la surface d'une petite ville; ceux de Dioclétien, plus vastes encore et dont les immenses constructions s'étendaient à la fois sur le Viminal et le Quirinal, deux autres collines de Rome, possédaient des salles fermées dont le volume dépassait celui de nos grandes cathédrales. L'un de ces immenses vaisseaux, transformé, mais non agrandi par Michel-Ange, est devenu l'église *Santa-Maria degli*

---

premier introduisit un grand luxe dans les thermes et en fit une sorte d'institution publique. Après lui, des thermes magnifiques furent successivement édifiés et offerts au peuple par divers empereurs; c'était, comme les jeux du cirque, une véritable largesse faite à la foule. A Rome seulement, on voit encore les ruines des thermes de Néron, de ceux de Titus, de Trajan, de Commode, de Caracalla, de Sévère, de Philippe, de Dioclétien et de Constantin. Même luxe dans les provinces; et l'on peut citer, entre autres, la colonie de Nîmes qui possédait de magnifiques thermes et un nymphée élégant dédiés à son dieu Nemausus, dont les ruines sont encore une des merveilles du midi de la France, malgré la pitoyable restauration de nos architectes modernes.

*Angeli*, la plus spacieuse de Rome après la basilique Saint-Pierre.

La partie consacrée spécialement aux bains était à elle seule un véritable monde.

Bains froids, *baptisteria, frigidaria*; bains chauds, *caldaria*; bains de vapeur, *laconica, sudatoria*; salles tièdes, *tepidariæ cellæ*; piscines et bassins de toute espèce, depuis les chambres réservées à de riches patriciens et à leurs esclaves, *apodypteria*, jusqu'aux vastes pièces d'eau dans lesquelles on pouvait nager librement, *natationes*, étaient ménagés et organisés avec une magnificence et un luxe dont nous ne saurions approcher aujourd'hui sans être réellement taxés de démence (1). Tout autour étaient disposés des salons pour la conversation; des galeries semblables aux *xystes* grecs et destinées aux exercices gymnastiques; des absides circulaires, dites *exèdres*, où discouraient les philosophes, les poëtes et les rhéteurs; des salles pour les musiciens; des jeux de balle, *sphæristeria*; d'immenses espaces pour le jeu de la palestre; un véritable *stade* qui pouvait devenir une sorte de théâtre, *theatridium*, entouré de siéges et de gradins permettant aux spectateurs de suivre les péripéties de la course ou les assauts des lutteurs. Puis venait une succes-

---

(1) Les bassins des thermes de Caracalla comptaient 1,600 siéges en marbre poli; ceux de Dioclétien pouvaient recevoir près de 3,500 baigneurs.

sion de portiques et de promenades à ciel ouvert, *hypæthræ ambulationes,* d'allées, de ronds-points, plantés d'arbres, garnis de fleurs, ornés de vases précieux, pavés de mosaïques étincelantes, de marbres et d'émaux.

Ce n'était pas tout. L'étage supérieur était ordinairement occupé par des collections d'une valeur incomparable : bibliothèques, galeries de tableaux, statues, bronzes et bas-reliefs. De véritables trésors étaient ainsi accumulés dans ces musées que les empereurs se plaisaient à enrichir et que leurs préfets, spoliateurs patentés des peuples conquis, étaient spécialement chargés d'approvisionner. Le monde entier, la Grèce surtout, avait été mis au pillage pour orner ces palais de la multitude. Le Vatican, le Capitole, le Louvre, le musée Borbonico de Naples en ont recueilli quelques épaves célèbres dans l'histoire de l'art. Le fameux groupe du Laocoon, l'Hercule et le Taureau Farnèse, le Torse du Belvédère, la célèbre Vénus Callipyge, etc., ont été retirés presque intacts sous les décombres de plusieurs thermes de Rome ; et les fragments de statues et de vases que l'on y a trouvés par milliers peuvent nous donner une idée de la profusion des richesses artistiques renfermées dans ces établissements somptueux, où toutes les jouissances intellectuelles et matérielles étaient prodiguées à un peuple blasé, de plus en plus difficile à satisfaire et entièrement corrompu. Leurs dimensions étaient devenues telles qu'Ammien Marcellin les comparait à des provinces entières (1), et les empereurs eux-mêmes prirent quelquefois plaisir à établir leurs demeures dans ces immenses casinos qu'ils avaient créés, et où toutes les voluptés de la vie païenne et sensuelle (2) se trouvaient ingénieusement mêlées aux jouissances les plus délicates de l'esprit.

## IV

Malgré son inépuisable variété, la vie des thermes, toute d'oisiveté et de mollesse, ne devait pas suffire au peuple-roi. Lassé de voluptés tranquilles, il demanda bientôt des excitants. Ce fut alors aux spectacles qu'on eut recours.

Trois sortes de divertissements publics étaient périodiquement et presque quotidiennement offerts à la foule : le théâtre proprement dit, le cirque ou l'hippodrome et l'amphithéâtre. Les

---

(1) *Lavacra in modum provinciarum extructa.* (AMM. MARCELL., *Rer. gest.*)

(2) Avec les empereurs la débauche eut libre accès dans les thermes; elle faisait presque partie de l'institution. La corruption, d'ailleurs, était arrivée à Rome à ce point qu'aucun temple ne fermait ses portes à la prostitution. Le vice était devenu une sorte de rouage administratif de l'empire.

... *Quo non prostat femina templo?*
(JUVÉNAL, *sat.* IX, v. 24.)
... *Non vis mecum, Saufeïa, lavari.*
(MARTIAL, l. III, ép. 72.)

deux premiers, bien que la corruption, la débauche et le sang les aient de très-bonne heure souillés, avaient conservé quelque chose de la noblesse de leur origine. Sans être précisément d'importation grecque, la Grèce les avait connus et illustrés bien avant Rome. Sans doute le culte passionné du beau sous toutes les formes avait fait place à des goûts plus matériels; les combats violents et sanguinaires avaient succédé aux luttes gracieuses de la palestre, les parades et les bouffonneries aux graves mélopées et aux processions solennelles des chœurs antiques. Toutefois, malgré cette décadence profonde, les jeux du cirque et les représentations scéniques étaient encore une réminiscence de l'art grec.

L'amphithéâtre, au contraire, est essentiellement romain. Rien ne donne mieux l'idée de la force et de la grandeur, en même temps que de l'odieuse dépravation de ce peuple. Ce n'est qu'après avoir vu le Colisée que l'on peut comprendre la Rome impériale; et, lorsqu'on réfléchit que, dans toutes les villes importantes de ce qui se disait alors le monde civilisé, il existait un colosse de même nature et destiné aux mêmes atrocités, on se figure alors ce que pouvait être l'empire romain.

Ce type d'architecture est presque sublime dans sa brutalité. Aucune ornementation. A l'extérieur, trois étages parfaitement corrects : les ordres grecs classiques, le dorien, l'ionique, le corinthien, se superposent dans toute leur sévérité. Dans l'épaisseur du monument qui, à Rome, n'a pas moins de cinquante mètres (exactement 51$^m$,007), des voûtes massives servaient de réduits aux bêtes féroces, aux combattants et aux prisonniers; au milieu, une immense arène où l'on tuait; tout autour, sur des gradins de marbre qui s'élevaient jusqu'au couronnement, une véritable muraille vivante, — trente, soixante, quelquefois cent mille désœuvrés qui passaient leur vie à voir souffrir et à voir mourir.

Tous les amphithéâtres étaient construits sur ce même type; les dimensions seules variaient. Le Colisée pouvait contenir cent sept mille places, et il était toujours plein. César Auguste en avait eu l'idée; Vespasien la mit en œuvre à deux pas de la statue de Néron; il y consacra dix ans de son règne; son successeur l'acheva. Plusieurs milliers de prisonniers juifs y travaillèrent pendant douze ans jusqu'à épuisement complet de leurs forces, comme leurs pères, captifs en Égypte, avaient travaillé, quinze cents ans auparavant, aux tombeaux des Pharaons. Dans la première série des fêtes qu'on y donna, cinq mille bêtes féroces et dix mille esclaves ou gladiateurs furent mis à mort. Ce fut l'inauguration, une sorte de spectacle d'ouverture, ce que nous appellerions aujourd'hui « les premières représentations ». Et celui qui offrit au peuple-roi cette boucherie de haut goût n'était rien moins que le *doux et ver-*

*tueux* Titus. On peut juger par là de ce qui dut se passer dans la même enceinte sous le règne de ceux qui s'appelèrent Commode, Héliogabale ou Dioclétien.

## V

Les ruines connues des amphithéâtres sont aujourd'hui assez nombreuses pour nous permettre de les reconstituer avec une parfaite exactitude; les moindres détails des spectacles qu'on y donnait nous ont été laissés par les écrivains de l'empire; et, malgré l'horreur qu'ils devaient en éprouver et la juste réprobation dont ils les flétrissent, Pline, Sénèque, Juvénal, Martial, Suétone, Dion Cassius, Calpurnius, saint Augustin lui-même, ne peuvent s'empêcher d'en parler quelquefois avec enthousiasme.

Là se déployait en effet « la plus pompeuse et la plus sanglante tragédie humaine » qu'il soit possible d'imaginer; l'amphithéâtre n'était rien moins qu'une « institution de meurtre continu (1) »; et, lorsqu'on a lu et relu les témoignages sans nombre et unanimes de tous ceux qui le fréquentaient tous les jours, on est presque saisi de vertige, et l'on se demande s'il est réellement possible que les choses aient pu se passer ainsi.

---

(1) TAINE, *l'Italie*, l. V.

Sur le sable de toutes ces arènes dont les Romains avaient couvert le sol de leur immense empire, l'or et le sang du monde coulèrent pendant quatre siècles comme un fleuve. L'univers était mis en coupe réglée pour approvisionner d'hommes et de bêtes féroces ces théâtres qui en faisaient une si effroyable consommation. Rome, maîtresse du monde, l'exploitait et l'épuisait comme une carrière. Des peuples entiers, des armées de vaincus, de véritables légions de gladiateurs étaient gardés en approvisionnement comme on met en réserve du gibier ou du bétail; on les soignait, on les nourrissait grassement, on leur donnait des professeurs de maintien, un maître d'armes, *lanista,* et puis on les faisait battre par milliers.

Il fallait cependant varier un peu les spectacles pour réveiller la sensibilité émoussée de cet insatiable public. Les artifices les plus divers étaient alors employés. Tantôt des aqueducs monumentaux permettaient d'inonder le sol de l'arène, et sur cette mer improvisée s'engageaient des luttes d'un nouveau genre; des bateaux chargés de combattants se heurtaient, ou bien un mécanisme ingénieux leur permettait de s'entr'ouvrir spontanément (1), de sorte qu'après avoir vu un cer-

---

(1) D'après Dion Cassius, c'est en assistant à ces naufrages de l'amphithéâtre que Néron conçut le projet de faire périr sa mère Agrippine par un procédé analogue.

tain nombre d'égorgements sur la terre ferme, on pouvait assister aux efforts désespérés et aux derniers spasmes des malheureux qui se noyaient. D'autres fois, des forêts sortaient, comme par enchantement, du sol et donnaient un attrait de plus à ces chasses de bêtes féroces, *venationes*, dont on suivait avec avidité les émouvantes péripéties (1). Le plus souvent, les hommes étaient tués sans combat; on les livrait sans défense aux bêtes. C'était surtout les chrétiens qui étaient destinés à ces horribles repas qu'ils ont immortalisés. Cette idée de donner ainsi des hommes à manger en masse à des animaux féroces, de les noyer, de les faire piétiner par des éléphants (2), est une de celles qui peignent le mieux la féroce bestialité de l'époque. De pareilles fantaisies ont pu germer accidentellement dans le cerveau malade de quelque despote de l'Orient; mais c'est le

---

(1) La transformation nécessaire de l'arène en lacs et en forêts s'effectuait comme les changements à vue de nos théâtres; et dans la même journée l'on assistait aux spectacles les plus variés. Le drame avait ainsi plusieurs actes et plusieurs décors. (Dion Cassius, l. XXVII.)

*Si quis ades longis serus spectator ab oris,*
  *Cui lux prima sacri muneris ista fuit,*
*Ne te decipiat ratibus navalis Enyo,*
  *Et par unda fretis; hic modo terra fuit.*
*Non credis? Spectes, dum laxent æquora Martem*
  *Parva mora est; dices: Hic modo pontus erat.*
                          (Martial, *De spect.*, ep. 24.)

(2) Sen., *De brev. vitæ*, xxii.

peuple romain seul qui devait les réaliser sur une vaste échelle.

Il est bon de se rappeler ces choses, quand on visite un amphithéâtre. A Rome surtout, l'impression est profonde. Après avoir longtemps mesuré de l'œil l'ovale toujours gracieux du Colisée aujourd'hui muet et désert, on hésite à s'engager dans l'arène et à fouler du pied une poussière sacrée. On la touche des mains; on voudrait presque en approcher ses lèvres, et l'on se souvient avec respect qu'aucune terre au monde n'a bu plus de sang, aucune enceinte n'a vu plus de souffrances, plus d'héroïsme et plus d'agonies.

Il y avait même dans ces boucheries incroyables un véritable cérémonial dont les auteurs anciens nous ont laissé les détails les plus odieux. « Deux ministres des jeux, écrit Tertullien (1), l'un habillé en Mercure, l'autre en Pluton, venaient pendant les entr'actes enlever les cadavres ; le premier cherchait les morts; Pluton en prenait possession. Mercure tenait à la main un caducée en fer fortement chauffé, dont il touchait chaque corps pour éprouver s'il était bien mort. Pluton le suivait avec un maillet dont il les frappait. Des esclaves venaient ensuite avec de grands crocs et des cordes pour tirer tous ces corps morts ou vivants encore, et on les traînait hors de l'arène,

---

(1) Tertull., *Apolog.* 15, *ad Nat.*, l. X.

par une porte spéciale, *porta Libitinensis* (1), la porte de la mort. » On les conduisait ainsi dans une vaste salle du rez-de-chaussée, appelée *spoliarium*, où on les dépouillait de leurs armes et de leurs vêtements ; et « là, ajoute simplement Sénèque (2), on achevait de tuer les mourants ». Et pendant ces suspensions de la séance, les raffinés se reposaient dans les couloirs, écoutaient les déclamations des poëtes et des rhéteurs ; on se récitait des vers d'Horace et de Virgile ; des pluies de parfums étaient versées avec profusion sur des milliers de spectateurs ; quelquefois même on servait à la foule de véritables festins (3).

Il y a plus : des salles de débauche étaient établies à poste fixe dans les galeries circulaires de l'amphithéâtre (4) ; et, sur les bandeaux de quelques-unes des voûtes intérieures, on voit encore des sculptures érotiques qui constituaient le blason ou l'enseigne des courtisanes en titre. La fête commencée dans le sang se terminait dans la boue (5).

---

(1) La déesse Libitina était celle qui présidait à la mort et aux funérailles.
(2) Sén., ép. 93.
(3) *Post ludos epulum.* (Tit. Liv., l. XXXIX, 46.)
(4) Voir en particulier les emblèmes phalliques en bas-relief, très-nettement sculptés sur plusieurs arceaux intérieurs de l'amphithéâtre de Nimes, et qui indiquent incontestablement que les voûtes, *fornices,* étaient de véritables *lupanaria.*
(5) Lamprid., *Héliogab.,* c. xxvi.

Telle était la vie de l'amphithéâtre. On peut juger par elle non-seulement de l'état moral, mais encore de l'énervement physique de tous ceux qui respiraient cette atmosphère de sang, qui voyaient chaque jour tuer sous leurs yeux plusieurs centaines de leurs semblables ; qui, le lendemain, assistaient à des spectacles de même nature, et dont la vie entière était absorbée par de pareilles infamies. Que l'on se figure maintenant ce régime, pratiqué comme un système politique et appliqué, pendant près de cinq siècles, non-seulement chez les habitants de la Rome impériale, mais chez tous les colons, tous les alliés, tous les peuples des provinces qui faisaient partie de l'empire ; et l'on comprendra alors à quel degré de décomposition et d'abrutissement était descendue la société ancienne.

## VI

Le cirque et le théâtre, malgré qu'ils aient beaucoup dégénéré, n'atteignirent cependant jamais des résultats aussi monstrueux. De tout temps, les jeux du cirque furent très-variés. Dans le principe, les Grecs eurent surtout pour but de maintenir la force et la vigueur du corps, de développer les muscles, d'entretenir le courage. La course, la lutte, le pugilat, le pancrace, le disque, étaient à la fois l'image et l'apprentissage de la guerre.

Plus tard, le cirque fut agrandi, embelli, et devint un véritable spectacle. On y introduisit des chevaux, et les courses de chars tinrent la première place dans les fêtes Olympiques. Ce fut la brillante époque de la Grèce. L'élégance de la forme, le goût exquis, la recherche studieuse de la beauté parfaite et idéale, se manifestaient partout. Le vice lui-même était anobli par le sentiment délicat de l'art, et le culte passionné des hétaïres était quelquefois la source des productions les plus exquises des premiers artistes du monde. C'était à l'hippodrome qu'elles venaient encourager les concurrents, couronner et récompenser les vainqueurs. Au milieu d'elles, les poëtes récitaient leurs strophes, les sculpteurs choisissaient leurs modèles, les rhéteurs déroulaient leurs périodes, et ce peuple d'athlètes et de parleurs était devenu entre leurs mains un peuple d'artistes, de raffinés et de *dilettanti*.

Les jeux du cirque eurent à Rome une physionomie plus rude et plus sauvage. L'art, l'élégance, la grâce, étaient remplacés par la force et la violence; un peu de sang d'ailleurs était l'assaisonnement indispensable de toutes les fêtes romaines.

Il y avait un cirque dans toutes les villes importantes ; il y en avait même plusieurs à Rome et dans sa banlieue (1) ; mais le premier et le plus

---

(1) A Rome, l'obélisque en syénite, situé au centre de

vaste de tous était le grand cirque de Tarquin
l'Ancien, *Circus Maximus,* établi dans les bas-
fonds de la vallée marécageuse du Vélabre, entre
l'Aventin et le Palatin, et dont on ne voit aujour-
d'hui que de rares débris. Dans le principe, il
n'avait pas moins de six cents mètres de longueur
sur cent cinquante mètres de largeur ; c'était un
simple champ de course ou de manœuvre fermé
de toutes parts par une enceinte de gradins en
bois. César d'abord, les empereurs ensuite, l'agrandirent successivement et en firent un monument
durable. Sous Vespasien, le nombre de places fut
porté à deux cent mille; et l'on assure que, sous
Constantin, il pouvait contenir près de quatre
cent mille spectateurs. Même architecture, d'ailleurs, que pour les amphithéâtres ; à l'extérieur,
des voûtes superposées en forme de portiques ; au
milieu, l'arène ; tout autour, des rangées de gradins échelonnés sur des arceaux lourds et massifs.

---

la place du Vatican, avait été transporté d'Héliopolis par
Caligula pour décorer la *spina* du cirque de Néron. Ceux,
en granit rouge, de la place Saint-Jean de Latran et de la
place du Peuple ont été retrouvés dans les ruines de la
*spina* du *Circus Maximus;* ils venaient aussi d'Héliopolis.
L'obélisque de l'escalier de *Trinita dei Monti*, également
en granit rouge, était sur la *spina* du cirque de Salluste.
Celui de la place Navone, qui a conservé si bien la forme
de l'ancien cirque d'Alexandre Sévère, décorait le cirque
de Romulus, fils de Maxence, situé hors de Rome, sur la
voie Appienne, et qui est, de tous ces monuments, le mieux
conservé.

Les cirques étaient loin d'être circulaires; ils étaient, au contraire, oblongs, très-allongés et divisés dans toute leur longueur, suivant leur axe, par un mur bas qu'on appelait l'épine, *spina*. Cette épine était quelquefois très-richement décorée; bustes, vases, statues, bas-reliefs, autels votifs, obélisques, la jalonnaient de distance en distance et en faisaient une sorte de musée en plein air (1). La course avait lieu le long de cette barrière; et c'était à ses deux extrémités qu'étaient plantées les fameuses bornes, *metæ*, qu'il fallait tourner brusquement et contre lesquelles venaient quelquefois s'abattre et se briser les chars, les chevaux et leurs malheureux conducteurs.

Ces accidents n'étaient pas cependant de nature à captiver d'une manière suffisante un public accoutumé aux tueries de l'amphithéâtre. Sans doute il arrivait assez souvent que les jeux avaient un dénoûment tragique; et l'on peut même lire dans Sophocle les émotions poignantes et les terribles scènes qu'offraient ces dangereux spectacles. Mais Sophocle était Grec, et un Romain ne se pas-

---

(1) Une des plus belles médailles de bronze, du règne de Trajan, par un tour de force de la gravure, reproduit à son revers le *Circus Maximus* de Rome avec ses écuries, *carceres*, ses gradins remplis de spectateurs, et sa *spina* couverte de majestueux édifices, entre lesquels on distingue l'image grandiose de Cybèle et l'obélisque, les temples, les portiques et les chars consacrés à la Lune. (Et. Récamier, *les Courses de char à Lugdunum. Gaz. arch.*, mars 1876.)

sionnait pas pour si peu. Les gladiateurs et les animaux furent bientôt introduits dans l'arène, le sang y coula comme au Colisée; et l'on en vint si bien aux grands combats et aux grandes chasses que Pline nous apprend que des éléphants, engagés dans une de ces batailles, échappèrent à leurs conducteurs et inquiétèrent sérieusement les spectateurs assis aux premières places derrière le *podium* (1).

Le turf antique avait donc dégénéré; il était devenu, comme l'amphithéâtre, un champ de carnage; et à ce titre les empereurs en étaient les protecteurs-nés. Quelques-uns d'entre eux même, Caligula, Néron, Vitellius, Domitien, Lucius Vérus, Commode, Caracalla, Géta et Héliogabale, furent des cochers émérites. C'était pour eux une sensation nouvelle de se faire applaudir par la canaille qu'ils avaient payée et nourrie; et leur dégradation était telle qu'ils étaient fiers d'être traités en histrions et de partager, avec les acteurs ordinaires du cirque, la plus humiliante des popularités.

### VII

Les représentations scéniques formaient la troi-

---

(1) *Eruptionem tentavere, non sine vexatione populi.* (PLIN., *Hist. nat.*, l. VIII.)

C'est à cette occasion que César fit creuser au-devant du *podium* un canal large et profond de trois mètres, appelé l'*Euripe*, et qui mit les spectateurs à l'abri de tout danger.

sième série des spectacles populaires de la société ancienne.

Comme l'hippodrome, le théâtre est d'origine grecque ; et la belle époque de la scène antique a été le siècle de Périclès et celui qui l'a suivi. Presque toujours, le théâtre latin n'a été qu'un pâle reflet, souvent une copie plus ou moins déguisée, une parodie grossière du théâtre grec ; et, entre les poëtes dramatiques de Rome et ceux de la Grèce, on trouve toute la différence qui sépare le talent du génie, l'imitation quelquefois brillante de l'inspiration toujours noble et élevée. Sénèque, Lucain, Ovide, Pacuvius, ont trouvé leurs *scenarii* tout faits et leurs meilleurs effets pathétiques tout préparés dans les tragédies d'Eschyle, d'Euripide et de Sophocle. Térence n'a été qu'un copiste de Ménandre ; et Plaute lui-même, malgré sa verve étincelante, son dialogue rapide et le caractère national qu'il a su donner à ses principales pièces, n'est qu'un imitateur d'Aristophane, de Diphile, d'Épicharme ou de tout autre comique grec du quatrième et du cinquième siècle avant notre ère.

Une notable partie du théâtre ancien nous est restée ; un assez grand nombre de pièces est devenu classique ; et il serait très-facile aujourd'hui, après vingt siècles, de reconstituer avec une très-grande exactitude une représentation dramatique, soit d'Athènes, soit de Rome, dans ses détails d'exécution les plus minutieux. Rien ne nous manquerait, ni le texte, ni les costumes, ni la salle, ni même les décors; le public seul ferait probablement défaut. Nous connaissons aussi bien la scène et le théâtre antiques que la scène et le théâtre modernes; et, à vrai dire, nous n'avons rien inventé et nous sommes contentés de copier et d'amoindrir le type créé par les Grecs depuis plus de vingt siècles. Le stuc et le plâtre dorés ont remplacé, chez nous, les revêtements de marbre et les bas-reliefs; au lieu de colonnes de porphyre et de granit, nous avons des placages en carton-pierre; et, à défaut des chefs-d'œuvre de la statuaire antique, nous surchargeons toutes nos salles d'allégories d'un goût fort douteux.

Le théâtre ancien se composait, comme celui de nos jours, d'un hémicycle pour les spectateurs et d'une partie rectangulaire qui formait la scène. Le rez-de-chaussée arrondi en demi-cercle s'appelait l'*orchestra* et tenait exactement la place de notre parterre. Cet orchestre, vide chez les Grecs, était comme une seconde scène dépendante de la première; et, ainsi que son nom l'indique, on le réservait pour les exercices de danse et pour les chœurs (ὀρχήστρα, ὄρχησις, danse, ballet, pantomime). Ce ne fut que plus tard, sous les Romains, qu'on y admit des spectateurs de choix; mais jamais on n'y installa de musiciens. Ceux-ci se tenaient au-devant de la scène, à peu près à la place où nous les mettons aujourd'hui, et qui était désignée sous le nom de *proscenium*. Les acteurs eux-mêmes jouaient, comme les nôtres, sur des planches disposées à la partie antérieure de la scène qu'on appelait le *pulpitum*. Enfin, pour faciliter, chez les Grecs surtout, les communications entre la scène où l'on jouait et l'orchestre où l'on dansait, on avait établi latéralement deux escaliers qui traversaient le *proscenium*.

Souvent on disposait, au centre de l'orchestre, un autel de Bacchus appelé *thymele*, θυμέλη, autour duquel les chœurs exécutaient leurs évolutions, qui faisait partie de la mise en scène, et servait soit d'autel pour les sacrifices, soit de monument funéraire. Contre ce petit édicule, se tenaient à la fois le souffleur et les joueurs de flûte, *tibicines*; celui-là, caché derrière le piédestal, battait la mesure; ceux-ci, au contraire, en évidence et vêtus, comme de véritables acteurs, de robes traînantes, accompagnaient les tristes mélopées des chœurs, prenaient quelquefois part à l'action et jouaient dans la pièce le rôle multiple qu'ils remplissaient dans la vie réelle, dans toutes les fêtes, dans les funérailles et surtout dans les solennités religieuses.

La tragédie grecque se déroulait ainsi, sur ce double théâtre, avec une majesté imposante; presque toujours les chœurs déclamaient leurs strophes sur un rhythme grave et doux; leurs mouvements étaient lents et cadencés, leur démarche noble et chaste; et tout rappelait ce grand calme et cette beauté tranquille dont sont empreintes les processions de jeunes filles sculptées sur les métopes du Parthénon. Le goût le plus pur, les sentiments les plus élevés, présidaient à ces représentations scéniques, et les effets les plus pathétiques étaient obtenus par des moyens d'une extrême simplicité. C'est ainsi que, dans la tragédie des *Perses* d'Eschyle, lorsque le fond du théâtre s'ouvrait pour laisser voir dans le lointain cette mer bleue qu'une victoire récente venait d'illustrer, l'émotion la plus pénétrante s'emparait de tous les spectateurs. L'île rocheuse de Salamine, colorée des teintes roses et mauves que le soleil d'Orient prodigue à son déclin, semblait flotter dans le double azur de la mer et du ciel. C'était pour les Grecs la plus belle et la plus pure des apothéoses; et, dans cette poussière lumineuse, ils croyaient **voir apparaître** l'âme triomphante de la patrie.

## VIII

On sait que la scène du théâtre antique, grec ou romain, était divisée en trois parties auxquelles correspondaient trois portes pratiquées dans le fond. Celle du milieu, la plus importante, la mieux décorée, qu'on appelait la porte royale, *porta regia, regiæ valvæ,* indiquait, selon le cas, un palais, un temple et en général l'entrée du *protagoniste,* qui était le principal personnage de la pièce; celles de droite et de gauche, *portæ hospitales,* marquaient les entrées des personnages secondaires. Enfin deux autres portes latérales se trouvaient à la place de nos coulisses modernes et conduisaient, l'une aux *champs*, l'autre au *port*. Telles étaient les conventions générales et les règles classiques toujours suivies.

Cette division de la scène permettait de découvrir isolément aux spectateurs une, deux ou trois de ses parties ; et, suivant que l'on jouait une comédie ou une tragédie, ou une de ces pièces appelées *atellanes* ou *tabernariæ,* et qui dégénéraient presque toujours, chez les Romains, en pantomimes ou en farces grossières, on disposait le théâtre de manière à pouvoir, comme de nos jours, représenter des scènes doubles et simultanées avec des décors différents. Le pulpitum, d'ailleurs, régnait sur toute la partie antérieure du théâtre ; c'était l'avant-scène ; et les acteurs venaient y réciter leurs rôles en s'approchant le plus près possible des spectateurs afin d'en être mieux entendus.

On obtenait l'illusion scénique par des procédés tout à fait analogues aux nôtres ; et les anciens connaissaient, comme nous, les peintures du grand mur de scène qui correspondaient à nos toiles de fond et les décors, latéraux ou disposés au milieu du pulpitum, fixes ou mobiles, pouvant tourner autour d'un axe vertical, *versatiles,* ou glisser comme nos coulisses sur des rainures, *ductiles*. La machinerie était fort compliquée et jouait, surtout chez les Romains, un rôle considérable; l'intervention des dieux était en effet assez fréquente sur le théâtre antique, et on les voyait tantôt surgir ou s'élancer de terre, tantôt se promener dans les nues; ce qui suppose des manœuvres et des appareils dont nous pouvons ignorer les détails, mais dont il est impossible de nier l'existence et dont on retrouve encore la place dans le sous-sol et à l'étage supérieur de la scène (1).

A vrai dire, les décors n'avaient qu'une importance secondaire sur le théâtre grec. C'était assez pour un public délicat comme celui d'Athènes que d'entendre les beaux vers de Sophocle et d'Euripide; mais celui de Rome avait besoin surtout de repaître ses yeux et ses sens (2); il lui fallait du bruit, des costumes (3), des parades et des combats. L'art noble et élevé était un monde fermé pour lui. A Rome, comme chez nous, le

---

(1) Voir à ce sujet les détails pleins d'intérêt donnés par M. Charles Texier sur le théâtre d'*Aspendus*, aujourd'hui *Minougat*, en Carie. (*Description de l'Asie Mineure*, Paris, 1836.)
*Monuments romains d'Orange*. (CARISTIE, Paris, 1859.
*Recherches sur la scène antique*. — *Mémoires de l'Académie du Gard*. A. PELET, 1861.
(2) ..... *Jam migravit ab aure voluptas*
*Omnis ad incertos oculos, et gaudia vana.*
(HORAT., *Epist.*, l. II, 1, v. 187-188.)
(3) *Dixit adhuc aliquid? Nil sane. Quid placet ergo?*
*Lana Tarentino violas imitata veneno.*
(*Id., ib.*, v. 206-207.)

luxe et les raffinements de la mise en scène furent l'indice d'une véritable décadence de l'art dramatique. Nos féeries modernes ne le prouvent que trop ; et les représentations romaines ne furent bientôt que des féeries à grand spectacle, des exhibitions d'animaux féroces, des scènes orgiaques et des combats presque toujours ensanglantés. Les auteurs et les poëtes s'en plaignaient déjà dès les dernières années de la République, et il est curieux de lire, dans les deux prologues de l'*Hécyre* (1), les doléances de Térence, qui constatait avec chagrin que le public interrompait ses pièces pour demander l'entrée en scène des baladins ou des gladiateurs, qu'on avait eu l'imprudence de lui annoncer (2).

Pendant des heures entières, ce public brutal voyait défiler sans ennui des légions de cavaliers, des voitures remplies de femmes, des escadrons de

---

(1) *Ita populus studio stupidus in funambulo*
*Animum occuparat.....*
(TERENT., *Hecyra*, prol. I, v. 4-5.)
*Quum primum eam agere cœpi, pugilum gloria,*
*Funambuli eodem accessit expectatio :*
*Comitum conventus, strepitus, clamor mulierum*
*Fecere.....*    (*Id., ibid.*, prol. II, v. 25-28.)
*Primo actu placeo, quum interea rumor venit,*
*Datum iri gladiatores; populus convolat;*
*Tumultuantur, clamant, pugnant de loco.*
(*Id., ibid.*, prol. II, v. 31-33.)
(2) *..... media inter carmina poscunt*
*Aut ursum, aut pugiles.*
(HOR., *Ep.*, l. II, 1, v. 185-186.)

chars, ou l'équipage d'une armée entière, traînant après elle des rois esclaves les mains liées derrière le dos; il regardait avec enthousiasme porter en triomphe des statues d'ivoire figurant le butin d'une ville conquise, et des bateaux se balancer au loin sur une mer factice (1).

Puis c'étaient des animaux féroces conduits par des rétiaires habiles. Ce dernier genre d'exhibition avait même pris un développement qu'il nous serait aujourd'hui assez difficile de réaliser. Pline raconte que le fameux Æmilius Scaurus, dont la fortune était telle qu'il put faire construire à ses frais, à Rome, un théâtre temporaire de près de quatre-vingt mille places (2), montra au peuple ravi, dans une seule représentation, jusqu'à cent cinquante panthères d'Afrique (3). César alla plus loin; il exhiba un jour quatre cents lions. Pompée renchérit encore et porta ce chiffre à six

---

(1) *Quatuor aut plures aulæa premuntur in horas,*
*Dum fugiunt equitum turmæ, peditumque catervæ.*
*Mox trahitur manibus regum fortuna retortis;*
*Esseda festinant, pilenta, petorrita, naves;*
*Captivum portatur ebur, captiva Corinthus.*
(Hor., *Ep.*, l. II, 1, et v. 189-193.)

(2) Le théâtre temporaire de Scaurus était d'une extrême magnificence; il avait trois étages, comme le théâtre de Marcellus, comme le grand cirque et comme le Colisée. Le premier était en marbre; le second, revêtu de mosaïques; le troisième, où se trouvaient les places les moins recherchées, était en bois doré. Il était orné de trois mille statues. (Pline, *Hist. nat.*, XXXVI, 2, 1.)

(3) Pline, *Hist. nat.*, VIII, 24.

cents (1); puis c'étaient des troupeaux de girafes, des éléphants, des athlètes, des hommes armés et enfin et toujours du sang. La joie du peuple débordait alors; en proie à une surexcitation allant jusqu'au délire, il poussait, nous dit Horace, de véritables hurlements (2); et le théâtre envahi par les courtisanes (3), les bêtes féroces et les gladiateurs, n'était plus qu'un véritable repaire de débauche, une succursale de l'amphithéâtre et du cirque. Comme tous les plaisirs publics de l'empire romain, il était devenu, entre les mains des riches patriciens d'abord, des empereurs ensuite, un moyen de corruption politique. La scène fut un jour couverte d'argent; et le peuple, repu de vin et ivre de sang, rentrait chez lui après avoir ramassé des pièces de monnaie que lui avait jetées un maître aussi infâme que lui.

## IX

Telle fut la vie publique pendant les cinquante années qui précédèrent notre ère et les cinq siècles

---

(1) Plin., *Hist. nat.*, VIII, 20. — App., *Bell. civ.*, II, 102. — Plut., *Pompée*, 52.

(2) *Garganum mugire putes nemus, aut mare Tuscum,*
*Tanto cum strepitu ludi spectantur.....*
(Hor., *Ep.*, l. II, 1, v. 202-203.)

(3) *Idem vero theatrum, idem et prostibulum; eo quod post ludos exactos, meretrices ibi prosternerentur.* (Isid., XVIII, 42.)

qui la suivirent. Ce n'était pas seulement Rome qu'on avait mise à ce régime, mais l'empire tout entier, c'est-à-dire presque le monde. Partout où la puissance romaine a passé, elle a dégradé et corrompu le genre humain; et l'on ne sait vraiment jusqu'à quelle honte elle l'aurait conduit, si, sous le règne de Tibère, un souffle de spiritualisme, issu de l'Orient, n'était venu le consoler et le ranimer. Sur les bords d'un petit lac d'une des plus pauvres provinces de l'empire, quelques hommes écoutaient, depuis un certain temps, une parole étrange et comme on n'en entendit jamais. Le pouvoir s'émut de cette doctrine de paix; on en rechercha l'auteur, et on lui infligea un supplice odieux et infamant. A dater de ce jour, le monde fut sauvé; et le gibet sur lequel on avait cloué le Nazaréen est devenu chez toutes les nations civilisées le symbole de la vertu, de la noblesse et de l'honneur.

La société ancienne se désagrégeait peu à peu et tombait par lambeaux; mais le christianisme était né, et avec lui l'homme régénéré reprenait possession de lui-même, brisait ses chaînes et retrouvait sa dignité perdue.

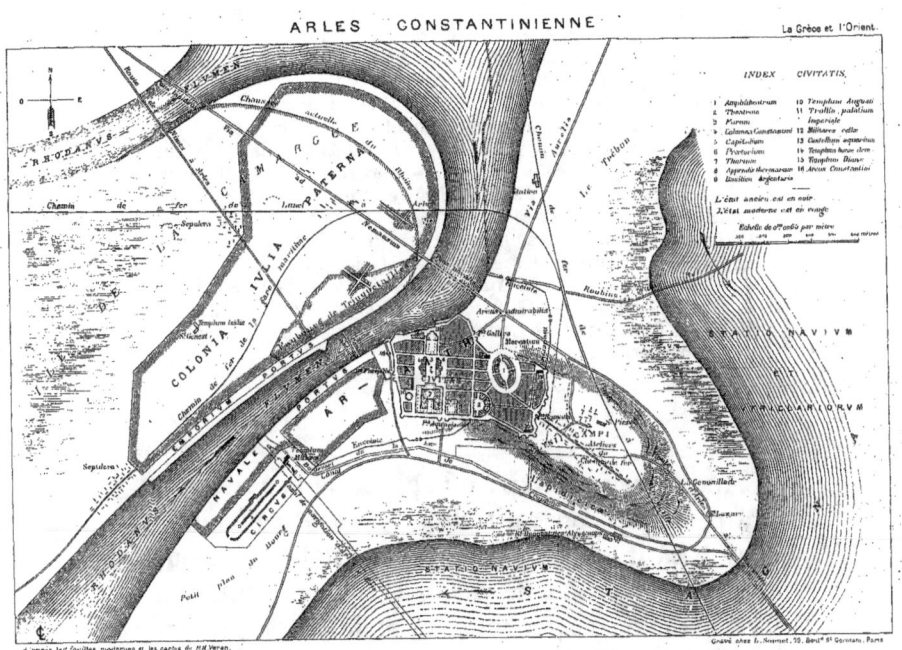

## CHAPITRE SIXIÈME.

#### L'ART GREC A ARLES.

Spoliation de la Grèce et de la Sicile. — Émigration des artistes grecs à Rome, en Italie, en Provence. — Les colonies romaines de Nîmes et d'Arles. — Les monuments de Nîmes : la *cella* gréco-romaine, appelée *Maison Carrée*. — La source sainte et le dieu *Nemausus*. — L'amphithéâtre d'Arles et la canalisation de Constantin. — Les temples et les monuments de la ville patricienne. — Le théâtre d'Arles. — Analogie avec les théâtres de la Grèce, de la Sicile et de l'Asie Mineure. — Destruction et pillage du théâtre. — Comparaison avec le théâtre romain d'Orange. — Les fouilles du théâtre à Arles. — La Vénus ; sa mutilation et sa restauration. — Différentes phases de l'art grec. — La polychromie antique. — Peinture des statues. — Coloration de la Vénus d'Arles. — Le bas-relief d'Apollon et Marsyas. — Tête de femme. — Tête d'Auguste. — Groupe des danseuses, etc. — Autel de Vénus et d'Auguste. — Le théâtre d'Arles considéré comme un musée de l'art grec.

### I

Aucun peuple arrivé à l'apogée de la puissance n'a peut-être construit autant que le peuple romain. Bâtir fut pour lui une véritable passion, une manifestation de sa force, une prétention à l'éternelle durée ; et sous les premiers empereurs le monde conquis devint un moment semblable à un immense chantier.

L'architecture romaine ne se distingue, d'ailleurs, ni par l'originalité de la conception, ni par l'élégance des lignes, ni par le fini des détails ; ses qualités principales sont la vigueur, l'utilité pratique, la richesse et surtout la masse des matériaux employés.

L'élément essentiel en est la voûte ou l'arceau. Usitée depuis de longs siècles chez les Étrusques, mais à peine connue des Grecs, la voûte se retrouve invariablement dans tous les grands édifices de la république et de l'empire : ponts, aqueducs, portes de remparts, égoûts, marchés, théâtres, amphithéâtres, cirques, thermes, palais. Les maisons particulières seules, les villas élégantes et quelques temples avaient conservé les formes pures et rectilignes de l'art grec. Mais, si l'architecture romaine doit à la multiplicité de ses voûtes une physionomie et un caractère tout particuliers, presque partout l'ornementation est manifestement grecque. — Trop positif pour être artiste par lui-même, le Romain a dû nécessairement vivre d'emprunts, lorsqu'il s'est agi de décorer ses monuments ; il n'a jamais cultivé les arts par goût ou par inspiration ; il ne les a guère aimés que par luxe. Il y a donc eu un style romain, style grandiose, énergique et surtout admirablement approprié aux besoins publics et à la vie exubérante de l'époque ; mais on ne peut pas dire qu'il a existé un art romain (1). L'art, dans son essence, est resté toujours grec ; et il est même intéressant de constater que toutes les œuvres exécutées sous l'empire par des mains romaines,

---

(1) Ampère, *Hist. rom. à Rome*, t. IV, xiii.

quelque habiles qu'elles aient pu être, semblent avoir gardé quelque chose du matérialisme et de la brutalité d'un peuple qui a eu, au plus haut degré, le sentiment de la force, mais jamais celui de la grâce et de l'idéal.

## II

Dès la conquête de la Grèce, et surtout dans les premiers siècles de l'empire, un nombre considérable d'artistes grecs travaillèrent sans relâche à embellir non-seulement Rome, mais aussi les villes les plus importantes de la province. Leurs modèles étaient naturellement grecs; et la plupart se contentèrent de reproduire et d'imiter, en les variant à l'infini, les chefs-d'œuvre que leur patrie avait vus éclore et qu'elle avait longtemps possédés et admirés.

Une grande partie avait été du reste transportée à Rome par les vainqueurs; car l'histoire n'a jamais mentionné de conquérants plus avides et moins scrupuleux. Le pillage des pays soumis fut pratiqué en grand; et la spoliation de la Grèce et de la Sicile en particulier, les deux plus riches provinces de l'époque, fut organisée avec toute la méthode d'une entreprise administrative. La mission officielle de tous les agents de Rome était de dépouiller les villes, les lieux publics et même les maisons des particuliers; et les gouverneurs de ces provinces s'en acquittèrent avec un zèle qui est resté célèbre (1). La moisson fut belle; car aucune terre au monde ne posséda en aussi grande abondance d'aussi magnifiques richesses.

Plus que toute autre, la race grecque a eu la passion et même le culte de la beauté parfaite, et cette beauté se répandait sur tout. Statues, tableaux, bas-reliefs, autels, coupes, vases, trépieds, candélabres, étaient dessinés et modelés avec une finesse, un goût et une pureté qu'on admirera toujours et qu'on ne surpassera jamais; les objets usuels eux-mêmes étaient souvent de véritables œuvres d'art; car, chez ce peuple merveilleusement doué, la beauté se mêlait à tout; elle était l'élément même de la vie, un véritable besoin, presque une vertu; et l'harmonie des lignes devenait une des formes mêmes de la pensée.

Il est difficile de se faire une idée de la quantité de marbres, de bronzes, d'objets en or, en argent et de pierres de toute valeur qui avaient été détournés ainsi au profit d'une seule ville (2).

---

(1) Voir les discours de Cicéron contre le préteur Verrès, qui, après avoir dépouillé une partie de la Grèce, s'abattit sur la Sicile, et entretenait une véritable agence d'artistes connaisseurs spécialement chargés de le renseigner sur les objets d'art ou de prix. Verrès volait à la fois par dilettantisme et par cupidité; et l'un de ses exploits les plus curieux est le larcin des clous d'or du temple de Minerve, qui est devenu depuis la cathédrale de Syracuse. (CICÉRON, *in Verr.*, II, 4, 21, 56.)

(2) D'après Plutarque, on vit défiler, pour le **triomphe**

Rome avait fini par en être encombrée; et d'après Muller (1), c'est par centaines de mille qu'on pouvait y compter les statues grecques. Le pillage du monde avait eu lieu en effet non-seulement au profit de l'État, mais encore au profit des particuliers. Tout comme les thermes, les forum et les temples, les villas patriciennes et les maisons opulentes renfermèrent d'immenses collections artistiques; pendant plusieurs siècles, la Grèce semblait s'être transportée sur les bords du Tibre; et la ville et la campagne de Rome furent la plus vaste et la plus splendide exposition de l'art grec qu'il ait été donné à l'homme de pouvoir admirer.

Mais Rome ne devait pas être seule à profiter de la spoliation de la Grèce. Si elle garda pour elle la plupart des chefs-d'œuvre reconnus des grands maîtres, les artistes grecs, que la conquête avait conduits à s'expatrier, se répandirent un peu partout. Les grandes villes les accueillirent avec empressement; la province romaine subit ainsi, comme la métropole, l'influence de l'hellénisme; et Arles, riche, peuplée, déjà à moitié grecque à cause de ses rapports constants avec la phocéenne

---

de Paul-Émile, plus de deux cent cinquante chariots chargés de statues, de tableaux et d'objets d'orfévrerie, sans compter les lingots et le numéraire, qui furent, dit-on, si considérables que le trésor public n'eut pas besoin de recourir aux impôts pendant un certain nombre d'années. (PLUT., *Paul-Æm.*, 32.)

(1) MULLER, *Archéol.*, p. 174.

Massalia, était admirablement située pour devenir en peu de temps un foyer d'art, de luxe et de splendeurs.

### III

Le midi de l'ancienne Narbonnaise possède, dans la région même du bas Rhône, à quelques kilomètres seulement l'une de l'autre, deux villes qui furent autrefois deux colonies romaines des plus brillantes et qui, à elles seules, renferment peut-être plus de souvenirs de ce passé que la Gaule tout entière ; ces deux villes sont Arles et Nimes. Le touriste superficiel est frappé, au premier abord, de la ressemblance de leurs ruines et confond souvent leurs monuments dans un même souvenir et une même admiration. Mais l'observateur plus sérieux y voit des différences très-tranchées, et qu'explique la nature même des milieux dans lesquels ces monuments ont été construits.

L'ancienne ville de *Nemausus*, aujourd'hui Nimes, élevée par Agrippa au rang de colonie impériale, *colonia Nemausensis Augusta*, était la capitale des Volkes Arékomiques, dont la domination s'étendait dans la région littorale depuis les marais du Rhône jusqu'à ceux de Narbonne, et pénétrait assez au nord dans les gorges des Cévennes. C'était une énorme bourgade, forte, guerrière, très-peuplée, riche peut-être, mais à coup sûr fort inculte, de mœurs rudes et très-peu avancée dans les voies du progrès. La civilisation et les arts n'y ont pénétré qu'à la suite des légions romaines; et tous les monuments anciens qui nous restent de cette ville privilégiée datent de l'époque florissante de la colonie, ne le cédant en rien aux plus belles ruines de la Ville éternelle, et ayant comme elles un caractère exclusivement romain.

Le gracieux édifice à fronton triangulaire, précédé d'un péristyle à colonnes corinthiennes et qui porte le nom aussi vulgaire qu'impropre de *Maison Carrée*, n'a de grec que l'apparence. On ne connaît exactement ni la date de sa construction, ni l'usage auquel il était destiné; et rien n'est plus discutable que la restauration de l'inscription qui décorait la frise de sa façade (1). Cette délicate *cella* gréco-romaine reste encore à l'état de problème archéologique et se distingue d'ailleurs beaucoup plus par sa merveilleuse con-

---

(1) C'est d'après les empreintes des lettres et la marque des clous qui les fixaient, que le savant Séguier a proposé la lecture suivante : C. CÆSARI AVGVSTI F. COS. L. CÆSARI AVGVSTI F. COS. DESIGNATO PRINCIPIBVS IVVENTVTIS. *A Caïus César, fils d'Auguste, consul; à Lucius César, fils d'Auguste, consul désigné, princes de la jeunesse.*

Le monument daterait ainsi tout à fait des premiers siècles de notre ère. Mais, comme une même lettre peut être fixée par des clous de plusieurs manières, plusieurs archéologues rejettent cette lecture, et pensent, d'après le style de la construction, qu'il convient de la reporter à l'époque de Trajan ou d'Hadrien.

servation, par le fini et la recherche excessive de son ornementation, que par l'harmonie des lignes et la pureté du style. Ce n'est pas une œuvre originale, c'est une réminiscence grecque exécutée servilement par des artistes romains; et sa prétention outrée à l'élégance accuse déjà une décadence sensible de l'art.

Le petit temple à demi ruiné que les *ciceroni* et les touristes s'obstinent sans la moindre raison à désigner sous la dénomination tout à fait fantaisiste de *Temple de Diane* est encore moins grec; ses voûtes massives et ses arcs doubleaux dénotent de la manière la plus indéniable la méthode et le style romains dans toute leur force et leur sévérité.

A vrai dire, cet édifice qui rappelle les souvenirs les plus anciens et les plus poétiques de la ville celtique de Nemausus ne nous paraît si élégant que parce qu'il est en ruine, et que ces ruines elles-mêmes sont merveilleusement encadrées dans la verdure et les rochers d'une des plus gracieuses promenades du monde.

C'est là que se trouve, en effet, la célèbre fontaine du dieu Nemausus, dont la religion, bien antérieure à la conquête romaine, a traversé presque sans altération l'ère du polythéisme officiel. C'était le dieu tutélaire et protecteur de la cité, le génie topique ou local, et en quelque sorte intime, celui auquel on aimait à avoir recours tout en l'invoquant comme le fondateur même de la ville, qui s'était hâtée de se mettre sous son patronage en prenant son nom.

Tout porte à croire que le *sacellum* romain occupe la place d'un temple primitif, beaucoup plus simple que la ruine actuelle et mieux en harmonie avec la nature tranquille et sereine qui l'environne; et l'on ne saurait trop regretter de ne trouver aucun débris de ce poétique passé (1). Toutefois, le culte de ce dieu bienfaisant et familier s'est continué après la conquête romaine; et le creux de la fontaine, que l'empereur Auguste fit entourer de deux escaliers semi-circulaires si bien conservés, fut encore, dans les premiers siècles de notre ère, un lieu de pèlerinage très-fréquenté. Le temple était à côté, orienté suivant le rituel antique dans la direction du levant. Après avoir trempé silencieusement leurs mains dans l'eau de la source, les païens s'en mouillaient les yeux, le front et les lèvres (2); les bras ouverts dans l'attitude des *orantes*, ils récitaient des prières presque toujours gracieusement rhythmées; puis ils allaient déposer leurs offrandes riches ou modestes dans le sanctuaire consacré au dieu préféré. Les plus fortunés élevaient dans l'enceinte sacrée de petits autels votifs; la plupart avaient recours à des gra-

---

(1) On a retrouvé cependant, dans le creux de la source et dans les ruines voisines, quelques fragments d'inscriptions grecques.

(2) *Ora, manusque tua lavimus, Feronia, lympha.....*
(HORAT., *Sat.*, l. I, V, v. 24.)

veurs, *marmorarii,* ou à des ciseleurs pour inscrire leurs noms sur des plaques de marbre ou de bronze (1) ; les humbles et les pauvres se contentaient de crayonner eux-mêmes leurs vœux et leurs supplications sur les murs et les colonnes du temple, avec cette naïve et touchante confiance qui a fait de tout temps la force des hommes de foi. « Presque tous enfin, en se retirant, jetaient en manière d'offrande, dans le creux de la source, des monnaies de bronze ou d'argent que l'on y retrouve en très-grand nombre mêlées à des bijoux ou à de petits objets sans valeur, bagues, fibules, pierres gravées, vases de terre ou de verre, etc... », et qui sont, en même temps qu'un témoignage de la piété de nos ancêtres, une des richesses de nos collections celtiques ou gauloises, grecques ou romaines.

Tel était le culte de cette fontaine sacrée, que

---

(1) ............ *Quo fit ut omnis*
*Votiva pateat veluti descripta tabella*
*Vita senis.* (Hor., *Sat.*, l. II, 1, v. 32-34.)
...... *Nam posse mederi*
*Picta docet templis multa tabella tuis.*
(Tibull., l. I, iii, v. 27-28.)
Voir le petit *ex-voto* en bronze de Valeria Procilla, trouvé au siècle dernier près du creux de la Fontaine. L'inscription porte : deo nemavso valeria procilla. La plaque de bronze était percée, à ses deux extrémités découpées en queue d'aronde, de deux trous qui avaient servi, d'après Ménard, à la fixer contre le mur du temple du dieu Nemausus ou au bas de son simulacre placé dans le temple même. (Ménard, *Hist. de Nimes,* t. VII.)

la race celtique avait divinisée de très-bonne heure, auquel les Grecs et les Romains n'apportèrent aucune entrave et qui, s'harmonisant d'une manière merveilleuse avec les pratiques séduisantes des superstitions païennes, empruntait à la présence d'une source fraîche et pure un charme délicat et un véritable parfum de poésie.

Le sol a été complétement remanié par la conquête romaine; et les architectes du siècle d'Auguste ont créé de toutes pièces dans ce lieu sacré des thermes élégants, malheureusement empâtés depuis dans des terrasses et des balustrades du dix-huitième siècle d'un goût déplorable. Le sous-sol révèle des ruines bien autrement nombreuses, des bassins enterrés, des soubassements dont on a retrouvé les alignements symétriques, des portiques, des colonnades et des socles de statues. Mais toutes ces constructions datent de l'empire, sont des œuvres relativement modernes, n'ont absolument rien de grec, et portent, au contraire, tous les caractères de ce style romain, grandiose, froid, correct et presque toujours ampoulé.

Tous les autres monuments de la colonie némausienne ont le même caractère. L'amphithéâtre, qu'on appelle vulgairement les *Arènes*, n'est qu'un Colisée amoindri. Les portes de la ville, en forme d'arcs de triomphe, les murailles, les tours d'observation, *speculæ* (tour Magne), procèdent, comme tous les édifices romains, de la voûte; et rien dans ces constructions ne rappelle l'époque grecque ni gauloise.

Les collections des numismates, qui sont comme les archives du passé, contiennent à peine quelques milliers de pièces gauloises ou massaliotes noyées dans un océan de médailles romaines, de tous les modules, frappées à toutes les effigies et tellement nombreuses qu'elles n'ont plus aujourd'hui d'autre valeur que celle de la matière elle-même. Nimes est, après Rome, une des villes du monde les plus riches en textes épigraphiques. Presque toutes ces inscriptions sont latines et en caractères latins; les débris de bas-reliefs, les tronçons de statues, les bustes assez nombreux retrouvés dans les fouilles, n'ont rien de cette délicatesse qui caractérise la sculpture grecque, et présentent, au contraire, tous les défauts de la contrefaçon romaine, la roideur, la masse, la vulgarité.

Le niveau artistique de Nimes était en somme très-peu élevé; et ce qui pouvait rester d'éléments grecs avait été complétement absorbé par la conquête. Chose singulière, le temps et la civilisation ne l'ont pas sensiblement modifié. Ville riche, industrielle, intelligente et passionnée, elle est restée presque étrangère aux choses de l'esprit et de l'art. La colonie fondée par Auguste, enrichie par Agrippa, comblée de bienfaits par Trajan et Antonin, ne se révèle à nous que par ses ruines grandioses, précieuses pour l'archéologue et l'érudit; mais elle ne nous a laissé aucun souvenir de cet art grec, noble entre tous, qu'elle n'a vraisemblablement pas connu et qu'elle aurait sans doute très-peu goûté.

## IV

Tout autre a été la ville d'Arles.

Son amphithéâtre est peut-être le seul de ses monuments conservés qui soit tout à fait romain. Il n'en pouvait être autrement. Les théâtres, les temples, presque tous les grands édifices publics de l'époque romaine, se ressentent en général de l'architecture grecque qui, la première, en a arrêté les principales lignes. Les Romains, d'ailleurs, ont toujours manqué d'originalité dans les arts; ils n'ont réellement créé que deux types d'architecture : l'amphithéâtre qui suppose les gladiateurs, et l'arc de triomphe qui suppose le triomphe; car le triomphe, comme le gladiateur, est exclusivement romain (1). Arles romaine avait donc aussi ses arcs de triomphe; malheureusement, on n'en a conservé que quelques débris qui n'occupent même plus aujourd'hui leurs anciennes places. Le plus beau de ces arcs, dédié à Constantin, existait encore sous Louis XIII; et Richelieu, paraît-il, en avait fait prendre le

---

(1) AMPÈRE, *Hist. rom. à Rome*, t. IV, XIII.

dessin (1). En 1743, pour élargir une rue de la ville, les consuls le firent détruire, en dispersèrent les fragments; et c'est ainsi qu'a disparu l'une des entrées principales du palais des empereurs. L'amphithéâtre, au contraire, ou pour parler le langage local, les *Arènes,* est resté l'une des ruines les plus grandioses et les mieux conservées du midi de la France. Comme celui de Nimes, dont il reproduit à peu près les dimensions, ses voûtes ont longtemps abrité et supporté toute une ville du moyen âge avec sa petite chapelle, ses madones et son calvaire, ses ruelles étroites et ses escaliers tortueux; et c'est à cet enchevêtrement inextricable de vieilles masures dans les arceaux du colosse romain que celui-ci a dû de ne pas être démoli et exploité en détail comme une carrière pour la construction de la ville moderne. Pendant les invasions sarrasines, les Arènes devinrent une sorte de camp retranché et de forteresse. Aux extrémités des axes, on éleva quatre tours; deux d'entre elles se dressent encore au-dessus de l'étage supérieur; et leurs formes carrées, leurs fenêtres à grillages et leurs petites échauguettes branlantes contrastent d'une manière singulière avec les assises vigoureuses, les arcatures régulières et les colonnes corinthiennes de la construction romaine.

---

(1) A. L. MILLIN, *Voyage dans le midi de la France,* chap. XCVIII.

Les historiens et les archéologues ne sont pas très-fixés sur la date de la construction de l'amphithéâtre ; mais rien n'empêche d'admettre, avec Noble Lalauzière (1), qu'il n'ait été le premier grand monument élevé à Arles presque au lendemain de la conquête (an de Rome 707 — 46 ans avant J. C.), et que les Romains n'en aient fait ainsi une sorte de don de joyeux avénement à la population gréco-celtique.

On doit faire, à l'appui de cette opinion, une remarque fort importante. Dans la plupart des grands amphithéâtres connus, au Colisée de Rome, à Capoue, à Vérone, à Nimes, l'arène pouvait être inondée en quelques instants ; et l'on variait le spectacle en livrant sur ce lac improvisé de véritables batailles navales. Or, le sous-sol de l'arène d'Arles ne porte aucune trace de canalisation. L'amphithéâtre servait exclusivement à des combats de gladiateurs, à des chasses et à des exhibitions d'animaux : les exercices sur l'eau avaient lieu dans un édifice spécial, *naumachia*, immense bassin entouré de gradins et de portiques, et situé entre les thermes et le forum, presque au cœur de la ville ancienne, qui est encore le centre de la ville moderne. Cette séparation entre deux genres de spectacles ordinairement réunis dans la même enceinte prouve assez nettement que

---

(1) NOBLE LALAUZIÈRE, *Abrégé chronologique de l'histoire d'Arles*. Arles, 1808.

l'amphithéâtre et la naumachie n'étaient pas deux monuments contemporains; et il est certain que le second date seulement de l'époque où furent exécutés les grands travaux d'adduction d'eau et d'embellissement de la cité, c'est-à-dire du règne de Constantin.

Peu de travaux ont au plus haut degré le caractère d'utilité publique comme ceux qui ont pour objet d'approvisionner d'eau les grands centres de population. Les Romains y excellèrent de très-bonne heure. La campagne de Rome est encore couverte des majestueux débris de leurs aqueducs; et rien ne donne mieux une idée de la puissance romaine que ces lignes d'arceaux à perte de vue, qui rayonnent autour de la Ville éternelle et lui apportent les eaux pures de Tibur et des montagnes de la Sabine. Environ sept cents kilomètres de canaux voûtés ou suspendus sur des arcades furent ainsi construits, et plus d'un million de mètres cubes coulaient chaque jour dans les murs de la métropole du monde. C'était deux fois plus que le débit du Tibre à Rome, presque autant que celui de la Seine à Paris.

Toutefois, les Romains, qui furent peut-être les premiers constructeurs du monde, étaient au demeurant d'assez médiocres hydrauliciens; ils ne connaissaient aucun des procédés mécaniques qui permettent d'élever les eaux, et étaient toujours obligés de les prendre à un niveau supérieur et de les conduire par la pente naturelle. De là un développement considérable dans le tracé de leurs canalisations, et un luxe d'aqueducs et de souterrains dont l'exécution, d'ailleurs, quelque hardie qu'elle pût être, était pour eux un véritable jeu.

Malgré le Rhône et les étangs qui l'entouraient de toutes parts, le plateau d'Arles était en somme, dans le principe, assez mal pourvu d'eau ; et, avec tous les aspects d'une ville noyée, la colonie romaine vécut longtemps sans être dotée de cet élément de richesse qui fut et est encore une des merveilles de Rome et qui est peut-être le plus grand luxe des villes riches et civilisées.

Les eaux troubles et saumâtres du Rhône et des marais n'étaient une ressource que pour la ville basse et ne pouvaient servir qu'aux usages les plus vulgaires des marins et du peuple; la ville patricienne, les thermes, les maisons opulentes, exigeaient une eau plus vive et plus limpide.

Ce fut Constantin qui la leur donna. Les plus belles eaux de la région sont celles qui naissent au pied de la chaîne des Alpines, soit sur le versant du nord, dans la vallée de la Durance, entre les villes de Saint-Remy, *Glanum*, et de Cavaillon, *Cabellio*, soit sur le versant sud, dans la plaine des Baux.

L'aqueduc principal partait des environs de Mollèges près d'Orgon, serpentait à mi-côte sur le flanc septentrional des Alpines, débouchait à

Glanum, après avoir traversé un souterrain de plus de deux kilomètres; contournait le plateau d'*Ernaginum,* Saint-Gabriel, et se dirigeait, en passant par Fontvieille, vers les montagnes de Castelet, de Cordes et de Montmajour, pour arriver à Barbegal. Là, il recevait comme affluent les eaux recueillies dans la vallée des Baux par un deuxième aqueduc dont l'origine était aux environs de Maussane. Les deux canalisations n'en faisaient plus désormais qu'une jusqu'à Arles; l'aqueduc agrandi, presque doublé, traversait alors les bas-fonds des étangs des Baux sur des arcatures dont on voit encore les débris, longeait ensuite la plaine inclinée de la Crau, dominait les marais du grand Clar et du petit Clar, descendait au sud d'Arles au pont de Chamée, se retournait brusquement vers le nord et passait, au pont de Crau, sur un magnifique ouvrage à double rang d'arcades dont le viaduc moderne a utilisé les massives substructions.

Les eaux arrivaient à Arles au point culminant du plateau, entouraient l'amphithéâtre sans y pénétrer, inondaient les thermes et la naumachie, et, après avoir alimenté toute la ville supérieure, se rendaient au palais des empereurs sur la rive gauche du Rhône. Ce n'était pas tout. Des tuyaux en plomb (1) traversaient en siphon le grand

---

(1) On a retrouvé un nombre assez considérable de ces tuyaux antiques; quelques-uns, dans un état de conser-

bras du fleuve; et le faubourg populeux de Trinquetailles, déjà relié à la cité patricienne par un pont dont on voit encore les amorces sur les deux berges, participait largement au bienfait de la canalisation.

## V

Notre but n'est pas de décrire ici les ruines des monuments anciens de la ville d'Arles, encore moins de chercher à les restaurer et à les commenter. Cette étude a été faite plusieurs fois avec conscience et talent (1); et nous n'avons si longuement parlé de l'amphithéâtre que parce qu'il porte en quelque sorte le sceau de la colonisation romaine imprimé sur la ville gréco-celtique le lendemain même de la conquête.

Aucune colonie impériale de l'Orient ou de l'Occident n'a été plus riche en monuments. Toutes les rues, toutes les places d'Arles, pres-

---

vation parfaite, portent le nom du fabricant, celui de la ville, et quelquefois des chiffres gravés en relief :
  C. CANTIVS. POTHINVS. FAC 1570 Rhône.
  T. VAL. MASCVL. AREL. F. 1570 Rhône.
  M. VEREC. AREL. DLXXXIII 1650 palais des empereurs.
  T. VALERIVS. SVRRILIO 1708 Rhône.
  C. IVL. PRIMVLVS. AR. 1866 Trinquetailles.
(1) NOBLE LALAUZIÈRE, *Abrégé chronol. de l'hist. d'Arles.* Arles, 1808. — A. L. MILLIN, *Voyage dans le midi de la France.* Paris, 1807. — L. JACQUEMIN, *Guide du voyageur dans Arles.* Arles, 1835.—H. CLAIR, *les Monuments d'Arles antique et moderne.* Arles, 1837. — J. J. ESTRANGIN, *Études archéologiques sur Arles.* Aix, 1838. Etc., etc.

que chacune de ses maisons ont conservé, apparent ou caché, quelque débris de la ville romaine. Pour l'archéologue et l'épigraphiste, Arles est un véritable musée en plein air. Les principaux édifices, les palais, les temples, étaient groupés sur la hauteur suivant l'usage antique, et étagés depuis la berge du Rhône jusqu'au sommet du plateau. C'était la ville noble, officielle et administrative. Le peuple, les mariniers, habitaient la ville basse et surtout le grand faubourg de la rive droite qui s'étendait alors beaucoup plus loin qu'aujourd'hui. Dans ces dernières années, les chambres d'emprunt du chemin de fer d'Arles à Lunel ont mis au jour des substructions et des vestiges de rues, qui semblent devoir se raccorder avec le village de Fourques, *furcha*, fourche, alors comme aujourd'hui tête de l'île de la Camargue et point de diramation des deux bras principaux du fleuve.

Le forum, le lieu romain par excellence, occupait le centre de la ville; comme l'*agora* des villes grecques, il était carré ou rectangulaire, entouré de portiques et de colonnes, orné de statues (1), de petits édicules et d'objets d'art. Il paraît avoir été à deux étages : l'étage supérieur

---

(1) « J'allai me promener sur le forum...... d'autres, pour ne pas me saluer, fuyaient à travers les statues, se cachaient derrière les colonnes. » (SIDOINE APOLLINAIRE, *Lettre à Montius*, XI.)

formé de galeries, le rez-de-chaussée occupé par les boutiques des marchands et des gens d'affaires.

Après quinze siècles de bouleversement, ce lieu de réunion permanente des citoyens n'a changé ni de nom, ni de destination; on l'appelle toujours le *forum*, et, dans la langue vulgaire, la *place des hommes*; et c'est encore là que stationnent, pendant des heures et des journées entières, nos Arlésiens modernes, qui ont tout au moins hérité de la flânerie et de la loquacité de leurs ancêtres.

Au centre du forum, se dressait la colonne honorifique de Constantin; vis-à-vis était le palais du Prétoire, sur les fondations duquel on a construit l'église et le cloître romans de Saint-Trophime et les bâtiments presque méconnaissables de l'ancien archevêché; derrière, s'élevait la coupole du Panthéon, dont quelques amorces du soubassement, enfouies dans des caves presque remblayées, permettent cependant de rétablir la forme primitive, à peu près semblable, sauf les dimensions, au célèbre Panthéon d'Agrippa; plus loin se trouvait un édifice, difficile à bien définir, qu'on a tout lieu de croire une basilique argentaire et que l'imagination des archéologues a même doté d'une inscription très-problématique en l'honneur du grand protecteur d'Arles, de sa mère Hélène, de l'impératrice Fausta et de leurs aïeux (1).

---

(1) DIVO CONSTANTINO MAXIMO PRINCIPI D(ivi Constantii

A côté se groupaient les thermes, la naumachie, le théâtre, les arènes, et au pied de la colline s'étendait le cirque (1), avec sa *spina* et son obélisque, retrouvé intact après onze siècles d'ensevelissement sous les sables du Rhône, et qui décore aujourd'hui l'une des principales places de la ville moderne.

Tout autour de ces monuments de plaisir, étaient les édifices sacrés, les temples de la Bonne Déesse, de Rome et Auguste, de Mars, de Jupiter, de Diane, de Bacchus, qui nous ont laissé à peine quelques ruines et dont il est presque impossible de préciser les emplacements.

Enfin, en descendant au Rhône, on entrait dans le palais de Constantin, qu'on appelait *Trollia* ou *Trullum*, comme celui des empereurs à Constantinople. C'était une œuvre plus byzantine que romaine. On n'y trouve plus le grand appareil et les magnifiques matériaux de l'amphithéâtre. L'architecture est maniérée ; les voûtes en briques très-surbaissées, une décoration excessive et l'exubérante richesse contrastent avec la vigueur et

---

filio divi Claudii nepoti) DOMINO NOSTRO SEMPER AVGVSTO FL(avio) CLAVD(io Constantino pio fideli invicto divi Constantini filio) PIISSIMÆ AC VENERABILI HELENÆ (aviæ Faustæ Augustæ Matri atavisque). A. L. MILLIN, ch. XCVIII.

(1) Sur l'emplacement du cirque se trouve aujourd'hui un large boulevard qui est la principale promenade d'Arles, et dont le nom moderne, *les Lices,* rappelle les jeux antiques de l'hippodrome.

la noble sévérité des constructions du premier siècle, et accusent partout la corruption du goût et la décadence de l'art.

Les Constantins en effet, qui ont tant embelli la ville d'Arles, se ressentent tous de la mollesse orientale ; Grecs dégénérés, *Græculi,* plutôt que Latins, ils ont importé dans le midi de la Gaule les mœurs efféminées et les habitudes de luxe des pays au milieu desquels ils avaient passé la majeure partie de leur vie. Leur engouement pour Arles ne devait être que passager ; et, après avoir enrichi et quelque peu corrompu la reine de la vallée du Rhône, ils retournèrent à Byzance, qui devint, jusqu'à sa chute, le siége vermoulu de l'empire en pleine décomposition.

Nous regrettons de ne pouvoir faire ici qu'une rapide énumération, et encore de la faire incomplète ; mais nous avons dû nécessairement nous borner et rappeler seulement à la hâte les traits principaux de la grande ville constantinienne. Le lecteur désireux de connaître à fond cette ville, qui fut un instant la capitale de l'ancien monde, devra la visiter d'abord, lire ensuite les études spéciales qui ont été faites sur ses monuments et qui satisferont sa curiosité d'archéologue, d'artiste ou d'érudit.

La carte que nous mettons sous ses yeux (1) au

---

(1) D'après les plans, notes et manuscrits inédits de Pierre Véran, conservés dans les archives d'Arles, et

commencement de ce chapitre pourra, nous l'espérons, être consultée par lui avec intérêt; il y retrouvera l'emplacement de plusieurs monuments anciens aujourd'hui presque disparus, et ressuscitera par la pensée cette ville d'Arles, l'une des plus vivantes de l'empire romain et dont le triste présent et l'avenir très-incertain n'égaleront jamais le brillant passé.

## VI

Il est cependant une partie de la ville où nous ferons une station plus prolongée. C'est le théâtre antique et ses abords.

Le théâtre est situé presque au sommet de la ville patricienne, de la *Civitas*; il n'est pas établi tout à fait sur le plateau qui présente une assiette presque horizontale, mais se développe sur le versant incliné du côté du Rhône, disposition heureuse et rationnelle, presque toujours adoptée par les architectes grecs et qui leur permettait d'adosser à la colline l'hémicycle destiné aux spectateurs. La déclivité du terrain se trouvant ainsi du côté de la scène, on pouvait étager très-solidement les gradins sur le rocher et éviter une grande partie de la dépense qu'il eût fallu faire pour construire la *salle* sur des voûtes ou sur des massifs de maçonnerie.

---

d'après l'intelligente restauration de la ville romaine faite par son petit-fils M. A. Véran, architecte de la ville.

Aucun document ne permet de préciser l'époque de la construction. Tout porte à croire cependant que le théâtre et l'amphithéâtre, qui sont à peu près contigus, sont aussi contemporains. L'ossature générale des deux édifices est faite avec les mêmes matériaux, provenant des mêmes carrières, disposés en voûtes de grand appareil dont les dimensions et le style sont tout à fait semblables ; c'est la construction romaine dans toute sa force et sa vigueur.

Mais, malgré cette apparence romaine toute extérieure, les dispositions générales du théâtre sont exactement celles de tous les théâtres grecs. Le déblaiement de cette ruine grandiose a mis au jour le pavé en marbre de l'*orchestra,* plusieurs rangées de gradins, le mur de scène à peu près intact, la scène elle-même et une partie du *podium* orné de statues, d'autels, de vases précieux et de colonnes dont il reste encore aujourd'hui de magnifiques débris. C'en est assez pour reconstituer dans toutes ses parties le théâtre d'Arles et le comparer aux plus célèbres édifices de même nature que l'antiquité nous a laissés. Cette comparaison a donné lieu à une controverse archéologique un peu subtile. Tout en admettant, ce qui n'est douteux pour personne, que le théâtre d'Arles a été construit sous la domination romaine et dès les premières années de la conquête, on a discuté assez vivement pour savoir si les architectes avaient suivi de préférence la forme des théâtres grecs ou celle des théâtres romains. La question n'en vaut réellement pas la peine ; car le type du théâtre antique, d'invention grecque, n'a que très-peu varié ; et le théâtre romain n'a jamais été qu'une copie du théâtre grec, avec des modifications assez peu sensibles dans la profondeur de l'orchestre, la courbure du mur de scène, ou la disposition des portes et d'autres détails de même importance.

La voûte, qui est l'élément essentiel et constitutif de l'architecture romaine, existe au théâtre d'Arles, mais à l'extérieur seulement, aux entrées latérales et dans les fondations ; c'est là tout ce qu'il y a de romain. Le théâtre en lui-même, la salle et la scène présentaient des dispositions et surtout une décoration tout à fait grecques. Il eût été difficile, à Arles surtout, qu'il en fût autrement. Bien qu'important tout d'une pièce avec eux les usages, les mœurs et surtout les plaisirs de Rome, les fondateurs de la colonie tenaient beaucoup à satisfaire les goûts et les besoins de la population nouvellement annexée à l'empire. Or, l'élément grec était à Arles trop riche et trop puissant pour ne pas faire, pour ainsi dire, la loi, lorsqu'il s'agissait surtout d'un édifice d'origine grecque. A côté de l'amphithéâtre qui était le monument national, officiel et caractéristique de l'empire, il était donc assez naturel de donner à la population grecque un théâtre tout à fait semblable aux édifices de même genre élevés dans la plupart des grandes villes de la Sicile et de l'Italie.

L'hellénisme, d'ailleurs, depuis la conquête de la Grèce, avait envahi Rome et l'empire. Sculpteurs, peintres, architectes, avaient délaissé en masse leur patrie conquise et dépouillée, étaient venus se réfugier en Italie et se mettre sous la tutelle de Rome riche et victorieuse. En cela, on doit le reconnaître, ils faisaient acte d'artistes bien plus que de citoyens ; mais les artistes vivent moins qu'on ne le croit d'ordinaire dans le monde de l'idéal ; le bien-être, le luxe, la tranquillité, sont presque toujours nécessaires à la production régulière de leurs œuvres. Le caractère est rarement chez eux à la hauteur du talent ; et un peuple d'artistes, comme étaient les Grecs, était incapable de supporter avec dignité l'isolement et la misère. L'art est essentiellement cosmopolite ; le culte trop exclusif du beau et de l'idéal éteint peu à peu le sentiment de la nationalité. Les Grecs étaient avant tout des délicats et des lettrés ; et, pour tout dire en un mot, ils avaient de trop exquises qualités pour avoir de bien grandes vertus.

La Grèce conquise se consola donc sans peine de sa liberté perdue et, ne pouvant plus triompher par les armes, continua de régner par les arts et par le génie ; son rôle, du reste, fut encore sinon très-noble, du moins brillant et fort applaudi. Au lieu d'orner seulement un petit coin de l'Europe, elle inonda le monde entier de ses produits ; et, de même que les artistes italiens en France à l'époque élégante de la Renaissance, les Grecs furent à la mode pendant quatre à cinq siècles non-seulement à Rome, mais dans toutes les provinces que le luxe avait envahies ; ce luxe devenait chaque jour plus exigeant, et les Grecs ingénieux, raffinés, désireux en véritables artistes de plaire et de jouir, étaient seuls en état d'y satisfaire. Partout ils étaient accueillis avec faveur ; on parlait leur langue ; on copiait leurs mœurs et leurs costumes ; on reproduisait leurs statues ; on pastichait leurs monuments ; et les moindres objets de la vie usuelle n'avaient de valeur que s'ils portaient ce cachet d'élégance et d'archaïsme dont ils avaient conservé le secret et qui, après plus de vingt siècles, est resté une des formes les plus fines et les plus délicates de la beauté.

A Arles donc, en pleine ville grecque, le théâtre ne pouvait être que grec ; et ce ne sont pas quelques légères modifications de la scène ou de l'orchestre, très-contestables d'ailleurs et sur l'interprétation desquelles les spécialistes et les savants sont assez peu d'accord, qui peuvent enlever au monument son caractère, **sa physionomie et le sceau de sa nationalité**

## VII

L'impression que l'on éprouve en foulant le sol bouleversé de cet ancien théâtre est une de celles qu'on n'oublie pas. On connaît l'histoire de cette déplorable dévastation, et ce fut un de ces actes malheureusement regrettables, peut-être nécessaires, de réaction iconoclaste qui signalèrent la chute du paganisme. La destruction du théâtre eut lieu vers l'année 446, sous l'épiscopat de saint Hilaire. L'art grec, à Arles, traversa alors une véritable période de deuil. Presque tous les temples païens furent renversés et surtout dépouillés de leurs ornements ; et leurs matériaux ne servirent que bien rarement à la construction des édifices du culte nouveau, que la conversion éclatante de Constantin avait rendu officiel et tout-puissant. Le théâtre, à vrai dire, avait beaucoup dégénéré et était considéré avec raison, par les évêques chrétiens, comme une école de mauvaises mœurs. Le monument condamné fut mis au pillage, et les chroniques manuscrites de l'église d'Arles ont conservé le nom du tribun religieux qui, après avoir excité la ferveur des néophytes, se mit à leur tête et devint le principal agent du mouvement populaire. Il s'appelait Cyrille, était diacre et préposé à la construction des églises nouvelles. La démolition de tous les monuments païens aurait pu lui fournir des éléments précieux pour l'érection des sanctuaires chrétiens ; mais, aveuglé par son zèle, entraîné par le torrent qu'il avait lui-même déchaîné, il laissa la multitude furieuse briser et mutiler toutes les œuvres d'art qu'elle rencontrait sous ses pas et se livrer à tous les excès d'une destruction à jamais regrettable pour l'art (1).

Le podium du théâtre était garni de colonnettes élégantes ; elles furent toutes enlevées et mutilées ; et quelques-unes seulement, sauvées par hasard, ont été beaucoup plus tard recueillies et utilisées dans l'ancien couvent de Saint-Césaire et dans le cloître de l'église métropolitaine.

Tous les marbres qui formaient le placage de l'édifice furent arrachés ; les statues des dieux, celles des personnages illustres, les bas-reliefs, furent traînés hors de l'enceinte, et leurs débris jetés pêle-mêle dans la partie basse du monument, où on les retrouve, inextricable fouillis au milieu duquel on reconnaît des fragments de corniches, de candélabres, d'autels, de statues même présentant une richesse, une variété et un fini d'exécution qui augmentent encore nos regrets.

---

(1) Cyrillus levita, basilicis construendis præpositus, dum marmorum crustas, et theatri proscenia celsa deponeret, nudans ornatibus loca luxuriæ, fidei operi quod sacrum parabat, et subito molarum funibus ruptis, impetus desuper marmoris venientis statim pedem collideret, etc... (*Manuscrit de la vie de saint Hilaire*, par RAVENNIUS, arch. d'Arles ; inséré dans les œuvres de saint Léon, recueillies par le père Quesnel, de l'Oratoire. Lyon, 1700, t. I*er*.)

L'élégante décoration de l'avant-scène fut entièrement détruite, et il n'est resté de cette admirable façade intérieure que deux grandes colonnes corinthiennes qui se dressent debout au milieu des ruines et qui rappellent les splendeurs du monument bouleversé.

A partir du cinquième siècle, les ruines amoncelées du théâtre furent livrées à toutes sortes de dégradations ; ce coin de l'ancienne ville fut presque abandonné, et resta longtemps comme une carrière de pierres toutes taillées où chacun put venir puiser à discrétion ; les gradins servirent aux remparts du douzième siècle ; les fûts de colonne, les plaques de marbre, tous les matériaux de grand et de petit appareil furent employés à la construction des principaux hôtels et des maisons de la ville moderne. Comme à l'amphithéâtre, des masures informes vinrent s'enchevêtrer au milieu des voûtes conservées ; et la ruine disparut bientôt sous des bouges infects. Plus tard, en 1664, un monastère de femmes s'éleva sur l'emplacement même de la scène ; et le proscenium antique, qui avait servi aux exhibitions les plus scandaleuses et provoqué les acclamations d'un public surexcité, fut alors silencieusement parcouru par des vierges tranquilles et voilées, et n'entendit plus que le murmure de la prière et la psalmodie des offices perpétuels.

La tourmente révolutionnaire ruina à son tour le monastère : une nouvelle couche de décombres s'abattit sur la première; et, en visitant ces ruines superposées, on serait presque tenté de croire que le sol a été bouleversé par un soulèvement intérieur, si l'on ne savait que l'homme est le principal destructeur de ses propres œuvres, qu'il brise aujourd'hui avec fureur ce qu'il a élevé hier avec amour, et que la vie des peuples n'est qu'une suite d'oscillations entre la civilisation et la barbarie.

## VIII

On a complétement dégagé le théâtre d'Arles des constructions parasites qui le déshonoraient; la ruine est mise à nu; la scène, l'orchestre, l'hémicycle et plusieurs étages de gradins se dessinent très-nettement, et l'on peut facilement reconstituer par la pensée toutes les parties de l'édifice. Tout autour de cette enceinte mutilée, le sol est littéralement couvert de débris; et il est impossible d'énumérer tout ce qui reste encore de colonnes brisées, de frises et de métopes presque réduites en poussière; de tous côtés, des fragments de rosaces, de piédestaux, de corniches, de vases de porphyre ou d'autels votifs, des fruits et des feuillages en pierre, quelquefois même, hélas! des éclats de marbre dont le poli et le modelé rappellent quelque statue ou quelque bas-relief à jamais perdus. Une végétation pauvre et souffreteuse s'est emparée peu à peu de tous les vides de la pierre et perce à travers les grandes dalles de marbre qui formaient le pavé de l'orchestre et les siéges des spectateurs; aux abords, l'herbe émaillée de petites fleurs bleues croît en abondance; et, sous ce tapis végétal, on voit de distance en distance émerger les piédestaux circulaires et quelques soubassements dérasés au niveau du sol et qui marquent la place des colonnes et des galeries disparues; mais cet affleurement des constructions anciennes permet bien difficilement de les reconstituer avec exactitude. On devine seulement que le théâtre n'était pas un monument isolé, qu'il était précédé par des colonnades et des galeries, et formait, avec l'amphithéâtre voisin, un ensemble décoratif d'une majestueuse ordonnance.

C'était en effet une des lois fondamentales de l'architecture grecque de faciliter l'accès des édifices, de décorer pompeusement leurs abords; et aucune nation ne paraît avoir eu à un plus haut degré le sentiment des portiques et des péristyles.

Pour satisfaire à cette loi, le peuple entrait dans les théâtres par de larges passages voûtés situés aux deux extrémités de l'orchestre. Les spectateurs prenaient place, suivant leurs goûts ou leur rang, aux divers étages ou précinctions des gradins, *præcinctiones*; et, comme l'espace et le bien-être étaient une des conditions essentielles de la vie antique, la partie supérieure était couronnée par des terrasses ornées de colonnes et de statues où les oisifs pouvaient se reposer, prendre le frais et se livrer au plaisir de la conversation et de la promenade, disposition préférable à coup sûr à ces étuves contiguës à nos salles de spectacle modernes et qui méritent si bien le nom de *foyers*.

Les théâtres de Bacchus à Athènes, d'Assos et de Telmessus dans l'Asie Mineure, de Ségeste et de Taormina en Sicile, d'Herculanum et de Pompéi au pied du Vésuve, et surtout le théâtre d'Aspendus, en Carie, qui est encore dans un merveilleux état de conservation, ont tous été construits par des artistes grecs, et reproduisent ces larges entrées latérales richement décorées, dégagements précieux qu'on nous permettra de signaler aux méditations de nos architectes modernes.

Le promenoir du théâtre d'Arles a disparu; la ruine s'élève à peine à deux mètres au-dessus du sol; mais on y retrouve les grands portiques (1) à plusieurs étages qui débouchaient dans l'orchestre; et l'on se rend compte de l'importance de ces vastes accès communiquant avec les galeries extérieures et les péristyles aujourd'hui disparus sous les constructions de la ville moderne.

On le voit donc, l'étude archéologique du monument en lui-même permet d'affirmer qu'il est essentiellement grec, dans son ensemble et ses détails; mais, sans prolonger une description technique qui serait aussi ingrate que fastidieuse,

---

(1) Ces portiques s'appellent aujourd'hui *arcades de la Miséricorde et de la Tour Rolland*.

on peut dire que cette conclusion s'impose d'elle-même à la première inspection de l'édifice.

Il en est, ce nous semble, des monuments comme de toutes les œuvres d'art ; on les *sent* mieux qu'on ne les analyse. Or, il est impossible de séjourner quelques heures au milieu des débris antiques du théâtre d'Arles, sans se trouver pour ainsi dire enveloppé dans une atmosphère spéciale. L'impression est d'autant plus saisissante qu'on est à très-peu de distance d'une ruine colossale qui éveille un sentiment tout à fait contraire. L'amphithéâtre est, en effet, presque contigu au théâtre; quelques pas suffisent pour passer de la scène lyrique au centre de l'arène romaine; ces quelques pas sont un véritable voyage; c'est un vrai changement de décor, plus encore, un changement de monde; car on est précipité sans transition de la région sereine et presque idéale de l'art dramatique grec dans la poussière ensanglantée des grandes tueries impériales.

Ce contraste est frappant; et nulle part on ne sent mieux le lien qui existe entre les monuments et les mœurs. Le théâtre d'Arles est comme un fragment de la Grèce élégante, transporté intact au milieu des arcatures massives et puissantes de la ville romaine; c'est très-certainement la ruine la plus grecque que l'empire a laissée dans l'ancienne Narbonnaise, et l'on dirait que les empereurs ont mis une certaine coquetterie à offrir à leurs nouveaux sujets un édifice entièrement semblable à tous ceux que leurs meilleurs artistes avaient élevés sur le sol de la Grèce, de l'Asie Mineure, de la Sicile ou dans les îles de l'Archipel.

## IX

On ne juge bien des monuments que par comparaison ; et il est d'autant plus facile d'en faire une ici, qu'à la même époque les Romains élevaient un théâtre véritablement monumental dans une colonie voisine, et lui donnaient à la fois des dimensions presque identiques avec celui d'Arles et un caractère tout à fait différent.

La petite ville d'Orange, située dans la vallée de l'Aigues, était l'ancienne capitale de la peuplade des Cavares, et fut colonisée par les soldats de la seconde légion, *Arausio Cavarum, colonia Secundanorum.* Son théâtre est un des monuments romains les plus célèbres du midi de la France, et l'un de ceux dont la robuste construction aurait pu traverser trente siècles sans altération sensible, si l'homme n'était intervenu violemment pour devancer l'action destructive du temps.

Ce fut d'abord Maurice de Nassau qui, après avoir démoli presque entièrement le cirque contigu au théâtre, commença la destruction du grand mur de scène, de la scène elle-même et des gradins supérieurs de l'hémicycle, et se servit ensuite de ces matériaux tout taillés pour élever, sur la hauteur qui domine la ville, une citadelle formidable « avec boulevards et bastions à l'imitation des chasteaux de Hollande ».

Cette forteresse a disparu à son tour; et Louis XIV, non moins démolisseur que le prince d'Orange, la fit à peu près raser en 1673 par le comte de Grignan.

Le théâtre, abandonné et mutilé, était naturellement devenu, pendant toute la période du moyen âge et jusqu'au siècle dernier, une carrière à peu près inépuisable; les ruines du château eurent plus tard la même destination; et ces deux monuments si différents de style, mais tous les deux importants et d'une fière tournure, ont fourni la plus grande partie des matériaux de la ville moderne, qui paraît à peine garder le souvenir de sa grandeur passée.

Suivant l'usage constant des Grecs et des Romains, l'hémicycle était adossé à la pente d'une colline. A Orange, le massif crétacé, dont la falaise presque à pic domine la ville, se prêtait admirablement à cette disposition; et il avait suffi d'entailler le rocher pour y asseoir solidement les gradins, de telle sorte que la montagne formait à la fois le soubassement du théâtre, son enceinte intérieure, son couronnement, et présentait même à l'extérieur une immense plate-forme.

Ce qui frappe au premier abord dans cette construction, c'est la masse. Point ou très-peu d'ornementation. Les matériaux employés sont des blocs; la façade est un véritable rempart qui pourrait soutenir un siége en règle; les portes voûtées paraissent des entrées de prison; c'est le style romain avec l'exagération de toutes ses qualités; la pureté est remplacée par la force, l'élégance par la grandeur, et il y a certes loin de cette brutalité architecturale à toute la délicatesse de l'art grec.

Tel quel, cet édifice était en harmonie parfaite avec son milieu et devait fort bien convenir à la race rude et grossière des Cavares, aux plaisirs de laquelle il était destiné. Le théâtre d'Orange n'était qu'un demi-amphithéâtre, et il est assez probable que les spectacles offerts à une population presque barbare devaient être assez peu littéraires et se rapprocher beaucoup des sanglants exercices de l'hippodrome.

Nous avons vu d'ailleurs combien le théâtre avait dégénéré chez les Latins, et quelle fièvre de sang s'emparait de la foule, demandant, même sur la scène lyrique, de véritables gladiateurs, voulant assister à des combats réels et refusant de se retirer avant d'avoir obtenu l'égorgement de quelque victime. Est-ce une illusion? mais il nous semble que la scène antique d'Orange, écrasée entre de véritables murs de forteresse, rappelle ces souvenirs odieux; tandis que l'enceinte ruinée du théâtre d'Arles a conservé quelque chose de la grâce attique, et provoque des réminiscences d'un ordre plus noble et plus élevé. La grande tragédie classique a pu et dû s'y produire, sous ce ciel de Provence aussi pur que celui de la Grèce ou de l'Asie Mineure; elle y a déroulé ses chœurs tranquilles et ses périodes harmonieuses, et le peuple délicat qui l'écoutait pouvait avoir conservé de ses ancêtres le sentiment du beau et de l'idéal.

Tous les esprits cultivés connaissent les divines beautés de la tragédie grecque, l'élévation des caractères et les proportions héroïques des personnages, la simplicité et la grandeur terrible des dénoûments. Même chez Euripide, le plus dramatique des tragiques grecs, les scènes les plus véhémentes et les plus tourmentées étaient ennoblies et tempérées par une grâce et une majesté souveraines. C'est ainsi que, dans la célèbre tragédie d'*Antiope*, lorsque les deux fils vengeurs donnent l'ordre d'attacher la malheureuse Dircé à un taureau sauvage, le dénoûment fatal était soustrait aux yeux des spectateurs délicats, et les choses ne se passaient pas autrement sur la scène grecque que nous ne les représenterions de nos jours. Le théâtre latin n'avait pas de ces délicatesses; et la traduction célèbre de Pacuvius était d'autant plus goûtée qu'elle était plus réaliste. Le décor était sauvage et hérissé de rochers réels. Circé et le taureau étaient conduits sur la scène : « Saisissez-la, roulez-la à terre, déchirez sa robe, traînez-la par les cheveux (1) », et la mal-

---

(1) Voir le groupe colossal du **Taureau Farnèse**, au

heureuse femme, à demi nue et ensanglantée, était offerte en pâture à un public brutal et blasé, jusqu'alors insensible aux péripéties du drame et dont la suprême jouissance était de voir souffrir.

De pareilles monstruosités ont pu se passer à Orange sur une scène romaine; mais il est impossible de les concevoir à Arles et d'admettre qu'elles aient jamais souillé un théâtre grec.

### X

On peut dire que le théâtre d'Arles n'est connu que depuis une époque assez récente. Jusque vers le milieu du dix-septième siècle, ce n'était qu'un amas de décombres sans nom, une véritable cour des Miracles, formée de taudis repoussants, habitée par des vagabonds, des mendiants et des bohémiens. Depuis lors, des fouilles intelligentes ont eu lieu à plusieurs reprises, et elles ont produit des résultats merveilleux.

Le premier coup de pioche a été donné en 1651 et a mis au jour un des plus admirables chefs-d'œuvre de la sculpture grecque, devenu presque classique aujourd'hui sous le nom de *Vénus d'Arles*. Le marbre était enfoui au-devant des colonnes de l'avant-scène et avait été protégé d'une destruction complète par les ruines mêmes.

---

Musée de Naples. — H. Estienne, *Corpus poetarum*. Paris, 1564. — Levée, *Théâtre des Latins*.

sous lesquelles il était enseveli. Mais il portait quelques traces de mutilation, et le torse était brisé en trois parties que l'on a pu heureusement rapprocher. La tête et le corps sont à peu près intacts; les bras seuls n'ont pu être retrouvés. La découverte de cette précieuse antique est d'autant plus importante qu'on paraît croire à une imitation ou même à une reproduction de la célèbre Vénus de Praxitèle, malheureusement perdue.

La jeune femme est nue à mi-corps, comme sa sœur de Milo. Le buste est légèrement infléchi et se développe suivant des lignes d'une pureté exquise; la tête et la coiffure sont irréprochables et n'ont jamais été surpassées. L'absence de bras, qui fait encore ressortir la grâce et la perfection du torse, permet de l'envisager sous tous ses aspects; et l'on ne saurait trop déplorer la pitoyable réparation dont elle a été l'objet.

Il en est d'ailleurs presque toujours ainsi des restaurations des marbres antiques et des monuments; et, après les iconoclastes, les pires ennemis de l'art sont sans contredit les restaurateurs. Leur zèle ne respecte rien; le passé semble leur appartenir. Les chefs-d'œuvre de la statuaire et de l'architecture, remis à neuf, sortent de leurs mains avec des membres d'emprunt et des accessoires de fantaisie; et leur moindre défaut est d'enlever à tout ce qu'ils touchent cette teinte lentement déposée par les siècles et ce grain si fin et si délicat qu'on a pu appeler avec raison l'épiderme du marbre (1).

La Vénus d'Arles ne pouvait leur échapper, et on l'a dotée de bras et de mains vulgaires dont elle paraît assez embarrassée; l'une tient une pomme, l'autre un miroir; et la belle *anadyomène* a ainsi un faux air de maniérisme aussi peu grec que possible. Mais, quand on la dégage de ses appendices modernes, elle représente un des types les plus séduisants de la beauté grecque; il est difficile toutefois de la rapporter à la grande époque de l'art; elle a trop de grâce et pas assez de noblesse, et paraît devoir être classée dans le groupe charmant des statues antiques, élégantes, délicates et un peu voluptueuses, qui ont immédiatement précédé l'époque de la décadence.

### XI

L'art grec, en effet, a traversé plusieurs périodes avant d'arriver à cette noblesse et à cette perfection que nous admirons dans les chefs-d'œuvre devenus classiques. Tout d'abord, il a commencé par d'informes ébauches, des représentations presque grossières, mais dans lesquelles on ne peut cependant méconnaître une inspiration souvent très-élevée. Telles sont les premières statues en gaîne de Diane d'Éphèse et toutes les

---

(1) F. RAVAISSON, *Rev. des Deux Mondes*. 1871.

œuvres de l'école éginétique, dont la roideur rappelle assez les divinités solennelles et tranquilles de l'Assyrie ou de l'Égypte, et montre le lien et la parenté qui unissent la Grèce primitive à l'Orient terrible et mystérieux.

Cet art roide s'assouplit bientôt; la forme se dessine et s'épure; le sentiment du beau parfait et de la noblesse idéale semble envahir l'âme des Grecs d'une lumière radieuse; c'est la grande époque de la sculpture antique. La statuaire devient un art tout à fait supérieur, voué uniquement à la représentation de la divinité ou à l'ornementation des temples. L'art est presque un culte religieux. Rien de plus tranquille, rien de moins sensuel, que ces grandes nudités paisibles et sereines que l'on peut contempler sans scrupule et sans arrière-pensée. On les nommait quelquefois « les vierges », et les Grecs voyaient en elles des êtres surnaturels et protecteurs (1). La seule passion qui a présidé à leur naissance a été l'amour du beau, et le seul sentiment qu'elles inspirent est encore l'admiration, presque le respect.

Le vêtement et la parure altèrent en effet bien souvent la vraie chasteté de l'art, et le paganisme de la renaissance ne l'a que trop prouvé. Mieux vaut la nudité calme et altière que l'agitation désordonnée sous une draperie engageante et savamment entr'ouverte; et rien n'a été plus con-

---

(1) E. VINET, *l'Art et l'Archéologie*. 1874.

traire au sentiment religieux que ces Madeleines aux yeux vagues et troubles, au sein gonflé sous un voile transparent, et dont l'extase rappelle des émotions d'une nature quelque peu équivoque.

Les Grecs de la grande époque répugnaient à de pareils artifices ; l'idée de la volupté était entièrement écartée de leurs œuvres ; l'art, pour eux, était noble, sévère, presque sacré. Bientôt, cependant, il commence à descendre de ces hautes régions : une transformation s'opère, les lignes deviennent plus ondoyantes ; une délicate sensualité émousse le ciseau ; la grâce remplace la majesté, et l'on sent que l'artiste, semblable au Pygmalion de la fable, a aimé sa Galathée non moins que son art. Jamais on ne vit en plus grand nombre de plus séduisantes représentations de la beauté. Pour être moins idéales, ces gracieuses créations n'en sont que plus attrayantes ; et les maîtres de cette époque de décadence semblent avoir possédé au plus haut degré l'art d'amollir le marbre et de lui communiquer la chaleur de la vie et presque la moiteur de la peau.

Ainsi, l'art grec a passé par trois phases distinctes. Dans le principe il est dur, archaïque et plein de vigueur ; c'est l'âge éginétique. Il devient bientôt grand, noble et religieux ; c'est le règne de Phidias. Il s'humanise ensuite, s'affine en quelque sorte, et s'adresse de plus en plus à l'imagination et aux sens ; c'est l'époque de Praxitèle.

La représentation de la beauté a suivi les mêmes lois ; et l'homme a aimé tout d'abord la beauté rude, puis la beauté noble, puis enfin la beauté gracieuse, et, descendant peu à peu, n'a plus recherché que la beauté voluptueuse, sensuelle et tourmentée ; — triple évolution assez semblable d'ailleurs à la marche des peuples eux-mêmes, qui passent, par des transitions successives, de la barbarie à l'âge héroïque, de celui-ci à la civilisation, et qui sont conduits inévitablement au luxe, au raffinement, à la corruption et à la décadence (1).

## XII

Le marbre de la Vénus d'Arles n'est pas absolument blanc ; il a gardé une sorte de teinte brune et presque dorée qu'il est impossible d'attribuer uniquement au temps ou au soleil : très-probablement il avait reçu quelqu'une de ces préparations encaustiques dont le secret est aujourd'hui perdu et qui préservaient les statues antiques des attaques de l'air et de l'humidité. On y trouve même quelques traces de coloration qui permettent d'affirmer que la statue avait été réellement peinte.

Les Grecs étaient, en effet, aussi passionnés pour la couleur que pour la ligne. Ils peignaient leurs

---

(1) Ampère, *Hist. rom. à Rome.* — E. Vinet, *l'Art et l'Archéologie,* pass.

statues tout comme leurs monuments. L'architecture polychrome est connue de tous; et l'on conçoit facilement l'effet prodigieux que devait produire la couleur sur les frises et les colonnes cannelées des temples antiques, baignés dans la lumière bleue du ciel de l'Attique et éclairés par ce soleil de la Grèce dont les rayons ont quelquefois tout l'éclat de celui de l'Orient sans en avoir la crudité et l'ardeur. On se fait moins bien à l'idée de la peinture sur les statues. On ignore d'ailleurs les procédés employés, et l'on sait seulement que cette peinture était à la cire (1); mais il est bien difficile d'admettre que les tons eussent la vigueur et la réalité de ceux de la peinture ordinaire.

Athénée parle des « blonds cheveux des statues (2) »; et il est probable que, si plusieurs couleurs étaient appliquées sur un seul corps, ces couleurs, très-adoucies et finement nuancées, devaient rester dans une gamme pâle et un peu tendre. Le génie si sobre des Grecs se serait mal accommodé de tons vifs et éclatants qui auraient donné à la statuaire un caractère de réalisme trop matériel et bien éloigné du beau idéal. La pratique de la polychromie fut donc en général tempérée par un goût très-pur et très-délicat.

---

(1) Plutarque parle de ceux qui peignaient les statues à l'encaustique, ἀγαλμάτων ἐγκαυσταί. (*De gl. Athen.*, 6.)
(2) ATHEN., *Deipnosophistæ*, l. XIII.

Quelquefois cependant les statues, formées par la juxtaposition de marbres et de métaux de nature différente, présentaient des couleurs vives et tranchées, ce qui leur donnait une originalité et un relief très-prononcés. A vrai dire, ce procédé était moins employé pour les œuvres d'art proprement dites, exposées en pleine lumière aux regards de tous, que pour quelques représentations à effet de divinités enfermées dans un redoutable sanctuaire.

L'un des types les plus célèbres de ces statues décoratives était l'Apollon Didymien de Milet, œuvre due au sculpteur Kanakhos de Sicyone. Le corps était en bronze ; les yeux creux étaient remplis par des prunelles en pierres précieuses, en argent ou en tout autre métal brillant ; les sourcils, les lèvres, les boutons des seins étaient incrustés en cuivre rouge ; les ornements, les vêtements, la parure étaient des bijoux réels et de véritables pièces d'orfévrerie. Tous ces détails donnaient au dieu un aspect animé, quelquefois effrayant. On sait que la pythie seule avait accès auprès de lui ; les prêtres eux-mêmes se tenaient à distance ; ils excitaient le délire sacré de la jeune femme et traduisaient à la foule terrifiée ses mouvements convulsifs, son langage confus et désordonné. Ils tenaient d'une manière toute particulière à cette mise en scène et la mettaient à profit pour communiquer à leur idole, pompeusement parée, l'apparence de la vie ; et c'est ainsi que, dans les mystères d'Éleusis, des vêtements splendides, des trucs hardis et des trompe-l'œil ingénieux donnaient aux statues l'aspect et le mouvement de personnages réellement animés (1).

A vrai dire, ce n'était pas de l'art ; mais cette exagération de la couleur montre toutefois combien était vif, chez les Grecs, le goût de la polychromie ; et, en fait, on la retrouve dans les plus belles œuvres de l'architecture et de la statuaire. Les frises du Parthénon et celles de Phigalie, la Pallas de Velletri, la Vénus de Médicis, la Minerve du Vatican et un nombre considérable de statues allégoriques ont conservé, comme la Vénus d'Arles, des traces de leur coloration primitive.

## XIII

C'est à regret qu'on se sépare de cette merveilleuse statue qui ne le cède en rien à ses sœurs les plus célèbres. On l'a appelée Vénus ; mais en réalité c'est un véritable enfant trouvé de l'art ; car c'est le hasard qui nous l'a rendue, et l'on ne connaît ni son père, ni son véritable nom.

Les érudits et les artistes y ont vu naturellement matière à polémique (2) : Rebattu, Terrin,

---

(1) O. Rayet, le Temple d'Apollon Didymien, Acad. des inscript. et belles-lettres, 29 décembre 1876.

(2) Rebattu, la Diane et le Jupiter d'Arles se donnant à connaître aux esprits curieux, etc., Arles, 1656. — Terrin,

Graverol, Séguier, Caylus, Visconti se sont prononcés tour à tour pour une Diane qui, par exception à la plupart des représentations de cette chaste déesse aux jambes libres et au sein voilé, aurait eu le bas du corps drapé et le torse découvert, pour une Vénus pudique, une Vénus guerrière, ou tout simplement une femme sortant du bain. La discussion a été vive, mais n'a rien éclairci ; la lutte a duré près de cent ans ; et, comme trait de mœurs de l'époque, il est curieux de rappeler que deux des plus ardents champions furent, à la fin du dix-septième siècle, un jésuite et un abbé ; le Père d'Augières, à l'Académie d'Arles, et l'abbé Flèche, dans le *Mercure,* discutèrent à fond sur le modelé de la poitrine, la forme des hanches, le mouvement du corps ; dissertation pleine d'intérêt sans doute, mais peu en harmonie avec le caractère des deux lettrés, et que l'amour de l'art ne saurait tout à fait excuser.

Quels que soient son nom et sa naissance, la Vénus d'Arles vaut à elle seule tout un musée. Versailles a pris et le Louvre a gardé cette belle antique ; et la ville d'Arles, qui a eu la faiblesse de s'en dessaisir (1), n'en possède qu'un moulage

---

*la Vénus et l'obélisque d'Arles,* Arles, 1670.—P. D'AUGIÈRES, *Réflexions sur les sentiments de Callisthènes touchant la Vénus d'Arles,* 1674. Etc.

(1) La ville d'Arles a fait, en 1660, hommage de sa Vénus à Louis XIV.

fort imparfait. On ignorera probablement toujours son origine ; mais il est cependant très-probable qu'elle n'a pas été transportée de la Grèce dans la Gaule. Elle est née et s'est épanouie sous le ciel de Provence, semblable à une fleur dont la semence grecque aurait été apportée par un souffle de l'Orient et dont l'éclosion un peu tardive rappellerait, à trois siècles de distance, la beauté supérieure, la pureté et la délicatesse des grandes œuvres de la patrie disparue.

XIV

La Vénus n'était pas le seul trésor enfoui sous les ruines du théâtre ; et, parmi les nombreux fragments recueillis, quelques-uns ont, au point de vue de l'art, une valeur de premier ordre.

En 1823, un bas-relief en marbre, représentant le triomphe d'Apollon et le supplice de Marsyas, a été retiré des décombres qui recouvraient le proscenium ; ce bas-relief devait occuper le devant de l'orchestre ; c'est là, en effet, qu'on plaçait ordinairement l'image ou les attributs d'Apollon, l'un des dieux les plus grecs que l'on connaisse et le protecteur spécial des arts et des lettres. Le marbre est assez mutilé, mais d'un beau style. Apollon est assis au centre, appuyé sur sa lyre, ayant à sa droite le trépied de Delphes ; à gauche, Marsyas, couvert d'une peau de panthère, est lié à un pin et attend l'heure de l'expiation ; la flûte de Pan, marque de sa défaite, est attachée près de lui ; accroupi dans la pose du *remouleur* classique, un Scythe, coiffé du bonnet phrygien, aiguise le couteau fatal. Les avant-corps sont décorés de lauriers et d'oiseaux. L'ensemble de la composition est calme ; elle manque peut-être un peu de finesse, mais non de grandeur, et présente surtout un caractère grec très-nettement accentué.

A la même époque et presque au même endroit, on découvrait une tête de femme qui est restée l'un des types les plus nobles et les plus gracieux de la beauté grecque. Le nez a été brisé, et des fractures heureusement très-légères aux oreilles indiquent qu'on a brutalement enlevé des pendants, mutilations qu'ont aussi subies les Vénus de Médicis et de Milo. Cette tête intelligente, calme et pure, est réellement divine, bien qu'on n'y remarque aucun attribut qui caractérise une divinité. Un trou au-dessus du front permet de supposer qu'on pouvait y fixer un symbole ou un ornement, mais on ignore lequel. La tête est détachée très-nettement à la naissance de la poitrine, et il est évident qu'elle devait être fixée et rapportée sur un corps drapé, probablement formé de marbres ou de métaux variés et de couleurs différentes. Le visage porte des traces très-faibles de coloration. La noblesse des traits, la pureté des lignes, la souplesse et l'élégance de la coiffure, le modelé délicat du cou placent cette tête merveilleuse au premier rang des meilleures œuvres de la statuaire grecque.

Quelques années plus tard, on trouvait presque à la même place une tête colossale en marbre blanc de l'empereur Auguste, d'un très-beau caractère. Le ciseau qui l'a taillée est encore grec ; toutefois on peut y remarquer tous les défauts de la sculpture officielle de l'empire ; c'est bien l'air de tête romain, front bombé et bas, pommettes saillantes, lèvres un peu épaisses, cheveux bouclés sur les tempes. La physionomie a une expression de force et de vigueur et une majesté qui impressionnent tout d'abord ; mais on y chercherait en vain cette grâce exquise et tout à fait grecque qu'on ne peut se lasser d'admirer dans la tête précédente.

La tête d'Auguste appartient au torse mutilé que l'on a longtemps attribué à une statue colossale de Jupiter et dont la moitié avait été retirée, en 1614, des sables de Trinquetailles, sur la rive droite du Rhône, tandis que l'autre moitié ne devait être trouvée que cent ans plus tard au milieu des décombres du théâtre.

Cette dispersion des fragments d'une même statue peut donner une idée de la dévastation qu'ont subie toutes les richesses artistiques d'Arles, à partir du cinquième siècle de notre ère.

Quatre statues de femmes, connues sous le nom de *Danseuses,* ont été découvertes, à diverses époques, sous les ruines mêmes de la scène ; ce ne sont guère que des fragments ; car les têtes et les bras ont été brisés. Ces danseuses sont presque entièrement drapées, et leurs pieds nus semblent à peine poser sur le sol. Les corps sont droits et se dessinent sans trop de relief sous les draperies flottantes. Rien de violent d'ailleurs ni de contourné. L'agitation de la danse, qui ne va pas jusqu'à l'excitation, ne dérange l'harmonie d'aucune ligne ; et il y a loin de ces jeunes filles presque aériennes et chastement vêtues aux ménades débraillées de nos théâtres modernes, dont les corps usés et flétris se ploient dans une sorte de délire bachique et semblent agités par les convulsions violentes de l'orgie. L'une d'elles surtout est une merveille de grâce et de délicatesse ; sa robe la recouvre presque en entier, et sa poitrine légèrement soulevée est voilée avec une discrétion et un art véritablement exquis.

A côté de ces chefs-d'œuvre, on a retrouvé deux Silène assez grossiers, une statue colossale drapée qui devait représenter un personnage consulaire et faire partie de quelque groupe, et, sur toute l'étendue du proscenium, un nombre considérable de fragments de statues méconnaissables, de débris de vases, de colonnes et d'autels votifs.

Parmi ces derniers, l'un des plus curieux et des mieux conservés est l'autel consacré à Vénus et à Auguste. L'empereur, fils adoptif de Jules César, avait la prétention de descendre de la blonde déesse par Iule, fils d'Énée ; sur les faces latérales de l'autel, le sculpteur avait en conséquence ciselé des cygnes, attributs de Vénus, et des guirlandes de fruits et de palmiers, allusion évidente à ces palmiers dont parle Suétone (1), que l'on cultivait avec respect devant la porte du palais d'Auguste et qui étaient ses arbres préférés.

La tête d'Auguste, l'autel votif aux symboles réunis de Vénus et de l'empereur, et la statue célèbre de la déesse, semblent prouver que le théâtre d'Arles était, comme celui de Marcellus à Rome, consacré à Vénus elle-même et placé sous la protection d'Auguste.

Cet admirable édifice était bien en réalité un musée, μουσεῖον, et comme un sanctuaire de l'art grec; et ce qui a été sauvé et retrouvé peut donner la mesure des trésors et des richesses que l'aveuglement des hommes a détruits.

Tout autour de cette imposante ruine, on voit de véritables amoncellements de débris informes, et l'on ne peut songer sans douleur que ces amas de pierres réduites en menus morceaux, et que cette poussière de marbre sont tout ce qui reste de chefs-d'œuvre comparables peut-être à la Vénus conservée.

L'art sembla devoir périr tout entier dans le grand tourbillon qui emporta l'empire romain; il ne devait renaître que vers le douzième siècle, pour reprendre la forme roide et enfantine des

---

(1) Suétone, *Aug.*, c. xcii.

temps primitifs et parcourir de nouveau toutes les phases de son développement. Quelque progrès qu'il ait fait ensuite, il n'a jamais atteint, même à son apogée vers le quinzième siècle, la perfection et la pureté de la grande époque grecque ; et le type le plus accompli et le plus noble de la beauté plastique est resté ce magnifique moule antique que nos pères ont si souvent brisé et dont le musée d'Arles nous a conservé de si précieux débris.

## CHAPITRE SEPTIÈME.

LES CULTES ORIENTAUX. — LES MORTS A ARLES.

Les rites primitifs de l'Égypte et de l'Orient. — Le Bacchus indien. — Le culte de Mithra. — Sacrifice du taureau. — Autels tauroboliques de la Provence et de la vallée du Rhône. — Le culte de la Bonne Déesse. — Danses orgiaques. — Autel de la prêtresse Caïena. — Les Alyscamps, *Elysii Campi*. — Respect des anciens pour les morts. — Le spiritualisme et la vie future chez les païens. — La navigation des âmes. — Les cimetières anciens. — La nécropole d'Arles. — Spoliations successives des Alyscamps. — L'allée des tombeaux. — Réminiscences grecques.

### I

Nous venons de voir l'extension que l'art grec avait prise à Arles, pendant les quatre premiers siècles de notre ère. On peut dire qu'il était en plein épanouissement sous le règne de Constantin. De même qu'elle avait envahi toute l'Italie, la Grèce avait pénétré la Provence ; elle avait en quelque sorte émigré à Arles et y avait créé un foyer d'autant plus actif que le voisinage de Marseille avait déjà grécisé toutes les populations de la région du Rhône et de la zone littorale.

Mais la Grèce est une fille de l'Orient ; et partout où elle a passé, l'Orient lui-même semble avoir laissé une empreinte. Comme l'hellénisme, l'orientalisme se retrouve donc à Arles ; et ce furent les légions romaines qui, par leur fréquent va-et-vient d'une extrémité à l'autre du monde, importèrent avec elles quelques-uns des usages, des mœurs et certains cultes de provenance tout à fait orientale.

De ce nombre sont ceux de la *Bonne Déesse* et de *Mithra*.

L'histoire des religions primitives de l'antiquité, malgré les progrès qu'elle a faits dans ces dernières années, présente encore bien des points obscurs ; mais il est cependant à peu près établi aujourd'hui que les Égyptiens et les Orientaux ont été les véritables initiateurs du genre humain en matière de rite et de symbolisme. Presque toujours ces cultes primitifs sont souillés par le sang et la débauche ; le paganisme grec, au contraire, fut une religion relativement très-épurée ; toutefois, malgré sa supériorité, il est aisé de reconnaître qu'il n'est bien souvent qu'une dérivation ou une transformation des rites de l'Égypte et de l'Orient ; et dans les cérémonies plus nobles et plus délicates du polythéisme grec on voit souvent apparaître des réminiscences assez grossières de toutes les superstitions orientales.

Telles étaient en général toutes les pratiques religieuses connues sous le nom de *Mystères*. L'une des principales divinités de ces mystères était Bacchus ou *Dionysos*, celui qu'on appelait le *Père généreux* ou même le *Père licencieux*, *Pater liber*, dieu du plaisir et de la fécondité, protecteur en quelque sorte officiel de la débauche et de l'orgie. Or Bacchus n'est pas grec; il est essentiellement asiatique et indien ; et, si l'on remonte même aux plus anciennes traditions du peuple le plus mystérieux qui ait jamais existé, on doit lui attribuer une origine égyptienne plus ou moins lointaine et altérée. Le Bacchus hellénique n'est, après tout, que la transformation de l'Osiris du haut Nil, dont la mort et la résurrection ont fourni les traits principaux des divers cultes orgiaques de la Syrie, de la Phénicie, de l'Asie Mineure et de la Grèce civilisée.

## II

Les mystères de Mithra et de la Bonne Déesse semblent, au contraire, avoir traversé les siècles presque sans altération, et s'être implantés tout d'une pièce dans une société très-adoucie au sein de laquelle ils ont gardé toute leur barbarie orientale. Il est curieux de les retrouver à Arles en pleine prospérité du deuxième au cinquième siècle et de les voir se maintenir indépendants du culte officiel rendu aux empereurs et à leurs *maisons divines* et des cérémonies beaucoup plus nobles du polythéisme grec ou romain qui est resté, jusqu'à l'établissement définitif du Christianisme, la religion pour ainsi dire classique des peuples civilisés, celle du moins qui a fourni à l'art ses types les plus beaux et les plus purs.

Les origines de la religion de Mithra se perdent

dans les profondeurs de l'Orient ; mais le culte, la forme et les attributs du dieu ne paraissent avoir été bien définis que vers le dixième siècle antérieur à notre ère, lorsque Zoroastre eut réformé et codifié toutes les pratiques du magisme asiatique. Pour les Persans et les Guèbres, Mithra, symbolisé par le soleil ou le feu, représente la divinité suprême ; dans une sphère inférieure, c'est l'incarnation d'Ormuzd, principe générateur et source de la fécondité qui perpétue et rajeunit le monde ; et on le représentait ordinairement sous la forme d'un beau jeune homme portant la coiffure syrienne, vêtu d'une tunique, et plongeant son glaive dans le cou d'un taureau. Le sacrifice du taureau était, en effet, le fond de toute fête mithriaque ; et très-souvent même des victimes humaines arrosaient de leur sang les autels tauroboliques.

Cette figure juvénile et guerrière de Mithra était la plus répandue ; mais il y avait aussi des images sacrées beaucoup plus mystérieuses, que l'on ne montrait qu'aux initiés et qui représentaient le dieu sous un aspect effrayant et entouré de tous ses attributs symboliques.

Le Mithra d'Arles est de ce nombre. C'est en 1598 qu'il a été trouvé, sur la rive gauche du Rhône, dans la couche de limon du fleuve, près de l'ancienne porte de la Roquette. Par une bizarre coïncidence, la statue mutilée du dieu-soleil était couchée presque à l'emplacement où l'on devait trouver, quatre-vingts ans plus tard, l'obélisque de granit qui décorait la *spina* de l'hippodrome et qui était consacré aussi au soleil fécondateur de la terre ; et peut-être cet emblème, après avoir été comme l'obélisque un monument religieux, a-t-il fini, comme lui, par être un simple ornement du cirque lui-même.

La tête du Mithra a été brisée ; mais il est certain qu'elle représentait la face d'un lion. Le torse est enveloppé par un serpent vigoureux recouvert de magnifiques écailles ; et, dans les compartiments formés par cet enroulement, sont gravées en relief les constellations du zodiaque.

Acheté en 1723 pour vingt-sept livres quatorze sols par les consuls d'Arles, ce précieux marbre, l'un des plus curieux que l'on connaisse, fut d'abord considéré comme une représentation égyptienne d'Esculape, dont le serpent était un des attributs ; il a figuré en cette qualité dans le musée d'Arles avec une inscription qui ne fait certes pas beaucoup d'honneur à l'érudition des savants du dix-huitième siècle (1) ; et il est fort

---

(1)   HOC ÆGYPTIACVM
   ÆSCVLAPII
  SIMVLACRVM VETVS
  ANTIQVISSIMÆ HVIVS
  VRBIS MONVMENTVM
   EREXERVNT
   CONSVLES ANNO
  DOM. M. DCC. XXIII.

regrettable surtout qu'elle ait été gravée dans un encadrement antique, qui a dû être mutilé et gratté et aurait pu nous révéler quelque sculpture ou quelque trace de l'inscription primitive.

Malgré la célébrité de l'Esculape au serpent, on doit renoncer à cette interprétation et voir, dans le torse mutilé d'Arles, une des plus curieuses représentations du dieu Mithra. « La tête de lion désigne la force du soleil, parce que c'est quand cet astre se trouve dans cette constellation qu'il a le plus d'ardeur; le serpent, par ses circonvolutions, est l'emblème de l'année réglée par le cours du soleil, qui semble s'avancer en serpentant sur l'écliptique (1). »

### III

On sait que le culte de Mithra avait été importé à Rome, vers l'an 67 avant Jésus-Christ, par les soldats de Pompée, après les premières guerres en Asie. Il resta d'abord secret pendant un certain temps; mais il eut bientôt tout l'attrait des rites mystérieux et sanguinaires; les légions d'Héliogabale, notamment, le propagèrent avec beaucoup d'ardeur. Le *taurobole* devint bientôt un des grands mystères de la religion de la basse classe; et c'est ainsi que, sur plusieurs points de la Gaule Narbonnaise et principalement sur le

---

(1) A. L. MILLIN, chap. XCIV.

littoral et dans la vallée du Rhône, on trouve des vestiges d'autels tauroboliques portant en général, comme attributs, des bucrânes (1), des têtes de béliers et le glaive du sacrifice, avec l'inscription qui les consacre au dieu soleil invincible (D. S. INV. MITHRÆ, *Deo soli invicto Mithræ*), et dont les caractères romains de la belle époque témoignent que le monument avait été élevé du deuxième au troisième siècle de notre ère.

Les sacrifices tauroboliques avaient d'ailleurs perdu en général le caractère de férocité qui les distinguait, à leur origine, dans l'extrême Orient; et, si le sang y jouait un grand rôle, on se contentait le plus souvent de celui d'un taureau, d'un bœuf ou même d'un simple bélier. Le cérémonial seul avait conservé quelque chose de sa barbarie primitive. On creusait ordinairement une fosse profonde que l'on recouvrait de planches percées en différents endroits. Celui qui offrait le *taurobole*, désigné sous le nom de *tauroboliatus*, descendait dans la fosse. L'animal, couvert de guirlandes et de fleurs, était conduit au-dessus de lui; le prêtre l'égorgeait en grand appareil, et le sang fumant coulait à flots sur le corps du principal

---

(1) Notamment à Tain, à Valence, à Bourg-Saint-Andéol, à Orange, à Gap, à Nîmes, etc.

M. D. M. I TAVROBOL.
DENDROPHOR. VAL
SVA (tête de taureau sculptée). P. F
(*Inscription du taurobole de Valence.*)

auteur du sacrifice. Il sortait alors de la fosse dans un état horrible; à sa vue, le peuple se prosternait, et on le regardait pendant longtemps comme un homme extraordinaire, protégé des dieux, presque sacré. Le contact des Grecs civilisés n'avait pas enlevé, on le voit, à ces pratiques religieuses leur grossièreté traditionnelle.

## IV

Le culte de la Bonne Déesse était loin d'être aussi repoussant. Comme celui de Mithra, il remonte à la plus haute antiquité et se perd dans les profondeurs de l'Inde et de l'Asie. Mais il est assez difficile, d'ailleurs, de dire au juste quelle était cette bonne déesse, que l'on retrouve sans cesse dans la cosmogonie orientale. Appelée très-souvent la Grande Mère, elle semble avoir été dans l'Orient une sorte de divinité symbolique résumant en elle tous les attributs de la puissance et de la fécondité terrestres, type fort vague à la vérité, mais qui, par cela même, exerçait sur l'imagination des peuples primitifs un attrait et une influence irrésistibles.

Les saturnales de la Vénus phrygienne ou phénicienne, les mystères redoutables d'Éleusis et en général toutes les pratiques secrètes de provenance orientale se rattachent plus ou moins directement au culte de la Bonne Déesse. Sa forme grecque la mieux définie est Cybèle; et c'est sous ce nom qu'elle est le plus généralement connue.

Toutefois Cybèle, Rhée, Ops, la Terre, Déméter, la mère Idéenne, Astarté, Cérès même, ne sont que des variantes et des dérivations de cette divinité mystérieuse et souveraine (1), qui a été honorée avec passion dans tout l'Orient et dont le culte avait des fidèles d'autant plus fervents qu'on l'accompagnait toujours de danses, de libations et de débauches nocturnes. L'orgie sacrée était en effet le complément obligé de toutes les fêtes de Cybèle.

Après avoir offert à la déesse les couronnes de chêne, le miel et les fruits qui lui étaient consacrés, après avoir arrosé son autel avec l'eau lustrale et sacrifié, comme pour le dieu Mithra, des taureaux ou des béliers, quelquefois même des victimes humaines, les prêtres et les prêtresses se retiraient au second plan. Les ménades entraient alors en scène; échevelées et demi-nues, l'œil animé et la lèvre ardente, elles préludaient par ces ondulations cadencées dont les almées de

---

(1) IDAEAE MATRI
VALERIA MAR
CIANA VALE
RIA CARMOS
INE ET CASSI
VS PATERNVS
SACERDOS TAV
RIPOLIVM SV° SVMP
TV CELEBRAVERVNT
*Inscript. de Vence* (Alp.-Mar.).

MATRI DEVM
MAGNÆQVE IDAEÆ
L. DECIMVS PACATVS
ET COELIA SECVNDINA
EIVS OB SACRVM
TAVROROM F
*Inscript. de Riez* (Bass.-Alp.).

l'Inde ont conservé le secret; leurs danses, d'abord lentes et voluptueuses, s'animaient progressivement; le vin distribué avec excès augmentait la surexcitation fiévreuse des acteurs et des spectateurs de ces scènes de désordre; le bruit des cymbales et des instruments, les cris aigus de la foule ajoutaient à la confusion; les jeunes femmes, emportées par le délire bachique, se serraient en groupes passionnés autour de l'autel de la déesse et s'égaraient ensuite dans le bois sacré; leurs corps se tordaient dans des convulsions frénétiques, et la nuit couvrait bientôt de ses ombres la violence de leurs emportements.

Tel était le culte oriental de Cybèle; et rien n'est plus intéressant que de retrouver en plein Occident et dans la vallée du Rhône les pratiques de ces rites extravagants, qui avaient fini peu à peu par pénétrer la religion grecque et s'établir à côté du polythéisme officiel, beaucoup plus noble et recueilli.

## V

L'autel d'Arles consacré à la Bonne Déesse a été découvert dans les substructions de la Major, ce qui semble indiquer que cette église, qui s'est élevée vers le cinquième ou le sixième siècle, a été construite dans le voisinage d'un temple païen; c'est un bloc élégant de marbre blanc de Carrare, admirablement conservé; la face principale porte en relief une magnifique couronne de chêne qui entoure la tête invisible de la déesse, dont les lois sacerdotales ne permettaient pas de représenter la face sacrée, mais dont la présence est symbolisée par deux grandes oreilles ornées de pendants. Au-dessous, une inscription votive en caractères romains du premier ou du second siècle (1). Sur le flanc droit est sculpté un vase sacré appelé *préféricule*, dont la panse est décorée de branches d'olivier et qui rappelle les ablutions lustrales; sur le côté gauche, on voit une patère au centre de laquelle est ciselée une tête virile sans barbe, surmontée de deux cornes de bélier, représentant le soleil dans le signe du zodiaque, soleil de printemps dont la chaleur vivifie la terre, ce qui explique naturellement la réunion sur le même autel des attributs de Cybèle et de Jupiter Ammon, c'est-à-dire de la terre et du soleil qui la féconde (2), « car le soleil adolescent était représenté par la figure d'un jeune homme à l'âge viril, avec des cornes de bélier; c'était le Jupiter Ammon de Thèbes et de la Libye (3) ».

Ce curieux monument et l'inscription qui le

---

(1)             BONÆ DEÆ
    CAIENA PRISCÆ LIB. ATTICE
            MINISTRA.

A la Bonne Déesse, Caïena Atticé, affranchie de Prisca et prêtresse de la déesse.

(2) J. J. Estrangin, *Études archéologiques sur Arles*, Aix, 1838.

(3) Mongez, *Dictionnaire des antiquités*, pl. X, fig. iv.

décore sont toute une page d'histoire locale qu'il est facile de traduire :

*Caïena*, esclave d'origine grecque, s'appelait *Atticé*, avant qu'elle eût été affranchie par *Prisca*; elle a pris ensuite le nom de la famille de sa protectrice; elle était prêtresse, *ministra*, de la Bonne Déesse; elle l'a implorée et a été exaucée; et c'est comme témoignage de sa reconnaissance qu'elle lui a élevé ce monument où les deux oreilles de la divinité ornées de pendants tiennent une si grande place (1).

Ainsi Cybèle, comme Mithra, avait à Arles un culte, des prêtres, des prêtresses et des initiés. L'orientalisme avait pénétré sur les rives du Rhône dès les premiers siècles de la colonisation et s'y était développé, à la faveur de la superstition religieuse, par la pratique de deux cultes mystérieux dont les souvenirs remontent aux premiers âges de l'humanité.

### VI

Tous ceux qui ont visité Arles connaissent l'immense cimetière abandonné qu'on appelle encore de son nom païen, les *Alyscamps, Elysii*

---

(1) La consécration d'un autel aux oreilles de la Bonne Déesse n'est pas un fait isolé. On connaît l'inscription : AVRIBVS B. D. D. (*Auribus Bonæ Deæ dedicavit*) donnée par GRUTER, *Thesaur. inscript.*, LXXXIX, 6.

*Campi*. Ces Champs Élysées ne sont plus qu'un amas de ruines; car les cimetières aussi ont leurs ruines, semblent avoir leur vie propre et finissent par mourir; et l'homme qui a tant détruit ne s'est même pas arrêté devant les monuments consacrés par la mort.

Les Alyscamps occupent, au sud du plateau d'Arles, une surface au moins aussi grande que celle de la ville tout entière. Le canal de navigation du Rhône à Bouc, les terrassements du chemin de fer d'Avignon à Marseille et de vastes ateliers de réparation pour les machines et les wagons ont envahi une grande partie de l'asile mortuaire; et il n'est peut-être pas une seule de ces pierres tombales, que l'on comptait autrefois par milliers, qui n'ait été brisée, mutilée ou déplacée. Malgré cette profanation, que les besoins de l'industrie moderne n'excusent pas d'une manière complète, l'immense plaine où tant de générations ont pieusement déposé leurs morts avec l'espérance qu'ils ne seraient jamais troublés, ne peut être parcourue sans recueillement. L'érudit et le rêveur y trouvent une source féconde d'études et de méditations. Les Alyscamps sont en effet les plus anciennes et les plus riches archives de la ville d'Arles.

Les grandes ruines de la cité impériale ne rappellent que la vie officielle, publique et extérieure, celle surtout des grands et des heureux; les textes épigraphiques si nombreux et si variés des

Alyscamps nous donnent mieux et nous permettent de pénétrer dans la vie quotidienne des classes humbles ; elles nous racontent leurs souffrances, leurs joies et leurs espérances ; ces inscriptions, ces autels, ces tombeaux, ces pierres commémoratives dont on pourrait presque bâtir une ville, nous disent les coutumes, les cérémonies, les croyances de la foule : c'est, en un mot, l'histoire de ceux qui n'en ont pas.

## VII

Nous avons déjà vu jusqu'à quel point les Romains avaient poussé le mépris et l'exploitation de l'humanité, et l'on peut dire que jamais aucun peuple n'a plus abusé des esclaves et des captifs. « Aux temps de sobriété, on subsistait de leur travail ; aux âges de débauche, on s'amusait de leur mort (1). »

Un des caractères les plus odieux de toutes les sociétés antiques était en effet l'abus de la force et de la violence exercé sans pitié envers les faibles, les opprimés et les vaincus, au point de considérer comme nulles la souffrance et la vie même des déshérités de ce monde ; de là deux horribles institutions de gouvernement : l'esclavage et le meurtre public dans les amphithéâtres.

---

(1) H. Taine, *l'Italie.*

Après la mort, au contraire, le proscrit, le pauvre, le supplicié même devenait presque sacré; sa tombe était inviolable; ses cendres avaient droit à un respect et à un repos éternels.

Beaucoup plus spiritualistes qu'on ne le pense ordinairement, les anciens croyaient fermement à l'existence de l'âme après la mort et ont cherché de tout temps à pénétrer le mystère de la tombe. Les Grecs surtout regardaient la mort comme un véritable voyage; et ce peuple navigateur par excellence avait imaginé des *îles bienheureuses,* véritable paradis où les âmes des justes goûtaient un calme et un repos parfaits. Ce mythe du voyage des âmes à travers les mers, à la recherche de paradis inconnus, se trouve répandu dans tous les siècles et sous tous les climats, depuis les plaines torrides de l'extrême Orient jusque dans les brouillards du monde scandinave.

L'idée du bonheur éternel après le tombeau était toujours un peu vague et restait sans doute, pour les païens, à l'état de rêve et d'espérance; car il était bien difficile alors de percevoir très-nettement le bonheur sans un certain accompagnement de jouissances matérielles; toutefois ce bonheur futur était toujours lié à l'idée de mérite et de vertu; et les philosophies païennes, la philosophie grecque surtout, paraissent avoir eu le sentiment de la grande loi des peines et des récompenses éternelles.

Homère abandonne les méchants au néant;

quant aux bons, « il ne faut pas croire, dit-il, qu'ils meurent, mais ils goûtent un sommeil doux et sacré (1) ».

Platon précise mieux encore : « Une loi des dieux, écrit-il, veut que les hommes dont la vie a été juste et sainte se rendent aux îles Océanides pour y jouir d'un parfait bonheur, et qu'au contraire les méchants et les impies soient dirigés vers un lieu de punition nommé le Tartare. » On croit presque entendre la parole foudroyante de l'Évangile : « Et ceux-ci iront dans la vie éternelle, et ceux-là dans le supplice éternel. »

A la vérité, ces croyances élevées, qui confinent presque au spiritualisme chrétien, n'étaient en général enseignées que par les philosophes et à l'usage de quelques esprits distingués; et il est peu probable que la multitude ait eu, dans les temps anciens, une perception aussi vraie de la vie future. Mais le sentiment qui dominait dans cette multitude, depuis la plus haute antiquité jusqu'à l'avénement du christianisme, c'était le respect et la sympathie pour l'asile de la mort; et ce respect était d'autant plus profond que l'immatérialité de l'âme n'était pas alors très-nettement dégagée, et que la croyance à l'immortalité se rattachait plus ou moins directement à l'idée de la préservation du corps, un lien restant toujours

---

(1) Hom., *Iliade*, xi, v. 241.

entre ce corps inanimé et l'âme qui ne l'avait pas absolument quitté (1).

De là cette croyance aux mânes, véritables ombres, ayant une sorte de vie idéale et personnelle, qui survivaient à la destruction du corps, en conservaient l'image vaporeuse et venaient quelquefois se reposer dans le tombeau, comme dans un sanctuaire, à côté de l'enveloppe mortelle qu'elles avaient habitée.

Ainsi s'expliquent tout naturellement ces objets usuels ou précieux que l'on déposait pieusement dans les sépulcres, armes pour les guerriers, bijoux et vases de parfums pour les femmes, jouets même pour les enfants, auxquels on supposait une utilité réelle et que la présence des mânes rendait véritablement sacrés.

Sans doute, les rites funèbres n'avaient pas chez les anciens le caractère élevé et consolant de nos cérémonies chrétiennes, où le prêtre, précédant la dépouille mortelle, affirme la certitude de la vie éternelle et rappelle, suivant la belle expression de Chateaubriand, l'immortalité marchant devant la mort. Mais on peut, dans une certaine mesure, les considérer comme plus touchants, plus tendres et plus délicats.

---

(1) « J'amasse la terre autour de toi ; je forme ce tertre pour que tes ossements ne soient pas blessés. » (*Hymne indien du Véda*. MAUREL-DUPEYRÉ, *Des recherches dans les tombeaux*. 1877.)

Les morts tenaient réellement, dans les sociétés antiques, une très-grande place parmi les vivants; et les tombeaux n'étaient pas mis à l'écart comme chez nous, relégués dans des lieux déserts et presque oubliés. On les plaçait généralement le long des grandes avenues qui conduisaient à la ville et dans les endroits les plus fréquentés. Tout le monde connaît les longs alignements de ces monuments funèbres qui commencent aux portes de la Ville Éternelle, suivent les voies Appia et Flaminia, et se prolongent sur plusieurs kilomètres, dans le grand désert de la campagne romaine. Ces cimetières, placés aux portes principales de la cité, formaient comme une seconde ville, la ville des ancêtres, *urbs primorum;* et l'on était obligé de la traverser avant d'arriver à la ville moderne. Les morts étaient ainsi sous le regard des passants, presque sous leur protection immédiate; et l'on donnait toujours un souvenir aux générations éteintes avant d'entrer en relation avec la génération vivante.

### VIII

Arles, comme Rome, avait sa nécropole. Elle en avait même plusieurs; car le grand faubourg maritime de Trinquetailles, établi de l'autre côté du Rhône, avait une vie tout à fait indépendante de la ville patricienne et possédait, à lui seul, deux champs de morts, tous deux sur la rive du fleuve, l'un au nord, l'autre au midi (1). Mais le principal cimetière était celui qui commençait à la porte Romaine et se dirigeait vers l'est du côté de la Crau. C'était une des extrémités de la voie Aurélienne, et les abords en étaient couverts de tombeaux. L'immense champ mortuaire occupait ainsi, à la base du rocher d'Arles, toute cette partie de la plaine insubmersible par les plus grandes crues du Rhône, et qui s'étendait jusqu'aux berges indécises des étangs aujourd'hui colmatés et transformés en prairies. Là commençait cette nappe d'eau tranquille, cette seconde mer dont nous avons parlé plus haut, et dont les vagues clapotantes venaient mourir au pied des monuments funéraires, rappelant ainsi cette navigation incertaine à laquelle les âmes semblaient vouées.

## IX

Il est à peu près impossible de remonter à l'origine même du cimetière des Alyscamps, l'un des plus illustres et des plus anciens qui existent au monde. Son histoire est en réalité l'histoire même de la ville d'Arles; et l'on remplirait plusieurs volumes, si l'on voulait faire seulement le dénombrement des inscriptions tumulaires et la description des monuments que le fanatisme ou la cupidité ont épargnés.

---

(1) Voir la carte d'*Arles Constantinienne.*

Tour à tour phénicien, celtique, gaulois, grec, romain et chrétien, il aurait dû nous laisser des richesses et des trésors sans nombre. Les siècles l'avaient respecté, l'homme l'a détruit. Les tombes ont été profanées, les urnes funéraires emportées ou mises en pièces, les bas-reliefs, les statues, les ossements mêmes des générations de plusieurs siècles jetés çà et là dans les champs et les marais. Le *campo santo* chrétien qui a remplacé les Alyscamps a eu le même sort; pendant six siècles pourtant, ce fut peut-être le cimetière le plus célèbre de toute la chrétienté. Des légendes pleines de poésie enveloppent son origine et sa consécration d'une auréole mystique. Les rois et les évêques tenaient à y avoir leur place. Toutes les villes situées sur les bords du Rhône y envoyaient leurs morts les plus illustres. Les plus humbles étaient abandonnés au fil de l'eau sur le fleuve et arrivaient à Arles sans autre sauvegarde que le respect inspiré par leurs cercueils flottants. Des milliers de chrétiens ont pris ainsi place, dans le même champ de repos, à côté des Grecs et des Romains qui les avaient précédés; et les Alyscamps étaient devenus une véritable vallée de pierres et de marbres funéraires d'une richesse incomparable, au milieu de laquelle dix-neuf églises ou chapelles élevaient leurs voûtes, leurs coupoles et leurs arceaux.

Ce fut une riche carrière, naturellement trop facile à exploiter; et nous n'entrerons pas dans le récit douloureux de cette spoliation. Tous les musées du midi de la France possèdent aujourd'hui des tombeaux volés aux Alyscamps. Quant aux tombes monolithes, elles furent abandonnées aux premiers venus et, pendant plusieurs siècles, considérées comme des pierres de taille toutes prêtes à être mises en œuvre ; en fait, il n'existe peut-être pas de maison de campagne du vaste territoire d'Arles qui n'en puisse montrer quelques-unes, souvent appliquées aux usages les plus abjects.

La ville d'Arles a eu, à plusieurs reprises, la coupable condescendance de laisser les grands et les princes de ce monde s'emparer des tombeaux de ses ancêtres. Charles IX en fit charger plusieurs navires qui sombrèrent dans le Rhône, au Pont-Saint-Esprit. Le duc de Savoie, le prince de Lorraine, presque tous les lieutenants du Roi en Provence, le cardinal de Richelieu et cent autres y puisèrent à pleines mains ; c'est à peine si la ville d'Arles a conservé aujourd'hui une magnifique allée de tombeaux et quelques ruines de cinq chapelles gothiques ou romanes perdues au milieu d'un désert.

Ce serait donc plutôt dans les grandes collections de la France que sur les lieux mêmes qu'il faudrait chercher les plus beaux souvenirs des Alyscamps.

Toutefois, malgré ces déplorables dévastations, on retrouve encore un grand nombre de tombes, oubliées, sinon épargnées, qui remontent aux premiers temps de la colonisation grecque ou romaine. Il est très-regrettable toutefois de ne rencontrer aucun débris de sépultures de l'époque celtique.

Les plus anciennes sont taillées dans une seule pierre et forment un coffre brut, sans ornement, véritable type du vase funéraire des époques primitives; très-souvent la dalle unique qui formait le couvercle a été déplacée, et cet entre-bâillement monstrueux rappelle « la pesante mâchoire du sépulcre » dont parle Hamlet.

D'autres plus récentes présentent une ornementation très-variée, semblable à celles des cippes et des autels votifs, qui étaient les diminutifs des monuments consacrés aux mânes. Tous ou presque tous portent des inscriptions détaillées, rappelant les titres du défunt, ses noms, ses prénoms, sa filiation, son âge, presque toujours suivis du nom du parent, de l'ami ou de l'affranchi qui avait élevé le tombeau et l'avait accompagné de souhaits et de paroles d'une tendresse respectueuse. Ces inscriptions sont en caractères latins de la belle époque; car le latin était la langue commune depuis la conquête. Toutefois l'influence hellénique se trahit à chaque instant par des symboles essentiellement grecs, tels que Psyché qui représentait l'âme, des tritons, des coquilles, des nymph's, des bateaux faisant allusion à ce mythe de la navigation des âmes à travers l'Océan.

Εὔπλοι, « bonne navigation », tel était le dernier souhait pieusement formé par les parents et les amis pour les morts; et on le trouve gravé sur un très-grand nombre de tombes, toujours en caractères grecs. Sur beaucoup d'autres, le Θ grec, initiale du mot Θάνατος, « mort », est inséré au milieu de l'inscription latine et indique combien les formules grecques avaient persisté même sous la domination romaine. C'est ainsi que le peuple d'Arles, plus grec que romain, nous a laissé jusque dans la mort le souvenir de son origine; confiant dans le profond respect dont les anciens entouraient tous les monuments funéraires, il a gravé sur ses pierres tombales le sceau de sa nationalité, et semble avoir voulu parler en mourant la langue de ses ancêtres et donner sa dernière pensée à la patrie lointaine et à jamais perdue.

# CHAPITRE HUITIÈME.

### D'ARLES A MARSEILLE PAR MER.

Le chemin de fer d'Arles à Marseille. — Anciennes routes d'Espagne en Italie. — Voie Domitienne. — Voie Aurélienne. — Différents tracés de la route de terre entre Arles et les Alpes. — La Camargue et le Valcarès. — Climat èxtrême. — Amélioration agricole de la Camargue. — La descente du grand Rhône jusqu'à la mer. — Le territoire de Chamone. — Les Anatiliens, *Anatilii*, et la ville problématique d'*Anatilia*. — Le canal Saint-Louis. — Ensablement du golfe de Fos. — Le grau de Galéjon et le port des Fosses-Mariennes. — Ruines antiques. — L'étang de l'Estomac, Στομαλίμνη. — *Maritima Avaticorum*. — Bouc et Martigues. — L'étang de Berre, *Mastromela stagnum*. — Navigation côtière du Rhône à Marseille. — Itinéraire maritime.

I

Nous quittons Arles et marchons sur Marseille. Tout le monde sait par expérience avec quelle facilité l'on franchit aujourd'hui les quatre-vingt-cinq kilomètres qui séparent les deux villes. Depuis vingt ans, l'ancienne route de terre est à peu près abandonnée, et le railway, qui a absorbé tous les transports, traverse la partie déserte de la Crau dans sa plus grande largeur, du nord-ouest au sud-est. Le tracé présente tout d'abord un alignement droit de trente kilomètres de longueur. A droite et à gauche, la plaine horizontale et pierreuse. Point de terrassements; on n'a eu qu'à poser les rails sur une immense plate-forme toute préparée par la nature, et les diluviums du Rhône et de la Durance ont donné à nos ingénieurs une couche de ballast indéfinie. On longe ensuite pendant quelques minutes l'étang de Berre ; et, après s'être enfoncé dans la chaîne escarpée de l'Estaque, dont les derniers contre-forts dessinent le contour de la rade de Marseille, on arrive brusquement en gare sur l'un des plateaux qui dominent au nord l'ancien port de la ville phocéenne. Les relevés de la circulation nous apprennent que près de douze cent mille voyageurs font annuellement ce parcours. Combien peu dans ce nombre ont cherché à se rendre compte des révolutions du territoire qu'ils ont à peine entrevu et si rapidement traversé !

Nous ne suivrons pas cette route moderne ; nous continuerons à vivre dans le passé, et nous prions le lecteur de faire avec nous le trajet d'Arles à Marseille, en se reportant aux premiers siècles de notre ère, c'est-à-dire en pleine colonisation grecque ou romaine.

## II

Lorsqu'on se rendait autrefois d'Espagne en Italie, on avait à choisir, comme de nos jours, entre deux voies différentes, la voie de terre et la voie de mer ; on pouvait, en effet, traverser la Gaule méridionale ou bien naviguer de port à port le long de ses côtes.

Il est aujourd'hui universellement connu qu'une grande route militaire, désignée sous le nom de

« voie Domitienne », *via Domitia,* pénétrait en Gaule par les Pyrénées et se prolongeait depuis Narbonne jusqu'au Rhône (1).

Après avoir franchi le Rhône, deux voies principales conduisaient d'Arles en Italie. « La première, dont le tracé est donné, avec de grands détails, par l'Itinéraire d'Antonin et par les Vases Apollinaires, passait par Saint-Gabriel, *Ernaginum;* et, après avoir longé au nord la chaîne des Alpines, arrivait par Saint-Remy, *Glanum,* jusqu'à la Durance qu'elle traversait à Cavaillon, *Cabellio;* remontait ensuite toute la vallée de cette rivière en passant par Apt, *Apta Julia,* Sisteron, *Segustero,* Gap, *Vapincum,* Embrun, *Eburodunum,* et Briançon, *Brigantio,* pour traverser les Alpes Cottiennes au mont Genèvre, *Matrona,* et arriver ainsi jusqu'à Suze, *Segusio,* où commençait alors l'Italie.

» La deuxième voie conduisant d'Arles en Italie longeait les Alpes Maritimes. C'était la « voie Aurélienne », *via Aurelia;* elle traversait la Crau en ligne droite, passait, d'après l'Itinéraire d'Antonin, par Fos, *Fossæ Marianæ,* Marseille, *Massalia,* Aix, *Aquæ Sextiæ,* Fréjus, *Forum Julii,* Antibes, *Antipolis,* et franchissait enfin le torrent du Var, *Varus fluvius.*

» Toutefois les indications de la table de Peu-

---

(1) Voir, pour le tracé de la voie Domitienne, *les Villes mortes*, etc., chap. XIII.

tinger portent une voie de raccordement, ouverte à travers le massif des Alpines, depuis Saint-Remy, *Glanum,* jusqu'à Aix, *Aquæ Sextiæ,* par Aureilles, *Tericiæ,* et Pelissane, *Pisavis,* et qui permettait d'éviter les détours que faisait alors la voie Aurélienne, en se dirigeant sur *Fossæ Marianæ* et sur Marseille.

» En outre, une troisième voie romaine, partant d'Arles comme les précédentes, remontait le Rhône jusqu'à Lyon, en passant par Saint-Gabriel, *Ernaginum,* Barbentane, *Bellintum,* Avignon, *Avenio,* Orange, *Arausio,* etc.; et l'Itinéraire de Bordeaux à Jérusalem démontre que, pour se rendre d'Arles en Italie, on suivait cette voie jusqu'à Valence, *Vulentia;* on remontait alors la vallée de la Drôme par Die, *Dea Vocontiorum,* jusqu'au col de Cabre, *Gaura Mons,* sur le faîte qui sépare la vallée du Rhône de celle de la Durance, et l'on rejoignait enfin à Gap, *Vapincum,* la route directe d'Arles en Italie par les Alpes Cottiennes.

» Ainsi, en définitive, tous les voyageurs partis des pays situés sur la rive droite du Rhône, une fois arrivés à Arles, devaient nécessairement passer par *Ernaginum* et les Alpines, excepté ceux qui se rendaient directement à *Fossæ Marianæ* et à Marseille (1). »

---

(1) A. Aurès, *Sur le tracé de la voie Domitienne,* Nimes, 1865.

Cette route d'Arles au port des Fosses-Mariennes et à Marseille était donc, comme on peut très-bien le voir sur notre carte (page 1), une route destinée à desservir des intérêts spéciaux, et la configuration du sol ne lui permettait pas d'être directe. Il eût été, en effet, presque impossible de l'établir dans le dédale des marais qui longeaient la rive gauche du Rhône depuis Arles jusqu'à la mer et sur un sol vaseux, détrempé et submersible, qui ne pouvait présenter une consistance et une assiette convenables. La route délaissait donc la région des marais et courait d'abord de l'est à l'ouest, sur le versant méridional de la chaîne des Alpines, dans la direction des villages modernes de Mouriès et d'Eyguières. Elle tournait alors brusquement à angle droit, descendait vers le sud, et traversait la plaine déserte de la Crau pour aboutir, entre Fos et le grau de Galéjon, au port des Fosses-Mariennes. Elle remontait alors vers le Nord, contournait l'étang de Berre, *stagnum Mastromela*, traversait les rivières de la Touloubre, *Cœnus*, et de l'Arc, *Secoanus*, passait à *Calcaria*, Calissame, à *Septem Millia*, Septèmes, et se terminait à Marseille.

### III

Telle était la route que l'on pourrait appeler la voie littorale ; et, bien que construite par les Romains, on doit la considérer en fait comme grecque par la nature des intérêts qu'elle fut appelée à desservir. Arles était, en effet, peuplée de Grecs commerçants ; Marseille était, dans la province, la ville grecque par excellence ; et, quant au port des Fosses-Mariennes, on sait qu'il fut construit par les Massaliotes dans les premiers siècles de notre ère, après qu'ils eurent reçu des légions romaines, à titre de récompense, la propriété du chenal maritime et des étangs qui permettaient aux navires de remonter jusqu'à Arles.

Quelque importante cependant que fût cette route littorale, ce n'était qu'une voie auxiliaire fréquentée surtout par les légions et les convois militaires. La plus grande partie du négoce se faisait par eau ; et nous avons vu que les navires pouvaient, à leur choix, descendre le Rhône en franchissant la barre, ou prendre, à travers les étangs, le canal des Fosses-Mariennes ; cette dernière voie, plus courte, plus directe, mais plus dispendieuse, était même la plus généralement suivie ; et Strabon raconte que les Massaliotes « tirèrent de grandes richesses de ce canal, en exigeant un droit de péage de tous ceux qui le remontaient ou qui le descendaient (1) ».

La descente du Rhône s'effectuait d'ailleurs, au commencement de notre ère, d'une manière assez

---

(1) Ἐξ οὗ (Μασσαλία) πλοῦτον ἠνέγκαντο πολύν, τέλη πραττόμενοι τοὺς ἀναπλέοντας καὶ τοὺς καταγομένους. (STRAB., *Géog.*, l. IV, c. 1, 8.)

facile ; car, d'après le taux d'avancement des embouchures et les témoignages les plus autorisés des géographes anciens que nous avons déjà plusieurs fois invoqués, la distance d'Arles à la mer était environ la moitié de celle qui existe aujourd'hui.

Le musoir du grand Rhône, dont la saillie en mer se prolonge assez loin au-dessous des basses eaux et forme au large une sorte d'archipel sous-marin d'îlots et d'écueils vaseux, est de formation toute récente. La plus grande partie des eaux du fleuve s'écoulaient beaucoup plus à l'ouest, à travers la Camargue et même dans les étangs d'Aiguesmortes ; l'étang de Valcarès, aujourd'hui fermé, était un golfe ouvert et navigable ; et, si l'on introduit toutes ces modifications sur une carte moderne du littoral, on reconnaît tout de suite que le golfe de Fos n'existait pas et ne pouvait pas exister ; tout au moins ne présentait-il pas cette courbe demi-circulaire qui en fait aujourd'hui un mouillage exceptionnellement abrité.

La Camargue et le plan du Bourg venaient alors affleurer les deux rives du bas Rhône ; et leurs terres, d'une incomparable fertilité, souvent submergées, toujours submersibles et par conséquent dessalées, étaient recouvertes d'une végétation que l'on ne retrouve plus aujourd'hui que sur les francs bords mêmes du fleuve.

## IV

La grande île de la Camargue, *insula Camaria*, qu'une étymologie vicieuse et en désaccord complet avec la topographie et l'histoire ancienne représente comme l'ancien camp de Marius, *Caii Marii ager*, devait avoir à peine, à l'époque romaine, la moitié de la superficie actuelle. A l'heure où nous écrivons, elle est de soixante-quinze mille hectares, dont cinquante-deux mille environ appartiennent à la commune d'Arles, vingt-trois mille à celle des Saintes-Maries, et que l'on divise ordinairement en trois zones assez nettement tranchées, — les terres cultivées, les terres vagues ou pâturages, et la région des dunes et des marais.

Les terres cultivées occupent quinze mille hectares environ, en pleine prospérité agricole, situés en grande partie au nord de l'île ou le long des berges du grand et du petit Rhône. On y compte près de deux cents métairies, dites *mas*, entourées de bouquets d'arbres, d'oliviers et de jardins ; le limon fertile du Rhône y produit des céréales d'une qualité supérieure, et les arbres y prennent quelquefois un développement grandiose.

C'est en somme la seule partie réellement habitée de l'île ; le reste n'est qu'un pays de chasse et de pêche, presque un désert, et se compose par parties égales de trente mille hectares de pâturages et de terres vagues et de trente mille hectares de marais, d'étangs et bas-fonds salés. L'appareil littoral y a pris une très-grande extension et forme un véritable dédale de dunes mouvantes et de cuvettes à moitié desséchées. La plus grande de ces dépressions, l'étang de *Valcarès* (1), occupe à lui seul une superficie de douze mille hectares; et ses eaux, souvent gonflées par les pluies d'automne et d'hiver, se réunissent alors à celles de tous les marais voisins, pénètrent à travers le cordon des dunes littorales et se rendent à la mer par une série de graus temporaires, appelés *afoux*, à chaque instant déplacés ou atterris.

L'homme est rare dans ces solitudes fiévreuses, il n'y envoie que ses troupeaux ; et plus de deux cent mille bêtes à laine placées sous la conduite de quelques pâtres paissent, pendant six mois de l'année, l'herbe salée qui croît en assez grande abondance sur tous les lambeaux de terre émergés. Des taureaux noirs et des chevaux blancs errent en toute liberté dans ces steppes indécises, et semblent les seuls maîtres de cette plaine étrange, dont le silence solennel et les horizons lointains produisent une impression d'indéfinissable tristesse. Le sel, qui est le grand fléau agricole de la Ca-

---

(1) *Valcarès* est une corruption de *Vaccarès,* qui rappelle les troupeaux de vaches qui paissent les herbes salines sur les bords de l'étang. On l'appelle dans le pays la *pichoto mar,* la petite mer.

margue, se montre partout ; la terre en est imprégnée (1) ; et des efflorescences blanchâtres étincellent au soleil comme des facettes microscopiques de cristaux pulvérisés. La flore des dunes et des marais est terne et pauvre ; quelques arbustes rugueux et tourmentés se détachent çà et là sur le fond gris et fangeux des bancs de vase et des étangs. Des plantes ligneuses aux saveurs amères, des salicornes, des joncs, des soudes, quelques chétives graminées composent un tapis végétal très-clair-semé. Seuls, les oiseaux indigènes et ceux de l'Afrique et de l'Orient trouvent sur cette terre abandonnée des hommes une tranquillité parfaite et un repos presque absolu. Ils y émigrent en foule ; les longues files de flamants roses, les mouettes blanches au vol circulaire, les compagnies de perdrix et d'outardes animent par leur présence l'immense surface de ces étangs endormis ; et dans le silence de ce désert leurs cris rauques ou joyeux se détachent en notes perçantes sur la plainte éternelle de la mer.

## V

L'île entière de la Camargue est entourée d'une ceinture de digues insubmersibles. Le Rhône ne baigne plus la terre limoneuse ; et le sel, dissous

---

(1) Elle en contient jusqu'à 21 millièmes, (Duponchel, *Hydraul. et géol. agric.*)

dans ces alluvions marines, se concentre lentement, monte à la surface par les interstices capillaires du sol et cristallise en plaques blanchâtres connues sous le nom de *sansouires*. C'est la mort de toute végétation.

L'évaporation active des flaques d'eau donne naissance à des miasmes pestilentiels; pendant l'été, la plupart des cuvettes se dessèchent; les joncs et les touffes d'herbes salines pourrissent sur place; et la fièvre paludéenne est à l'état endémique depuis Arles jusqu'à la mer.

L'immense lessivage, produit autrefois par les inondations périodiques du Rhône qui recouvrait la Camargue d'une véritable mer temporaire, n'avait pas seulement pour résultat de dessaler le sol et d'aviver les étangs; il tempérait d'une manière notable les ardeurs mêmes de la canicule.

Aujourd'hui peu de climats sont plus extrêmes que celui de cette partie perdue de la Provence; l'hiver y est exceptionnellement rude et les températures estivales très-élevées; la pluie mal répartie tombe seulement pendant un nombre de jours assez restreint et se précipite le plus souvent en véritables déluges; et, pendant la majeure partie de l'année, des vents desséchants du nord et du nord-ouest balayent avec fureur la malheureuse plaine sans défense et sans abri.

## VI

L'amélioration agricole et sanitaire de la Camargue est devenue aujourd'hui un problème fort complexe, et la présence des digues en rend la solution assez difficile. Depuis un demi-siècle, les études, les mémoires et les projets se sont accumulés, et l'on n'a fait encore que bien peu de progrès.

La nécessité de conserver les digues est un fait universellement accepté. Mettre l'ensemble du delta à l'abri des inondations du Rhône en exhaussant les chaussées anciennes, — préserver la plage en établissant une digue sur le littoral, — assurer l'asséchement des terres en creusant des canaux d'écoulement destinés à assainir les bassins de l'eau saumâtre qui croupit sur place, — ouvrir ensuite des rigoles secondaires qui conduiront les eaux dans le Valcarès, — organiser un système de canaux d'eau douce pour l'alimentation des habitants et des troupeaux, ainsi que pour l'irrigation et le dessalement des terres, — bonifier quelques parties du delta par des colmatages coordonnés avec les moyens d'irrigation, — créer enfin dans l'île un réseau de routes agricoles, — tel est le programme que les hommes spéciaux ont définitivement arrêté et qui a déjà reçu un commencement d'exécution. Mais, on doit le reconnaître, on ne transforme pas un pays en quelques années; il faudra bien du temps et bien des millions avant d'obtenir les résultats auxquels la nature aurait pu permettre d'arriver presque gratuitement ; et, si la Camargue doit devenir jamais « le jardin de la Provence et la Hollande de la France », nous sommes encore loin du jour où il nous sera possible d'en réaliser les richesses et d'en récolter les fruits.

## VII

Rien ne peut donner une idée plus juste de la navigation ancienne d'Arles à la mer par les étangs que la traversée actuelle de Venise au littoral de l'Adriatique. Une ville entourée de lagunes et séparée de la mer par une succession d'étangs peu profonds au milieu desquels serpentent un ou plusieurs chenaux navigables, telle est la disposition commune à tous les ports intérieurs, construits dans la zone de l'appareil littoral, dans l'estuaire d'un grand fleuve.

La descente directe du Rhône présentait un aspect plus imposant. Aujourd'hui encore, malgré les deux digues qui l'emprisonnent et qui masquent la vue de la plaine, il existe peu de routes au monde d'un effet plus grandiose. La largeur du fleuve atteint, dépasse quelquefois douze cents mètres ; le courant est insensible ; des îles, alignées en chapelet, semblent descendre le fil de l'eau, et, couvertes d'une épaisse forêt de saules et d'oseraies au feuillage gris et un peu terne, paraissent d'immenses radeaux de verdure qui se dirigent lentement vers la mer. Sur les deux rives, des trembles d'une végétation luxuriante agitent au vent leurs feuilles argentées. Au loin, la colline, les remparts et les tours d'Arles décroissent peu à peu, baignés dans les eaux du Rhône, et finissent par s'évanouir; le niveau des digues s'abaisse lentement, et l'on peut bientôt apercevoir l'immense plaine marécageuse et déserte. De longues flèches horizontales, tour à tour noires et lumineuses, s'étendent à perte de vue, et l'on voit émerger çà et là les ruines démantelées des tours de guet qui marquaient les limites des anciennes embouchures. De tous côtés le mirage fait frissonner l'atmosphère, lui donne presque l'oscillation de la vague; la terre récente et encore mouillée, déposée hier par les eaux, semble frémir et devoir s'effondrer à chaque instant; et l'œil, ébloui de lumière et de reflets, passe par des transitions insensibles de la terre aux étangs, du Rhône à la mer, et de la mer au ciel.

## VIII

L'instabilité de la côte, son horizontalité parfaite et le peu de saillie qu'elle présente au-dessus des eaux empêchent de déterminer le point précis où finit la terre et où commence la mer. La moindre marée, la plus petite crue du Rhône, une série prolongée de sécheresses ou de vents du nord noient ou découvrent tour à tour plusieurs centaines de mètres de berges et de rivages.

A plus forte raison est-il impossible d'indiquer, même approximativement, quelle était la limite de la mer, aux premiers siècles de notre ère. Toutefois, on peut retrancher hardiment du continent la saillie moderne de vingt kilomètres qui constitue le musoir du grand Rhône; et c'est tout au plus si le territoire actuel de *Chamone* (1), où se trouve aujourd'hui un poste de douaniers assez reculé dans l'intérieur des terres, existait à l'époque romaine.

Ce nom de Chamone, qui n'avait jusqu'à présent éveillé aucun souvenir ancien, vient d'être lu tout récemment sur une pierre à moitié rongée par le salin, trouvée dans les marais de la Camargue et recueillie depuis peu dans le musée épigraphique de la ville de Nimes. La pierre est un calcaire grossier; elle porte sur ses deux faces (2) une inscription, dont les caractères très-médiocres

---

(1) Voir la carte de l'État-major, feuille n° 234, et la carte générale placée au commencement du volume.

(2) *Première face :*

................
..MORTEM SV
.HS |XX| ITEMQ
...DIA FVNDOS
...VM CRINDAV
..AD RIPAM FLV
...IS RHODANI
...DEDIT

*Seconde face :*

................
..PRI ////////
PORTVM CA..
NVM AD . RI...
MINIS . RH...
      DEDIT

remontent au troisième ou au quatrième siècle de notre ère, et paraît avoir été, vers cette époque, une borne-limite destinée à marquer la séparation de deux héritages ; elle mentionne à la fois le rivage du Rhône, le territoire de Chamone et le port qui s'y trouvait et qui devait être à la fois un port en mer et un port en rivière. Cette triple désignation est infiniment précieuse ; car elle permet d'affirmer que cette partie du delta existait à l'époque impériale, sinon comme continent définitivement rattaché à la terre ferme, au moins comme un îlot avancé dans la région des embouchures. Là devait très-vraisemblablement se trouver un poste de ces anciens gardiens du Rhône, préposés, sous la domination romaine, à la navigation du fleuve et dont le chef, qui portait le titre de *Comes ripæ Rhodani,* était une sorte de commissaire maritime résidant à Arles, ainsi que semblent le prouver quelques anciens textes épigraphiques (1).

## IX

La région du bas Rhône et la Camargue étaient loin d'ailleurs d'être, aux temps anciens, dans la situation déplorable que les digues leur ont

---

(1) Voir notamment l'inscription du célèbre tombeau de Flavius Memorius, jadis aux Alyscamps, aujourd'hui au Musée de Marseille. — Noble Lalauzière, inscr. n° 157.

faite; et des ruines assez nombreuses attestent que
le désert d'aujourd'hui était non-seulement en
pleine prospérité agricole, mais qu'il était aussi
un territoire riche et peuplé.

Le Valcarès, qui n'est plus qu'une grande mare
isolée de la mer où croupit une eau saumâtre et
impure, communiquait alors librement avec elle,
et a dû, pendant assez longtemps, ressembler à
notre bassin d'Arcachon situé au nord de la
plaine des Landes. On sait, en effet, qu'une peuplade spéciale, les Anatiliens, *Anatilii* (1), habitaient cette zone extrême de l'antique Provence;
et, bien qu'on soit réduit à de simples conjectures
sur l'emplacement et même sur la réalité de leur
ville principale *Anatilia,* il est très-probable qu'un
ou plusieurs centres de population ont existé sur
les bords mêmes de la baie du Valcarès.

Partout en effet sur cet ancien rivage maritime,
on trouve des débris et des souvenirs de la civilisation passée. « Outre une grande quantité de
poteries variées et de médailles du Haut et du
Bas-Empire, la rive orientale du Valcarès montre
des pierres d'appareil et de nombreuses substruc-

---

(1) *Regio Anatiliorum.* (PLIN., l. III, c. v.)
D. M.
IOV. M. L. CORN. BALBVS
P. ANATILIORVM
AD RHODANI
OSTIA SACR. ARAM
V. S. L. M.

tions qui offrent tous les caractères de l'époque gallo-romaine. Il en est de même sur le rivage opposé ; et il existe notamment un point de cette rive où l'on aperçoit, lorsque les eaux sont très-basses, une grande quantité d'amphores plus ou moins intactes et à moitié enfouies dans la vase, à côté de pierres provenant d'anciennes constructions, comme si un navire avait coulé à pic en cet endroit, le long du quai où il était amarré, et avait laissé échapper de ses flancs les produits céramiques composant sa cargaison. La rive septentrionale n'est pas moins riche en vestiges du même genre ; et l'on y rencontre en abondance ces tuiles à rebords caractéristiques des habitations gallo-romaines, des fragments de mosaïques et des fondations assez considérables pour être exploitées comme carrière, lorsque dans le pays on a besoin de quelques matériaux (1). » Tout récemment encore, on a exhumé de ce sol de grandes jarres funéraires de fabrication hispano-grecque, et qui contenaient des ossements : on sait avec quel soin pieux on préparait autrefois ces grandes amphores qu'on accouplait bout à bout, comme un étui gigantesque, de manière à former un cercueil dont la durée était presque indéfinie, qui préservait beaucoup plus longtemps les corps que le bois ou le métal, et témoignait ainsi du

---

(1) E. FLOUEST, *Sépultures antiques de la Camargue*, 1869-1870.

respect profond que les sociétés antiques ont toujours eu pour leurs morts.

Un ou plusieurs bras du Rhône débouchaient autrefois dans le golfe du Valcarès, et c'était sur ses rives que finissait la navigation maritime et que commençait la navigation rhodanienne; nul doute par conséquent que tous les débris et toutes les substructions que l'on voit émerger sur tout le contour de l'étang, dès que le niveau des eaux s'abaisse de quelques centimètres, n'aient fait autrefois partie de constructions assez importantes, d'entrepôts, de magasins, de quais même. Ce n'est donc pas sans quelque probabilité qu'on peut placer sur cette plage gracieusement arrondie la ville un peu problématique d'Anatilia, qui était ainsi la première station des marchandises importées sur notre continent à destination des *emporia* d'Arles, de Lyon et du centre de la Gaule.

## X

Lorsque, après avoir longé la plage de la Camargue, on se dirige vers Marseille, on laisse tout d'abord à gauche un golfe profond, demi-circulaire, dont les deux saillies extrêmes sont le musoir sablonneux du grand Rhône et les premières falaises rocheuses de la chaîne de l'Estaque. C'est le golfe de Fos, l'un des meilleurs atterrages de cette partie de la Méditerranée, ainsi que l'indiquent les noms d'*anse du Repos* et de *mouillage d'Aigues-Douces* donnés aux deux côtés de cette baie hospitalière.

Jusqu'à ces derniers temps, les tartanes et les *allèges* du Rhône, qui faisaient le service du petit cabotage d'Arles aux ports voisins du golfe de Lyon, étaient obligées de franchir la barre dont nous avons plusieurs fois mentionné l'existence, les variations et les dangers.

L'ouverture récente du canal Saint-Louis a considérablement amélioré la situation; et une coupure, faite dans les terres basses et les marécages de la rive gauche du Rhône, permet aujourd'hui de délaisser l'embouchure du fleuve et d'entrer directement dans le golfe de Fos.

Le canal Saint-Louis a pris son nom de la dernière tour de guet du Rhône; son point de départ est à six cents mètres de cette tour. Il présente un seul alignement droit de trois mille trois cents mètres de longueur; sa largeur et sa profondeur sont à peu près les mêmes que celles du canal de Suez, et il débouche à la mer, sur la plage ouest du golfe de Fos, dans un avant-port formé de deux jetées, disposition artificielle analogue à celle de Port-Saïd sur la plage d'Égypte.

On peut s'engager dans le nouveau canal sans craindre l'encombrement. Le port en rivière, l'avant-port en mer, le grand chenal qui les réunit sont des travaux d'art de premier ordre et qui font le plus grand honneur aux ingénieurs qui les ont exécutés; malheureusement tout est vide.

Pas un bateau, pas une tonne de marchandises. Sur les deux rives le silence, la fièvre et le désert.

Une sorte de fatalité semble peser, depuis trente ans, sur la solution du problème des embouchures du Rhône. Les travaux d'endiguement exécutés de 1852 à 1857 avaient un moment permis d'espérer que toutes les eaux du fleuve, réunies dans un seul bras, produiraient une chasse assez puissante pour abaisser et draguer le seuil de la barre; on crut même toucher au succès, et pendant quelques années la passe se maintint à près de quatre mètres; mais ce résultat ne fut qu'éphémère; et l'on vit bientôt le grau d'entrée osciller et se déplacer de plus de trois kilomètres, le seuil sous-marin s'élever de nouveau à un mètre vingt centimètres et fermer impitoyablement l'entrée du fleuve un moment déblayée. La question si longtemps agitée entre l'endiguement et la canalisation latérale fut reprise et définitivement résolue en faveur de cette dernière solution. Le canal Saint-Louis fut créé. Le Rhône a désormais une porte directe ouverte sur la mer, mais cette porte est délaissée.

Tout le monde sait que la vallée d'Arles à Lyon, qui a été de tout temps la grande voie historique et commerciale de la France, est desservie par un double chemin de fer. La navigation fluviale lutte, depuis près de vingt ans, contre cette terrible concurrence; et peut-être, lorsque les mauvais passages du fleuve auront été améliorés, lorsqu'on aura établi partout une profondeur suffisante et réduit ainsi la durée des chômages, qui dépasse quelquefois le quart de l'année, la batellerie verra-t-elle renaître les jours prospères du passé, et le canal Saint-Louis deviendra-t-il alors la tête de ligne et le point de soudure obligé de la navigation maritime.

Toutefois, des dangers bien autrement sérieux menacent l'avenir du canal, dont le présent est déjà si lamentable. Le golfe de Fos lui-même tend à s'ensabler (1). La comparaison des sondages faits en 1841 et en 1872 a fait naître les plus vives appréhensions. Les fonds marins se sont considérablement exhaussés par suite des apports successifs du Rhône; l'eau du golfe est moins salée; et, là où l'on relevait il y a vingt ans des profondeurs de vingt à trente mètres, on trouve des couches de vase récente et des fonds qui varient de un à dix mètres; la mission hydrographique, envoyée en 1872 aux embouchures du Rhône, a constaté d'une manière indéniable que, pour retrouver les fonds inaltérés du golfe, il fallait dépasser à l'est le méridien de Fos. Les trois cinquièmes de la baie sont donc envahis dès maintenant par les alluvions.

---

(1) Il arrivera, dans la suite des temps, que le golfe de Fos se comblera entièrement jusqu'au cap Couronne, et que toute cette plage sillonnée par des vaisseaux le sera par la charrue. (PAPON, *Hist. gén. de Provence*, première partie, chorogr.)

En présence de ces constatations d'une gravité qui n'échappera à personne, on se demande si le canal Saint-Louis ne sera pas comblé avant l'heure où il pourra servir ; et le remède qui paraît devoir être adopté est le détournement du grand Rhône lui-même, dont les eaux boueuses, délaissant l'embouchure actuelle, seraient alors rejetées à l'ouest en pleine Camargue sur la plage de Piémanson, dans cette partie du rivage que la mer ronge aujourd'hui et que les limons du fleuve reconstitueraient de nouveau.

On le voit : peu de problèmes sont plus difficiles, plus complexes et moins résolus que celui des embouchures du Rhône. Nous n'avons pu qu'effleurer ici cette question délicate, et dont l'exposé seul nous a déjà entraîné un peu en dehors du cadre de notre sujet. Nous espérons la traiter un jour avec tous les développements qu'elle comporte; mais pour le moment, nous quitterons ce promontoire avancé du Rhône et nous continuerons notre marche littorale vers l'est, en nous reportant toujours à ces époques anciennes où le fleuve, au lieu de faire une saillie en mer, débouchait dans sa lagune comme dans un golfe, et où par conséquent les questions d'ensablement des embouchures étaient loin d'avoir l'importance qu'elles ont aujourd'hui.

## XI

Un seul grau d'écoulement déverse dans le golfe de Fos le trop-plein des eaux de la grande lagune, aujourd'hui fort réduite, qui s'étalait autrefois du nord au sud, depuis les Alpines jusqu'à la mer; c'est le grau du Galéjon. Cette lagune s'est considérablement rétrécie; et, si le canal d'Arles à Bouc n'a pas rendu de grands services à la navigation, il a eu du moins pour résultat de favoriser le desséchement et la mise en culture d'une notable partie des marais qui entouraient la ville d'Arles. Il est facile de reconnaître, même encore aujourd'hui, l'importance nautique que le grau du Galéjon devait avoir dans les temps anciens. Alors que les embouchures du Rhône étaient et sont encore soumises à toutes sortes de vicissitudes et de variations, qu'elles se déplaçaient et s'envasaient sans cesse, l'étang de Galéjon est resté, pendant de longs siècles, une rade sûre, tranquille et navigable, communiquant avec la mer par un chenal régulier et profond. Cette excellente situation s'est prolongée jusque vers le milieu du dix-septième siècle. « L'eau de la mer, écrivait H. Bouche vers 1660, aussi bien que les petites barques, peuvent entrer par de petits canaux dans l'étang de Fos qui est presque au bord de la mer....., ainsi que je l'ai appris sur le lieu par des personnes de créance qui m'ont assuré être venues autrefois sur une barque, depuis Arles jusqu'à Fos, entrant du Rhône au Galéjon et de celui-ci par d'autres canaux qui conduisent à Fos...., et c'est chose bien assurée que les pêcheurs de Martigues, sortant tous les jours de la mer, entrent dans le grand canal et étang du Galéjon, au terroir de Fos, pour y pêcher, et de ce canal..... ils pouvaient aller anciennement jusqu'à Arles (1). »

Une assez mauvaise carte de Provence, qui porte la date de 1719, désigne encore le Galéjon sous le nom de *Port de Baléjon* (2) et le met en communication directe avec l'étang de Montmajour et la plaine d'Arles complétement inondée.

C'est donc aux environs du grau de Galéjon qu'il faut chercher l'ancien port des Fosses-Mariennes construit, comme nous l'avons dit, par les Grecs de Massalia à l'embouchure du canal de Marius.

Le port a disparu comme le canal ; mais son existence, aux premiers siècles de notre ère, n'est pas contestable. L'Itinéraire maritime le place à quarante milles de Massalia ; l'Itinéraire officiel de l'empereur Antonin le porte sur la voie Aurélienne de Marseille à Arles, à trente-trois milles de cette dernière ville et à trente-quatre de *Cal-*

---

(1) Honoré Bouche, *Chorographie ou Description de Provence*, l. III, ch. VI, Aix, 1864.
(2) *Carte de Chiquet*. (Bibliothèque de Marseille.)

*caria*, aujourd'hui Calissane, située de l'autre côté de l'étang de Berre, où l'on exploite encore des carrières de pierre de taille déjà connues des Romains; la table de Peutinger enfin le représente sous la forme d'un portique demi-circulaire assez semblable à la vignette du port d'Ostie, établi à l'embouchure du Tibre et qui a pris le nom de l'empereur Claude son fondateur, *portus Claudii*.

« En rapprochant ces deux témoignages graphiques des textes des Itinéraires, et en tenant compte du silence gardé sur le port par les auteurs du premier et du deuxième siècle qui ont parlé avec détail du canal de Marius, on peut en conclure que ce port est d'une création postérieure de trois siècles peut-être au canal, et qu'il témoigne de l'importance croissante des Fosses-Mariennes comme moyen de communication sous l'empire (1). »

Il est évident, en effet, qu'en approfondissant les passes navigables de la lagune de Galéjon, Marius n'avait en vue que d'assurer l'approvisionnement de son armée campée au nord d'Arles, et qu'il dut se soucier assez peu de créer un port définitif sur le littoral. Ce furent les Grecs de Marseille, devenus propriétaires du canal, qui établirent plus tard un véritable port; et,

---

(1) E. DESJARDINS, *Aperçu historique sur les embouchures du Rhône*, Paris, 1866

bien que les archéologues soient assez peu d'accord sur la position précise de cet *emporium* plus grec que romain, il est probable qu'il devait se trouver au pied de la petite colline calcaire sur laquelle est bâtie la ville moderne de *Fos* et sur les rives indécises de l'étang de la *Fousse*, dont les noms rappellent très-bien les *fossæ* creusées par l'armée romaine.

Les abords de la petite anse naturelle située au sud de Fos et formée par la pointe de Saint-Gervais sont encore couverts de débris romains. Les fragments d'amphores, de poteries, de tuiles à rebord abondent à la pointe même et sont disséminés sur le rivage à plus d'un mille vers l'est et à près de cinq cents mètres vers l'ouest. Ces ruines s'étendent même sous l'eau à une certaine distance; car la mer a rongé la côte. Depuis quinze siècles, les vagues ont usé et détruit presque toutes les constructions englouties; et la plus grande partie des fragments qu'on retrouve sur la plage sous-marine sont très-petits et présentent des surfaces arrondies par le frottement et l'agitation de la mer. Ces ruines sont cependant assez considérables. « Elles consistent en une série de fondations de maisons, dont quelques-unes paraissent avoir servi de bains et d'où l'on a extrait, à différentes reprises, des tables de marbre de Paros. La mer a atteint la dernière rangée de ces maisons et n'a presque plus rien laissé sur le rivage. On y voit encore quelques gros blocs de pierre qui ont dû faire partie des quais, des amas de briques, des fragments de granit, de porphyre, de marbre, de vases, etc... On en a retiré des monnaies massaliotes, de petites statues en bronze, des ustensiles de ménage; et l'on croit même pouvoir distinguer quelques vestiges de longues jetées en pierre de taille (1). »

Il est donc très-probable que le port des Fosses-Mariennes correspond à ces ruines ; mais, s'il est prudent de ne pas être tout à fait affirmatif en présence de débris que la mer a rendus bien souvent méconnaissables, on ne saurait cependant douter que le port antique ait existé à peu près sur cette partie de la plage, et il est certain que les Grecs de Marseille ont dû le créer tout d'une pièce et par la force même des choses, « parce que, d'une part (2), les alléges, qui descendaient d'Arles à la mer, avaient quelquefois besoin de s'arrêter en route, lorsque les vents contraires les empêchaient de sortir du grau; et que, d'autre part, les navires que des intérêts commerciaux n'appelaient pas jusqu'à Arles, et qui, par conséquent, n'avaient pas à remonter

---

(1) Comte DE VILLENEUVE, *Statistique des Bouches-du-Rhône*, 1825.

On doit regretter surtout la perte d'une petite monnaie d'argent au type de Marseille, et qui portait en légende les deux lettres grecques Σ T *(stoma-limné)*. *(Statist.)*

(2) A. AURÈS, *Sur le port des Fosses-Mariennes*, Nimes, 18-3

jusque-là, pouvaient néanmoins avoir besoin de stationner près de l'embouchure des Fosses-Mariennes, soit lorsqu'ils y entraient, comme dans un port de refuge, pour éviter une tempête, soit même lorsque, suivant l'usage constant des anciens, ils y faisaient relâche pendant la nuit pour reprendre le voyage le lendemain », et continuer de port à port, cette navigation côtière dont l'Itinéraire maritime nous a laissé fidèlement toutes les étapes (1).

## XII

Les progrès des atterrissements et l'exhaussement séculaire de tous les bas-fonds marécageux ont fini par transformer toute la zone littorale qui s'étend des embouchures du Rhône aux premiers contre-forts de la chaîne rocheuse de l'Estaque.

Nous avons vu que la grande lagune maritime d'Arles avait été presque entièrement desséchée par le canal d'Arles à Bouc, et se trouve aujourd'hui réduite à quelques marais isolés dont le

---

(1) . . . . . . . . . . . . . . . . . . . . . . . . .
Ab Immadris Massilia Græcorum portus. . . . mpm. XII
A Massilia Græcorum Incaro, positio. . . . . mpm. XII
Ab Incaro Dilis, positio. . . . . . . . . . . . . mpm. VIII
A Dilis Fossis Marianis, portus. . . . . . . . . mpm. XX
A Fossis ad Gradum Massalitanorum, fluvius
  Rhodanus. . . . . . . . . . . . . . . . . . . . mpm. XVI
A Gradu per fluvium Rhodanum Arelatum. . . mpm. XXX
                    (Itinerarium maritimum.)

dernier seul, l'étang de Galéjon, communique encore avec la mer.

Un second bassin intérieur faisait autrefois suite à cette lagune atterrie, et réunissait en une même nappe d'eau les étangs modernes d'*Engrenier,* de *Poura,* de *Cytis,* de *Lavalduc* et de l'*Estomac*. Sous ce dernier nom, quelque peu ridicule, mais qu'il convient de prononcer et d'écrire suivant l'idiome provençal, *lou stoma,* on reconnaît parfaitement le *Stoma-limné* de Strabon (στόμα, bouche; λίμνη, étang), que plusieurs géographes considéraient, à l'époque où toute la région littorale était inondée, comme une des bouches mêmes du Rhône dans la mer. Les noms de Cytis (χύτος, cavité, lit de rivière ou de mer) et de Poura (πόρος, *portus,* passage, grau de communication) peuvent aussi être considérés comme une indication de l'ancien état des lieux. Il est certain que tous ces étangs isolés communiquaient autrefois non-seulement entre eux, mais encore avec la mer; et, comme nous voyons aujourd'hui ces bassins séparés par des massifs calcaires dont le relief est assez accentué, il en résulte que la petite mer intérieure des temps anciens devait avoir un contour très-dentelé, assez semblable comme dessin à celui que présente l'étang de Berre qui lui est contigu. L'état actuel des lieux s'est profondément modifié. Seul, l'étang de la *Bouche* ou de l'Estomac a conservé, par des filtrations souterraines, ses communications avec la mer, et ses eaux peuvent se maintenir au même niveau que celles de la Méditerranée ; mais les autres étangs, séparés les uns des autres soit par des flèches de sable, soit par quelque soulèvement intérieur du sol, et privés de l'alimentation de la mer, se sont trouvés exposés à une évaporation active ; leur niveau s'est rapidement abaissé (1). Les étangs de Poura et de Cytis ont été desséchés ou transformés en salins ; ceux de Lavalduc et de l'Engrenier sont descendus à neuf mètres en contrebas du zéro moyen de la mer et ne sont plus que des Caspiennes en miniature, dont les eaux sursaturées de sel alimentent les salines et les usines de produits chimiques que l'industrie a créées sur leurs bords.

### XIII

Les géographes classiques, Méla, Pline, Ptolémée, mentionnent l'existence d'une ville du nom de *Maritima*, à laquelle ils attribuent le titre de colonie de la peuplade des *Avatiques, Avatici* (2). Il est bien difficile d'indiquer, même

---

(1) Lavalduc,        $9^m,40$ au-dessous du zéro de la mer.
   Engrenier,      $8^m,76$             id.
   Poura (desséché), $8^m$              id.
   Cytis,          $7^m,40$             id.
      (A. Saurel, *Fossæ Marianæ*, Marseille, 1865.)
(2) *Maritima Avaticorum stagno assidet.* (Mela, l. II c. v.)
   *Oppidum Maritima Avaticorum.* (Plin., l. III, c. v.)

approximativement, la place de cette colonie disparue. L'auteur de la *Chorographie de Provence* estimait que « cette *Maritima* devait être Berre ou Marignane, toutes les deux sises au bord de l'étang de Berre, toutes les deux ayant des marques de grandes villes et colonies pour la beauté, la bonté et la grandeur de leur terroir (1) ».

Plusieurs géographes ont adopté cette opinion qui ne repose sur aucune preuve directe ; et il est beaucoup plus probable que l'ancienne « mer des Avatiques » était ce grand bassin intérieur formé par la réunion des cinq étangs de l'Estomac, de Poura, de Cytis, d'Engrenier et de Lavalduc. Les ruines romaines trouvées en assez grand nombre sur la rive orientale de ce dernier étang semblent devoir confirmer cette opinion ; et là devait vraisemblablement se trouver un port, assez enfoncé dans l'intérieur des terres et qui communiquait avec la mer par la grande bouche du *Stoma-Limné*, aujourd'hui obstruée par les atterrissements.

La transformation de la rade foraine de *Stoma-Limné* en bassin fermé et presque complétement atterri est un phénomène commun à toutes les lagunes littorales, et que nous avons invariablement observé, depuis les derniers contre-forts des

---

(1) H. Bouche, *Chorogr. de Provence*, l. III, ch. vi.

Pyrénées jusqu'aux embouchures du Rhône (1). La côte du golfe de Lyon, jusqu'ici sablonneuse, plate et à contours variables et adoucis, change brusquement d'aspect; elle devient rocheuse, accidentée, et son relief ne paraît pas avoir éprouvé depuis l'origine de notre ère de très-grandes variations. La chaîne de l'Estaque commence; et une coupure naturelle dans les premières collines de ce massif montagneux a permis d'établir, dans d'excellentes conditions nautiques, un petit havre presque abandonné; c'est le port de Bouc. Derrière Bouc, s'étendent quelques salines noyées dans un étang peu profond, l'*étang de Caronte*; des pêcheries productives, désignées sous le nom de *bordigues,* sont établies sur les deux rives d'un chenal qui s'enfonce dans l'intérieur des terres. L'étang de Caronte forme ainsi une sorte de défilé naturel de cinq kilomètres de longueur, d'une largeur moyenne d'un kilomètre, et que des dragages peu dispendieux permettraient de rendre accessible à la grande navigation. La ville de Bouc est à son entrée, la ville de Martigues à sa sortie; la première est le port sur la Méditerranée, la seconde est le port sur ce magnifique lac intérieur qu'on appelle l'étang de Berre.

---

(1) *Les Villes mortes du golfe de Lyon,* passim.

## XIV

La nature n'a jamais créé de situation plus privilégiée. Tous les étangs littoraux des basses plaines de l'Aude, de l'Hérault et du Rhône sont des formations récentes et passagères en voie constante de transformation ; l'étang de Berre, au contraire, véritable bassin presque entouré complétement de collines, fait partie du relief général de la côte. Il existe depuis de longs siècles, et il existera toujours ; car les deux petites rivières l'Arc et la Touloubre, qui y conduisent leurs eaux, n'ont encore produit à leurs embouchures que des dépôts sans importance.

Les relevés hydrographiques exécutés depuis plus de trente ans permettent, en effet, d'affirmer que les fonds de l'étang de Berre sont à peu près invariables ; les bords seuls ont éprouvé quelques légers atterrissements depuis les temps les plus anciens ; mais la partie profonde et centrale n'a subi aucun exhaussement.

Cette petite mer intérieure a une superficie de plus de vingt mille hectares ; son contour affecte une forme très-irrégulière, se découpe suivant des dentelures assez variées, et présente quelques petits *fiords*, parmi lesquels ceux de Berre et de Saint-Chamas sont les plus prononcés. Toute la côte ouest est rocheuse et invariable ; la rive orientale, au contraire, est formée d'une succession de plage plus adoucies ; c'est de ce côté que débouche la Touloubre, dont l'ancien nom grec, Καῖνος, *Cænus* (1), se retrouve au village de Lançon, l'ancien *Lan-Cænus* du moyen âge (2). Tous les touristes connaissent le lit inférieur de ce torrent taillé dans le roc vif et franchi par la voie Aurélienne au moyen d'un pont hardi qui présente, sur ses deux côtés, deux arcs de triomphe romains d'un dessin délicat et d'une parfaite conservation. Un peu plus bas se jette l'Arc, Σηκόανος, *Secoanus* (3), dont les apports ont déterminé au devant de Berre une flèche de sable qui, dans un avenir peu éloigné, isolera le petit fiord de l'étang de Vaine et en fera un bassin séparé, destiné à être un jour comblé.

Déjà le même phénomène s'est produit au sud de l'étang de Berre; la grande plage où miroitent au soleil les salines de Vitrolles et de Marignane est d'une formation toute récente; à l'origine de notre période géologique, les vagues venaient battre le pied des petites collines sur lesquelles sont aujourd'hui bâtis ces deux hameaux,

---

(1) Ptolémée, l. II, c. x.
(2) Les auteurs de la *Statistique des Bouches-du-Rhône* considèrent l'étang de Caronte, qui fait communiquer celui de Berre avec la mer, comme formant les bouches maritimes du Cænus. L'*os Cæni*, Καίνου ἐμβολαί de Ptolémée, se retrouve dans les actes du douzième siècle, où le port de Bouc est désigné sous le nom de *portus Bogucenis*, *bocca Cæni*. (E. Desjardins, *Géographie de la Gaule romaine*, première partie, chap. 1, § 2, Paris, 1876.)
(3) Σηκόανος ποταμὸς Μασσαλιωτῶν. (Steph. Byzanc.)

et l'étang de Bolmon ou de Marignane était anciennement englobé dans la mer de Berre, dont il n'est séparé que depuis une vingtaine de siècles par une langue de sable appelée le *Jaï*. Par corruption, on a désigné cette chaussée naturelle sous le nom de *lou Caïou ;* on a même cherché à lui trouver une origine artificielle et à en faire remonter la construction aux soldats de Caïus Marius ; c'est là un nouvel exemple de la naïve crédulité qui porte tous les antiquaires du pays à attribuer à César ou à Marius presque tous les accidents de terrain et la majeure partie des ruines de la basse Provence.

XV

L'étang de Berre est presque désert; c'est une sorte de mer morte, où l'on voit rarement glisser quelque voile perdue ; et cependant la cuvette centrale de cette rade intérieure présente des fonds de neuf à dix mètres d'excellente tenue, sur une superficie qu'on peut évaluer à sept fois la petite rade de Toulon. Isolé de la mer par la lagune étroite de Caronte, au milieu de laquelle il serait facile, comme nous l'avons déjà dit, de creuser un chenal convenable, c'est un port d'abri et de refuge tout indiqué pour le matériel de notre marine marchande; des flottes entières pourraient y mouiller dans des conditions de sécurité parfaite, non-seulement hors de l'atteinte, mieux encore, hors de la vue de l'ennemi ; car la chaîne de l'Estaque se dresse entre l'étang et la mer. Il y a plus, cette rade sûre et fermée semble avoir été disposée par la nature pour être un jour un des plus vastes entrepôts de notre commerce maritime. Le canal d'Arles à Bouc, convenablement approfondi et rectifié, serait alors la voie la plus courte, la plus directe, la plus sûre pour pénétrer de la mer jusqu'au cœur de la vallée du Rhône; c'est là qu'est, en réalité, la véritable solution, la seule durable, du problème des embouchures. On a peine dès lors à comprendre pourquoi les bords riants de l'étang de Berre ne sont pas déjà entourés d'un collier de villes industrielles et populeuses ; et la non-utilisation de cette mer intérieure peut être justement considérée comme un véritable « scandale économique ».

## XVI

Les anciens n'utilisaient pas l'étang de Berre. Pline et Festus Aviénus mentionnent à la vérité sur ses bords une ville qui portait, comme l'étang, le nom de *Mastromela* (1); et il est bien possible que les ruines romaines, assez clair-semées, que l'on peut voir encore près de l'embouchure de

---

(1) *Stagnum Mastromela.* (Plin., l. III, c. v.)
..... *Oppidum Mastromelæ*
*Priscum paludis.....*
(Fest. Avien., *Or. mar.*, v. 691-692.)
Μαστραμέλλη, πόλις καὶ λίμνη. (Steph. Byz., d'après Artémidore.)

l'Arc, en marquent la place ; mais tout cela est bien hypothétique, et l'on n'est pas fondé à croire que la navigation maritime ait jamais eu, dans cette mer intérieure, une importance sérieuse. Il n'était pas d'ailleurs utile d'y pénétrer, puisque le canal d'Arles à Bouc n'existait pas alors, et que l'étang ne pouvait être qu'une impasse sans communication avec la vallée du Rhône, seule route de la Gaule. On sait d'ailleurs que le port de Bouc est d'une date relativement récente ; et ce n'est que bien après la domination romaine que l'ilot *Marseillès* fut surmonté d'un petit fortin appelé *Castellum Massiliense,* qui, après avoir subi quelques transformations, est devenu la tour moderne de Bouc.

Martigues elle-même, qu'on a eu quelquefois le tort d'assimiler avec l'antique *Maritima* de Pline et de Méla, ne remonte pas au delà du treizième siècle ; et cette ville amphibie, si souvent appelée la *Venise de la Provence,* et qui semble en effet flotter sur les eaux mélangées des étangs de Berre et de Caronte, ne se composait, en 1230, que de quelques masures de pêcheurs, établies sur pilotis dans l'île centrale, qui fut l'embryon de la cité moderne (1).

Toutes les questions que soulève l'étang de Berre, — bassin de refuge, canal d'Arles à Bouc,

---

(1) Saxy, *Hist. ecclésiast. d'Arles.* — H. Bouche, *Chorographie de Provence,* l. III, ch. vi.

ports de Bouc et de Martigues, — sont donc essentiellement modernes, et nous ne faisons que les indiquer ici. Le monde ancien ne les connaissait pas. L'Itinéraire maritime précise d'une manière fort nette que les navires qui allaient d'Arles à Marseille n'entraient pas dans la mer de Berre; ils suivaient d'abord le canal des Fosses Mariennes, puis venaient relâcher au port du même nom; là, ils prenaient la mer, et se dirigeaient vers un petit havre dont le nom de *Dilis* a une physionomie grecque très-prononcée, et qui correspond exactement au port Sainte-Croix; ils doublaient ensuite la pointe du cap Couronne (en provençal *cairon*, rocher calcaire), au pied duquel se trouve le petit mouillage de Caro, d'où l'on expédie à Marseille des pierres extraites des carrières de la Couronne-Neuve, désignées par Strabon sous le nom de Latomies (1) (les carrières), et au milieu desquelles on distingue encore quelques ruines romaines très-clair-semées. On côtoyait alors les premiers contre-forts de l'Estaque, et l'on relâchait au port de Caro, *Incarus positio,* situé seulement à douze milles de Marseille. Les navires s'éloignaient enfin de la terre, mettaient le cap sur la ville phocéenne, traversaient la grande

---

(1) Μιχρὸν δ'ἀπὸ τῆς πόλεως τῶν Μασσαλιωτῶν προελθοῦσα [ἡ ὀρεινὴ παραλία] ὅσον εἰς ἑκατὸν στ. ἐπὶ ἄκραν εὐμεγέθη πλησίον λατομιῶν τινων ἐντεῦθεν ἄρχεται κολποῦσθαι καὶ ποιεῖν τὸν Γαλατικὸν κόλπον πρὸς τὸ Ἀφροδίσιον, τὸ τῆς Πυρήνης ἄκρον. (STRABON, *Géogr.*, l. IV, 1, 6.)

rade, sillonnée, alors comme aujourd'hui, par les flottes du monde entier ; et quelques heures suffisaient pour accoster le quai grec de *Lacydon*, qui est le vieux port de la Marseille moderne.

Il est donc aisé de reconstituer, en longeant la côte, l'ancien itinéraire maritime des premiers siècles, et de suivre, pour ainsi dire, le sillon si souvent tracé par les navires de l'époque grecque et romaine. Caro, *Incarus,* Sainte-Croix, *Dilis,* Saint-Gervais, *Fossæ Marianæ*, étaient les trois escales de cette route, aujourd'hui délaissée.

Cette région de la Méditerranée était, en fait, beaucoup plus grecque que romaine. Marseille, libre et autonome, peuplait le littoral de ses colonies et de ses comptoirs. Les ports d'Arles et des Fosses-Mariennes étaient les principaux entrepôts de la Gaule et les véritables succursales de la métropole. Tout le commerce était alors entre les mains des Grecs; tous les échanges se faisaient par leurs vaisseaux; et ce peuple de marins actifs et indépendants, très-peu soucieux de la gloire militaire et de l'influence politique, mais possédant au plus haut degré le génie des affaires et le goût des spéculations mercantiles, semble avoir voulu continuer, dans le bassin de la Méditerranée, les traditions phéniciennes de ses prédécesseurs, et est resté ainsi, pendant les premiers siècles de notre ère, le maître incontesté de la mer, le banquier de toute la côte et le commissionnaire indispensable de la Gaule méridionale.

# CHAPITRE NEUVIÈME.

### MASSALIA.

La rade et les îles de Marseille. — Aspect de la ville moderne. — Le vieux port et les nouveaux bassins. — *Massalia* d'après les géographes classiques. — Modifications du relief du sol. — *Lacydon*, port grec de Marseille. — Les marais de la Cannebière. — L'enceinte de Marseille du temps de Jules César. — L'acropole et l'arsenal. — Rareté des ruines phéniciennes, grecques et romaines. — Physionomie grecque de Massalia.

I

C'est par la mer qu'il faut arriver à Marseille. La Méditerranée pénètre assez profondément dans le massif rocheux qui dessine la côte. Le cap Méjan au nord, le cap Croisette au sud (1), sont les deux saillies extrêmes du golfe, largement ouvert du côté de l'ouest. Vers le centre, la courbure régulière du rivage est brisée par une colline abrupte et dénudée, qui s'avance en mer comme un éperon, et au sommet de laquelle se dressent le sanctuaire néo-byzantin et la tour carrée de Notre-Dame de la Garde, dont les assises, alternativement blanches et noires, tranchent sur l'azur limpide du ciel. Ce petit cap marque l'entrée du vieux port et divise le golfe en deux ; au-dessus, est la grande rade de Marseille ; au-des-

---

(1) *Zao promontorium.* (Plin., l. III, c. v.)

sous, la baie d'Endoume, terminée par le cap Croisette, précédé lui-même par un petit îlot perdu, l'île Maïré, dont le nom se retrouve sur l'Itinéraire maritime (1), sur les anciennes cartes marines, et qui conserve encore de rares débris de l'époque romaine. Quelques archéologues aventureux ont cru même reconnaître, sur le promontoire Croisette, des ruines d'enceintes à pierres sèches qu'ils ont attribuées un peu légèrement aux premiers habitants de cette partie de la côte, Celtes, Ligures ou Salyens (2). Les anciennes cartes désignent, en effet, cet emplacement sous le nom de *Marsillo-Veyré;* mais cette dénomination est loin d'être suffisante pour permettre d'affirmer l'existence d'une Massalia primitive sur un récif escarpé, battu de tous côtés par les vents et la mer. On peut considérer comme prouvé que le vieux port actuel, exceptionnellement abrité et situé dans une de ces coupures naturelles du rivage désignées sous le nom de *calanques,* a été, dès l'origine de la civilisation, l'objectif des navires phéniciens ou grecs; et c'est très-certainement sur cette grève, doucement in-

---

(1) *Immadras positio.* (Itin. marit.) — *Insula Mandrac* au moyen âge; *île Madrague* dans le langage des Provençaux.

(2) I. GILLES, *Marseille depuis trois mille ans,* 1876. — GOSSELIN, *Notes sur la Géographie de Strabon,* t. II, 1809. — BRUCKNER, *Historia reipublicæ Massiliensis,* Göttingue, 1826. — Is. VOSSIUS, *Œuvres diverses,* la Haye, 1666.

clinée, que s'établirent les habitations, assez grossières, des premiers navigateurs, qui furent l'embryon de la ville moderne.

Le cap avancé qui prolonge en mer le contrefort de Notre-Dame de la Garde semble vouloir se souder à un petit archipel rocheux composé de trois îles, Pomègue, Ratonneau et le Château d'If, qui donnent à la rade de Marseille un relief tout particulier. Les géographes classiques les appelaient *les petites Stœchades;* et leurs noms anciens *Iturium, Phœnice, Phila* (1), semblent rappeler à la fois les Phéniciens, les Grecs et les Romains, c'est-à-dire les trois grandes nations qui ont tour à tour occupé l'antique métropole de la Provence.

II

Vue du large, la rade de Marseille présente un aspect grandiose, et la nature a préparé à la ville phocéenne le plus magnifique encadrement. Les montagnes âpres et nues s'ordonnent les unes derrière les autres en amphithéâtre, se rattachent

---

(1) *Vicinis Massiliensibus : Phila, Phœnice, Iturium.* (Plin., l. III, c. xi.)

*Et jam turrigeram Bruti comitata carinam*
*Venerat in fluctus Rhodani cum gurgite classis*
*Stœchados arva tenens.....*
(Lucain, *Phars.*, v. 516-518.)

Στοιχάδες νῆσοι τρεῖς πρὸς τῇ Μασσαλίᾳ· καλοῦνται δέ καὶ Λιγυστίδες. (Steph. Byz.)

par gradations insensibles aux sommets plus élevés des chaînes de l'Étoile et de Saint-Cyr, et se perdent dans le lointain, azurées par l'air et la distance. Les collines les plus voisines du rivage offrent des contours arrondis et gracieux, et sont, en général, recouvertes d'une végétation un peu terne, mais durable, qui s'harmonise d'une manière merveilleuse avec les tons bleuâtres et cendrés de la roche; un nombre infini de taches blanches et presque brillantes marque la place des bourgs, des hameaux, des villas et de plusieurs milliers de ces maisons de campagne en miniature, appelées dans le pays *bastides* ou *cabanons,* et dont la possession fait la joie de nos modernes Marseillais. La vie libre, heureuse et prospère s'épanouit en pleine lumière dans ce vaste hémicycle. La mer pénètre à l'aise dans l'enfoncement du golfe, comme dans une immense vasque; et, tandis que la côte, encombrée de navires de toute sorte, couverte d'édifices énormes, semble en proie à toute la fièvre du commerce et de l'industrie, les eaux de la rade, d'un bleu sombre, doux et profond, sont sillonnées par de petites voiles blanches qui glissent lentement à la surface de ce miroir, semblables à des cygnes endormis.

Au fond, la ville occupe à elle seule tout un groupe de collines (1), présente, à première vue,

---

(1) **La colline de Notre-Dame de la Garde** a 140 mètres

un entassement désordonné de constructions et
de monuments, à travers un fouillis de navires,
de mâts, de vergues, de cordages, qui donnent
tout d'un coup la mesure de son importance.

Elle s'étale et s'étage avec orgueil dans son
exubérante vitalité. Agitée, bruyante, ivre de
mouvement, éclairée par un soleil prodigue, elle
offre à la fois toute la gaieté des grandes villes
méridionales, toute la force et l'animation des
cités industrielles, maritimes et commerçantes.

## III

L'ensemble des ouvrages qui constituent le
port de Marseille, et dont l'exécution toute récente (1) est loin d'être encore achevée, a transformé, comme par enchantement, l'ancien état
des lieux, et créé, en moins de vingt ans, une
ville nouvelle.

Tout d'abord, en pleine mer, à quinze kilomètres de la côte, le phare de Planier, fondé sur
un écueil, signale l'entrée du golfe, élève au-
dessus des eaux sa tour cylindrique de qua-

---

d'altitude; — la colline Saint-Charles, 50 m.; — la butte
des Carmes, 38 m.; — la butte des Moulins, 40 m.; — la
colline Saint-Michel, 48 m. — C'est sur cette dernière
qu'on a construit le fort Saint-Jean, dont les escarpements
plongent dans la mer, à l'entrée du vieux port.

(1) Le projet des nouveaux bassins de Marseille date de
1855.

rante mètres de hauteur, et scintille pendant la nuit avec des alternances d'éclipses et d'éclats régulièrement calculés. On avance, et les iles de Pomègue et de Ratonneau, reliées entre elles par une puissante digue, forment un premier abri, une sorte de port en rade, le port de Frioul, où stationnent les navires suspects, que le service de la santé retient en quarantaine. Le vieux port est en face; il s'enfonce profondément au cœur de la ville, et l'on y pénètre par un goulet étroit et recourbé, de cent mètres environ d'ouverture, creusé par la nature entre deux rochers, sur les escarpements desquels se dressent les murailles relativement modernes du fort Saint-Jean et du fort Saint-Nicolas.

Le port classique de Marseille est un petit fiord naturel de la côte; les nouveaux bassins sont, au contraire, une œuvre tout artificielle, et ont été conquis sur la mer. Pour les construire, une colline entière a été littéralement jetée à l'eau et convertie en blocs d'enrochements et en matériaux de toute nature (1).

Une série de môles enracinés à la terre forment entre eux une suite de compartiments ou bassins, couverts du côté du large par une digue qui court parallèlement au rivage et qui laisse, entre elle et les têtes des môles, un large

---

(1) La colline du Lazaret, au nord de Marseille, haute de 44 mètres.

chenal permettant une communication facile entre tous ces bassins. Avec de pareilles dispositions, de nouveaux travaux peuvent facilement être ajoutés aux premiers; il suffit de construire d'autres môles à la suite de ceux qui existent déjà, et de continuer à les couvrir par un prolongement de la digue extérieure; de telle sorte que les nouveaux ouvrages s'harmoniseront toujours avec les anciens, et paraîtront avoir été faits avec eux d'un seul et même jet. C'est ainsi qu'on a créé successivement le bassin de la Joliette, le bassin du Lazaret, le bassin d'Arenc, le bassin de la gare maritime, le bassin national, un avant-port, et que l'on pourra continuer la série de ces havres au fur et à mesure des besoins du commerce, en remontant toujours la côte vers le nord. Des bassins de même nature sont projetés au sud de la pointe du Pharo; et la plage des Catalans est destinée à disparaître, absorbée comme celle de la Joliette par les exigences de l'industrie et de la grande navigation. Ce n'est pas tout; et peut-être un jour tous ces bassins seront-ils protégés contre les rafales du nord-ouest par un immense brise-lames d'un développement de plusieurs kilomètres, et qui formera au devant de Marseille un avant-port dans lequel pourront mouiller les navires en relâche, ou ceux auxquels leurs dimensions extrêmes, comme celles du *Great Eastern*, ne permettraient pas d'entrer sans inconvénient dans les bassins qui longent la côte.

L'avenir, — et on peut le croire un avenir prochain, — verra se réaliser ces projets grandioses. Marseille, par sa position géographique, par les pays qu'elle dessert, par ses relations toujours croissantes avec l'Orient, développe tous les jours son mouvement maritime. Sa population, qui a plus que triplé depuis moins d'un demi-siècle, dépasse aujourd'hui trois cent mille âmes. Vieille de trois mille ans, elle porte légèrement le poids des siècles, et c'est peut-être la seule ville du monde qui ait traversé la série des périodes historiques connues en suivant une marche toujours progressive. Où s'arrêtera cette expansion ? Nul ne peut le dire. Mais on peut affirmer que Marseille n'est pas arrivée encore à son apogée, et l'on ne saurait trop admirer cette séve ardente et cette perpétuelle jeunesse qui font de la métropole de la Provence la ville la plus riche et la plus vivante de tout le bassin de la Méditerranée.

### IV

L'antique Massalia était beaucoup plus modeste. On a beaucoup discuté et écrit depuis vingt ans sur l'étendue et sur l'emplacement de Marseille à l'origine de notre ère ; mais, malgré quelques divergences de détail, tous les géographes anciens s'expriment avec une clarté qui restreint beaucoup le champ des hypothèses et de la fantaisie.

D'après Strabon (1), Marseille est bâtie sur un terrain pierreux, et son port est situé au-dessous d'un rocher en forme d'amphithéâtre qui regarde le midi. « Elle fait saillie, dit le rhéteur Eumène, qui, sous le règne de Constance Chlore, était chargé de diriger les écoles des Gaules, sur la mer profonde. Les eaux du golfe s'introduisent dans son port par une étroite ouverture ; elle ne tient à la terre ferme que par un espace de quinze cents pas, fortifié par un mur solide garni de nombreuses tours (2). »

L'aspect de la ville et du port, au premier siècle de notre ère, est dépeint d'une manière encore plus saisissante par le poëte géographe Aviénus, qui écrivait, comme on sait, au cinquième siècle, mais se contentait, en général, de versifier les récits ou les textes des voyageurs anciens et surtout de Denys le Periégète ; ce qui permet de regarder son poëme comme une reproduction assez fidèle des connaissances géographiques que les Grecs avaient acquises au sujet des Gaules : « Voici Massalia. Un chemin étroit s'ouvre à travers les flots. La mer baigne les flancs de la ville ; devant elle s'étend le rivage ; un marais l'environne, et l'eau vient baigner les murs de l'oppidum. La

---

(1) Κεῖται (Μασσαλία) ἐπὶ χωρίου πετρώδους · ὑποπέπτωκε δ'αὐτῆς ὁ λιμὴν θεατροειδεῖ πέτρᾳ βλεπούσῃ πρὸς τὸν νότον. (STRABON, *Géog.*, l. IV, c. IV.)

(2) EUMÈNE, *Panegyr. Constant. Aug.*

cité est presque une île. C'est ainsi que la main des hommes a fait pénétrer la mer dans les terres, et que le travail assidu des anciens fondateurs a triomphé à force d'art de la forme des lieux et de la nature du sol (1). »

César enfin, faisant le récit du siége de la ville phocéenne avec la précision et la netteté d'un écrivain militaire, indique dans ses *Commentaires*, en deux lignes concises, la topographie ancienne des lieux. « Marseille, dit-il, est baignée de trois côtés par la mer. Le quatrième est le seul qui donne accès par terre à la ville (2). »

Nous pourrions multiplier ces citations, mais elles suffisent pour démontrer clairement que la ville tout entière était autrefois située sur la rive septentrionale du vieux port, et que l'enceinte grecque ne renfermait que les trois collines des Carmes, des Moulins et de Saint-Laurent. C'est ce qu'on appelle encore aujourd'hui le *Vieux Marseille*.

---

(1) *Massilia et ipsa est; cujus urbis hic situs :*
*Pro fronte litus præjacet; tenuis via.*
*Patet inter undas; latera gurges alluit,*
*Stagnum ambit urbem et unda lambit oppidum*
*Laremque fusa : civitas pene insula est :*
*Sic æquor omne cespiti infudit manus,*
*Labos et olim conditorum diligens*
*Formam locorum et arva naturalia*
*Evicit arte.....*
     (AVIEN., *Or. mar.*, v. 690-698.)

(2) CÆSAR, *De bello civ.*, l. II, c. 1.)

## V

La topographie ancienne de ce petit groupe montagneux a d'ailleurs subi depuis vingt siècles de notables transformations. Quelque rocheuse que soit la côte (1), elle a sensiblement varié. Battue par les vagues courtes et serrées qui traversent toute la largeur de la rade, la falaise, située au nord de la ville et dont les anfractuosités formaient les anses de l'Ourse et de la Joliette, aujourd'hui remblayées par les quais des nouveaux bassins, s'est peu à peu désagrégée. L'éternelle morsure de la mer a déterminé à plusieurs reprises de véritables écroulements. On manque sans doute d'éléments précis pour déterminer l'espace gagné ainsi par les flots depuis les premiers temps historiques ou même seulement depuis la naissance de Marseille; car les géographes anciens et la plupart même des historiens modernes ne paraissent pas avoir observé le phénomène, ou tout au moins ne l'ont-ils jamais mentionné; il est certain cependant que le ressac des vagues a de tout temps produit les mêmes effets, que la mer s'est avancée, que la côte a été rongée.

A défaut de textes classiques, nous possédons quelques repères et quelques documents relative-

---

(1) Strabon l'appelle la côte rocheuse des Salyens : Ἡ ὀρεινὴ τῶν Σαλύων παραλία. (STRAB., *Géog.*, l. IV, c. VI.)

ment anciens, qui permettent de se rendre compte de l'importance de la corrosion.

On sait que la vieille église de la Major avait autrefois son entrée principale du côté de la mer, et que, vers la fin du dix-huitième siècle (1), les vagues avaient sapé le rocher jusqu'à l'aplomb de l'église, à laquelle on fut obligé d'adapter une entrée latérale.

Des actes authentiques mentionnent l'existence, en 1202, de la chapelle de la Trinité-Vieille, qui fut détruite, en 1524, pendant le siége du connétable de Bourbon. L'emplacement de cet ancien sanctuaire se trouvait, en 1808, englouti à quatre-vingts mètres de la côte, dans le fond de l'anse de l'Ourse (2).

En 1667, une délibération du conseil de ville signalait que les coups de mer avaient emporté une partie des rochers de la porte de l'Ourse, et que les remparts de la ville menaçaient de « faire chute (3) » dans les flots.

Pendant tout le siècle dernier, on voyait encore des blocs énormes se détacher, après chaque tempête, de la falaise de l'ancien Lazaret et s'effondrer avec fracas dans la mer. Entre Marseille et la chaîne de l'Estaque, la côte était envahie sur

---

(1) J. B. Grosson, *Recueil des antiquités et monuments marseillais,* Marseille, 1773.
(2) *Mémoires publiés par l'Académie de Marseille,* année 1808, t. VII.
(3) A. Fabre, *les Rues de Marseille,* 1867.

une assez grande étendue, et les voies littorales submergées avaient complétement disparu.

En rapprochant tous ces éléments d'appréciation, on peut conclure, sans erreur sensible, que, depuis l'époque de César, la mer a emporté à peu près deux cents mètres de falaises (1); et il est certain qu'elle aurait, depuis plusieurs années, atteint l'église de la Major et envahi une grande partie des vieux quartiers grecs, si les ingénieurs modernes n'avaient créé de toutes pièces une formidable ligne de défense en établissant en pleine rade, et parallèlement à la côte, la grande jetée extérieure qui limite les nouveaux bassins dont nous avons parlé. La ville moderne, reprenant en quelque sorte l'offensive, est allée elle-même au-devant de cette mer qui l'assiégeait et qui est devenue désormais son empire.

## VI

Le port primitif occupait la partie méridionale de la ville et constituait un des meilleurs refuges de la côte. Nul doute que les premiers navigateurs phéniciens n'aient de tout temps rangé leurs vaisseaux au pied des petites collines, occupées aujourd'hui par le fort Saint-Jean, l'inten-

---

(1) E. ROUBY, *le Siége de Marseille par Jules César*, étude d'archéologie topographique et militaire, *Spectateur militaire*, année 1874.

dance sanitaire et l'hôtel de ville. Ce petit fiord naturel avait une entrée étroite et recourbée ; à vrai dire, ce n'était pas un port, mais un simple abri, une sorte de plage d'échouage admirablement défendue contre le vent du nord et la grosse mer du large, ce que les Provençaux, dans leur langage expressif, appellent si bien « une bonne calanque ». Les géographes anciens le désignaient sous le nom de *Lacydon* ou *Halycidon,* qui indique qu'il était marécageux et peut-être bordé de marais salants (1) (ἀλυκίδες, salines); et l'on connaît une curieuse monnaie grecque qui paraît être du premier ou du second siècle, portant sur une de ses faces une tête virile, vue de profil, avec la légende ΛΑΚΥΔΩΝ, *Lacydon,* et qui semble représenter le dieu topique du port, en l'honneur duquel elle aurait été frappée ; de même qu'on voit sur les médailles de Corinthe l'isthme

---

(1) Les salines de Marseille occupaient encore au dixième siècle tout l'espace situé au sud-est du port, depuis la Cannebière jusqu'au Grand-Théâtre, qui est aujourd'hui en pleine ville.

*Lacydon, Massiliensium portus, et in eo ipso Massilia.* (Mela, l. II, c. v.— Plusieurs manuscrits de Mela portent *Halycidon.*)

Ἀγαθὸς γὰρ εἰς Μασσαλιώταις λιμὴν ὁ Λακύδων
. . . . . . . . . . . ἔνθα τε γαῖα
Μασσαλίη τετανύσται, ἐπίστροφον ὅρμον ἔχουσα.
(Den. Perieg.)

Καὶ ὅτι ὅρμον ἡ Μασσαλία ἔχει ἐπίστροφον, ὅ ἐστι περιφερῆ περίδρομον καὶ καμπύλον ἢ οὗ ἐπιστρέφονται οἱ ναυτιλλόμενοι.
(Eustathe, *Comment. Den. Perieg.*)

personnifié par la figure d'un jeune adolescent, au-dessus duquel se trouve la légende ΙΣΘΜΟΣ, *isthmus,* qui ne laisse aucun doute sur l'attribution du type.

## VII

Le territoire accidenté sur lequel est bâtie la ville moderne disparaît aujourd'hui sous l'encombrement des maisons, et il est assez difficile de saisir, d'une manière fort nette, les plateaux, les escarpements, les bas-fonds et toutes les ondulations du sol marseillais. De même que la digue protectrice des nouveaux bassins, située au devant des falaises de la Joliette et de l'Ourse, a arrêté l'empiétement de la mer, la masse des constructions modernes a définitivement fixé l'assiette de la ville. Avant que le massif montagneux fût ainsi protégé de tous côtés, le relief du terrain a subi des modifications très-sensibles. Les actions atmosphériques ont, en effet, pour résultat de diminuer toutes les saillies du sol et d'entraîner la terre meuble des sommets pour la déposer dans les vallées; il est donc certain qu'autrefois les crêtes des collines de Marseille étaient mieux dessinées, les plateaux plus élevés, les ravins plus encaissés; les siècles et la main de l'homme ont, dans une très-forte mesure, nivelé le sol, dérasé les sommets et remblayé les bas-fonds; et l'on peut évaluer à quatre mètres environ l'exhaussement moyen de toutes les parties basses de la ville (1).

Le port de Marseille, qui se comble aujourd'hui lentement, devait donc se combler plus rapidement encore dans les temps anciens; et, en comparant les sondages faits depuis 1760, on voit que cette *calanque*, qui est la cuvette de réception de toutes les eaux chargées de terres meubles provenant des collines qui l'entourent, aurait dû être fatalement comblée neuf fois jusqu'au niveau de la Méditerranée, depuis l'origine de notre ère, et ne serait plus aujourd'hui qu'une plaine marécageuse, si elle n'avait été l'objet d'un curage presque continu. Ce curage n'était pas exécuté autrefois, comme de nos jours, avec les engins perfectionnés qui emportent très-loin en pleine mer les boues et les vases enlevées du fond du port. On se contentait de les rejeter sur les berges voisines qui s'exhaussaient d'autant; et c'est ainsi que se sont peu à peu converties en plates-formes les marécages qui entouraient l'ancien port des Phéniciens et des Phocéens, et qui subsistaient encore pendant la plus grande partie du moyen âge.

Il est facile, d'après cela, de se rendre compte de la topographie relative du port, de la ville et de sa banlieue. Il suffit de reprendre en sens inverse le travail séculaire des hommes et de la nature, d'approfondir de quatre mètres toutes les

---

(1) E. ROUBY, *le Siége de César*, passim.

parties basses et de transporter par la pensée tous
ces déblais sur le sommet des buttes de Saint-
Michel, des Carmes, des Moulins et de Saint-
Laurent. On verra alors tous les abords du port,
situés à l'est et au sud, dont l'altitude est inférieure à quatre mètres, revenir, comme par le
passé, à l'état de lagunes et de marais. Le ruis-
seau du Jarret, qui entoure la ville et se jette
aujourd'hui dans le petit fleuve de l'Huveaune,
pourra s'écouler naturellement dans le thalweg
plus approfondi qui sépare la colline Saint-
Michel de la colline Saint-Charles, et se rendre
directement au port en traversant des marais
plus ou moins profonds et en suivant à peu près
la direction de la moderne Cannebière (1). Tout
le monde sait, d'ailleurs, que cette somptueuse
avenue du port a été conquise sur l'eau ; ses maisons et celles des rues voisines manquent en général de caves, et, comme celles de Venise ou
d'Amsterdam, sont construites sur une forêt de
pilotis.

Une fouille récente a mis au jour, dans le per-

---

(1) On fait dériver quelquefois Cannebière du provençal
*Canebe,* qui signifie chanvre et rappelle les ateliers de cor-
derie qui y existaient au treizième siècle.

Voir à la Bibliothèque nationale une inscription grecque
trouvée, en 1785, sur une table de marbre enfouie dans
le sous-sol de la Cannebière; elle porte la date de l'année
964, est attribuée à des marchands grecs de l'empire
d'Orient, et mentionne la Cannebière sous le nom de *lieu
humide*

cement de la rue Impériale, une vieille carène de navire enfouie à cinq mètres au-dessous du sol et à plus de soixante mètres du quai actuel. La quille de cette épave était engagée dans une vase compacte. « Des médailles antérieures, contemporaines ou peu postérieures à Jules César, étaient incrustées dans le bois; des poteries antiques, des verres et des débris de toute sorte ont été retrouvés soit dans la galère elle-même, soit aux environs immédiats (1). » Les madriers du fond étaient en cèdre, et l'on sait que le cèdre était un des bois le plus habituellement employés dans les constructions des navires phéniciens (2).

De tous ces éléments, il résulte nettement que la nef extraite du sous-sol de la rue Impériale remonte très-certainement à une haute antiquité, qu'elle est tout au moins du troisième siècle avant notre ère, probablement antérieure à cette époque, et constitue, dans tous les cas, un repère des plus précieux déterminant avec une exactitude parfaite l'exhaussement artificiel du sol depuis près de dix-huit siècles.

Non loin de là, et à une profondeur de trois mètres au-dessous du niveau des eaux du port, on a découvert de gros blocs en pierre de taille

---

(1) A. SAUREL, *Musée d'archéologie de Marseille*, I.
(2) Ce n'est qu'au moyen âge que la majeure partie des galères furent faites de bois blanc; beaucoup plus tard seulement on employa le hêtre et le sapin pour la confection des bordages. (A. JAL, *Archéol. nav.*)

assez bien alignés et régulièrement assisés, formant une ligne non interrompue. Des blocs de même nature ont été trouvés dans les substructions de l'hôtel de ville, et paraissent, comme les premiers, avoir fait partie d'un quai primitif auquel il est difficile d'assigner une date approximative, mais dont il est impossible de nier l'existence et la haute antiquité.

### VIII

Toutes ces indications permettent de rétablir avec une précision sinon rigoureuse, du moins très-suffisante, la topographie de Massalia ; et, si l'on rapproche les textes des anciens géographes des découvertes archéologiques récentes et des considérations que nous avons développées plus haut sur les transformations naturelles que le port et le relief du sol ont dû subir depuis vingt siècles, on se fera une idée assez nette de la physionomie de la ville phocéenne et de ses abords à l'origine des temps historiques. Les collines qui l'environnaient étaient couvertes de forêts de pins, et Lucain nous raconte que le bois sacré qui était près de la ville inspirait aux Romains une religieuse terreur (1). La presqu'île de César, baignée

---

(1) ....... *Tunc omnia late*
*Procumbunt nemora et spoliantur robore sylvæ.*
(Lucain, *Phars.*, III, v. 394-395.)
*Lucus erat longo nunquam violatus ab ævo.*
(*Id., ibid.*, V, v. 399.)

de trois côtés par les flots, se dessine alors très-nettement ; au nord, la mer pénétrait dans l'anse de la Joliette ; à l'est, les vagues brisaient contre la falaise abrupte, remplacée aujourd'hui par la grande église neuve de la Major et les bassins modernes ; au sud, enfin, le port, continué par des marécages, occupait la partie basse de la ville moderne et s'étendait jusqu'au pied de la colline de Notre-Dame de la Garde.

La cité était ainsi protégée par les eaux sur la majeure partie de son périmètre ; et du côté de la terre, elle était défendue par cette muraille tourelée de quinze cents pas dont parle Eumène, qui fut détruite par César après la reddition de la place (an 49 avant notre ère), reconstituée un siècle plus tard (vers 70 ap. J. C.) grâce à la générosité du médecin Crinas (1), ruinée de nouveau après le siége des Burgundes en 412, rétablie par Charlemagne, et qui paraît avoir subsisté presque sans modification jusqu'au dixième ou au onzième siècle.

Considérée dans son ensemble, l'enceinte de Marseille du temps de César ne diffère que très-peu de celle du moyen âge ; et il semble résulter de la lecture des *Commentaires* et des récits détaillés du siége entrepris par l'armée romaine, qu'elle avait quatre portes :

---

(1) Crinas laissa, dit-on, à Marseille, sa patrie, dix millions de sesterces pour relever ses murailles.

la principale était au centre, au point où aboutissait la voie Aurélienne; c'était la porta *Annonaria*, qui a été pendant tout le moyen âge la porte *Annonerie*, et conduisait à Aix, aux Fosses Mariennes, à Arles et dans tout le centre de la Gaule; — la seconde devait se trouver à l'extrémité ouest du rempart, près de la tour Sainte-Paule, et est devenue la *porte Gal, porta Galleca* ou *Gallica*; elle s'ouvrait sur la crête de la falaise, en face d'un chemin qui gravissait le flanc méridional de la petite colline du Lazaret, qui a disparu complétement aujourd'hui; — la troisième était placée au pied de la colline des Carmes; — la quatrième, enfin, était presque au sud, à l'endroit le plus rapproché du port, de l'arsenal, *navigia*, et donnait accès sur les marais de la Cannebière. C'était de là que partait la route littorale qui conduisait aux colonies marseillaises, *Tauroentum*, *Citharista*, etc., établies sur la côte ligurienne; non loin de la porte, une double bifurcation permettait de se rendre au pays des *Albici*, les alliés de Marseille, et au Champ de Mars, voisin de la ville. qui correspondait au plateau de la butte Saint-Michel, et auquel on accédait par un petit chemin dont on retrouve le nom dans les chartes du douzième siècle, *via de Campo Martio*.

## IX

Les chantiers maritimes ou l'arsenal, *navigia*, étaient peut-être les premiers du monde. Ils étaient situés sur les berges du port, dans la partie la plus profonde, près de l'endroit où a été découverte la galère échouée dont nous avons parlé plus haut. « On y voit, dit Strabon, une grande quantité de navires, d'armes et d'engins de toute sorte, tant pour la navigation que pour le siége des villes..., et tout ce qui concerne l'art des constructions, la confection des machines et la fabrication des choses nécessaires à la marine y est ordonné et administré avec un soin extrême (1). »

La citadelle, au contraire, qui joua un rôle si important dans le siége de César, occupait le sommet de la ville et touchait presque le rempart; et l'on est conduit tout naturellement à la placer soit sur la butte des Carmes, soit préférablement sur celle des Moulins. C'était ce qu'on appelle, en termes de fortification, le réduit de la place, à la fois forteresse et sanctuaire, assez semblable à toutes les acropoles des villes grecques. On y avait groupé dans le principe les monuments

---

(1) Εἰσὶ δὲ νεώσοικοι παρ' αὐτοῖς· καὶ ὁπλοθήκη. Πρότερον δὲ καὶ πλοίων εὐπορία καὶ ὅπλων καὶ ὀργάνων τῶν τε πρὸς τὰς ναυτιλίας χρησίμων καὶ τῶν πρὸς πολιορκίας;... (STRAB., *Géog.*, l. IV, c. IV.)

consacrés aux divinités phéniciennes. Plus tard, les Phocéens y substituèrent leurs propres temples. Le culte d'Apollon remplaça celui de Baal; l'Astarté syrienne fut détrônée par Diane Artémise; et c'est là que, vers l'an 600 avant notre ère, la prêtresse Aristarché adressait ses prières et ses offrandes à l'image qu'elle avait pieusement apportée d'Éphèse, et qui rappelait à la colonie grecque le double souvenir de la patrie absente et de la déesse bien-aimée. Les géographes anciens affirment en effet, avec la plus grande autorité, que l'acropole de Massalia contenait à la fois un Ephésium, un sanctuaire d'Apollon Delphien, des temples consacrés à Minerve, à Vénus et à Junon (1).

La cité sainte dominait ainsi la ville marchande ; et c'était au pied de son escarpement, presque sous sa protection, que se tenaient les réunions publiques, au devant de la célèbre tour des Accoules, qui fut le véritable cœur de Marseille au moyen âge, et sur la place du Vieux-Palais, qui est restée jusqu'à ces derniers temps le siége de toutes les assemblées tumultueuses et politiques, et semble avoir conservé,

---

(1) Ἐν δὲ τῇ ἄκρᾳ τὸ Ἐφέσιον ἵδρυται, καὶ τὸ τοῦ Δελφίου Ἀπόλλωνος ἱερόν. (STRAB., Geog., l. IV.)

*Petitoque ut intrare illi urbem et deos eorum adorare liceat, quum in arcem Minervæ venisset, conspecto in porticibus simulacro Deæ.....* (JUST., l. XLIII, c. v.)

pendant plus de vingt siècles, les traditions populaires de l'agora phocéenne et du forum romain.

## X

Il faut renoncer malheureusement à retrouver l'emplacement exact, encore moins les principales dispositions architecturales des édifices grecs ou phéniciens. Marseille n'a rien ou presque rien conservé de ses premiers monuments. Elle a traversé, au milieu d'orages sans nombre, toutes les périodes historiques connues; et, après ce voyage de trois mille ans dans l'histoire, elle ne nous a pas même laissé de ruines. Plus encore que la Ville Éternelle qui démolissait le Colisée et le tombeau d'Adrien pour bâtir des maisons, elle a détruit jusqu'à la dernière pierre ses temples, ses portiques et ses remparts. Elle a subi vingt pestes, autant d'incendies et des siéges terribles. Prise, saccagée, décimée par le pillage et les plus terribles épidémies, elle s'est rebâtie plusieurs fois à la hâte, sans respect pour les grands souvenirs et les monuments de son histoire, en se servant des premiers matériaux qu'elle trouvait à sa portée, et l'on dirait que chaque génération a pris à tâche de détruire tout ce qui appartenait à la génération précédente.

Les villes qui n'ont eu qu'un développement moyen et progressif, celles surtout qui ont peu à peu décliné et qui se sont lentement éteintes, offrent presque à fleur de terre une riche moisson de débris précieux. Le sol bouleversé de Marseille n'est pas même un amas de décombres ; car les décombres ont été emportés ou utilisés comme matériaux de construction ; et il faut creuser profondément la terre pour y retrouver de loin en loin quelque vestige douteux du passé. Quelques stèles phéniciennes qui sont encore une énigme, des inscriptions en assez petit nombre et des monnaies en abondance, voilà tout l'héritage d'une colonie puissante qui a été, pendant dix siècles, la ville grecque par excellence de la Narbonnaise et qui s'intitulait avec orgueil l'Athènes des Gaules, la sœur de Rome et la rivale de Carthage. On n'a conservé à Marseille aucun monument, aucune enceinte, presque pas de statues. Tout ce qui rappelle l'art a disparu, et il semble que la cité phocéenne ait livré à la mer et à l'âpre vent du nord le dernier grain de sa poussière antique.

## XI

Ce n'est donc que par la pensée et en s'aidant des textes anciens que l'on peut ressusciter la Massalia de l'époque césarienne ou impériale.

Elle nous apparaît alors dans ses proportions réduites ; et d'un seul regard nous pouvons en saisir la forme générale et le relief complet. L'étude raisonnée du siége qu'elle a soutenu contre les armées de César nous conduit à penser que sa population ne devait pas dépasser quarante mille âmes ; et son enceinte tourelée de quinze cents pas, appliquée sur le terrain, embrasse à peine une surface de soixante-dix hectares.

Les maisons étaient basses, à un seul étage, légèrement construites, comme la plupart des habitations phocéennes ; et, malgré la proximité des carrières, on avait réservé les matériaux de prix pour les édifices publics. Les magasins et les hangars qui côtoyaient la grève, désignés sous le nom de *Cannabæ*, n'étaient le plus souvent construits que de planches ou de terre battue ; et il n'est peut-être pas téméraire de chercher dans cette modeste origine l'étymologie de l'opulente Cannebière, *Cannabi-arium* (1).

L'arsenal occupait la rive droite et le fond du port ; et la rive opposée était noyée dans les marais qui s'étendaient jusqu'aux pieds de la montagne.

Vue de la mer, la cité grecque présentait ainsi trois étages. Au premier plan, le port et les vaisseaux rangés contre la grève formaient comme une ville flottante. Au deuxième, s'élevait la ville proprement dite, dont les maisons étaient adossées au versant méridional de ses trois collines. Au sommet, enfin, se dressait l'acropole avec ses

---

(1) *Non minus etiam Massiliæ animadvertere possumus sine tegulis subacta cum paleis terra tecta.* (Vitruve, l. II, c. 1.)

temples en marbre blanc; dont les lignes droites et pures se détachaient nettement sur l'azur du ciel. C'était presque le paysage de l'Attique et de l'Ionie, c'était aussi le même climat; et les émigrants de Phocée avaient ainsi retrouvé, sur la côte hospitalière de la Gaule, leurs collines boisées et leurs montagnes arides, leur petit archipel rocheux et dentelé, leurs horizons lointains — la même mer enfin et le même soleil.

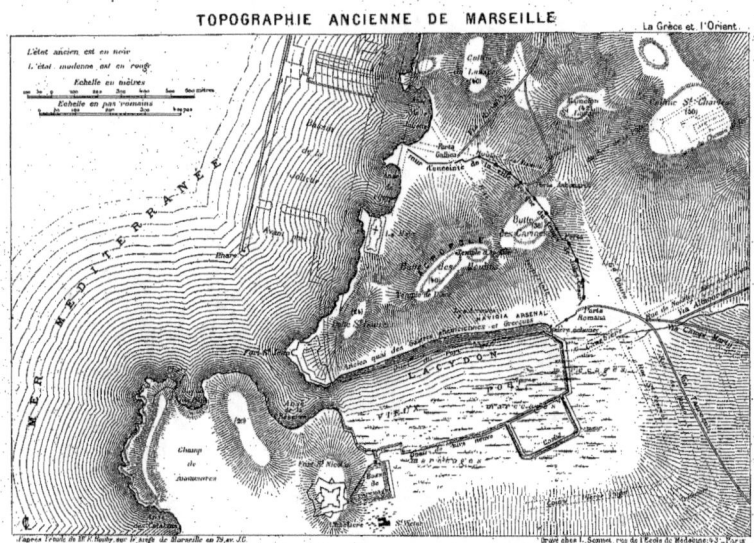

# CHAPITRE DIXIÈME.

## MARSEILLE GRECQUE-PHÉNICIENNE-CHRÉTIENNE.

Arrivée des Grecs sur la côte de la Ligurie. — La légende de Gyptis et de Protis. — Premières années de Massalia. — Son alliance avec Rome. — Développement de son commerce et de sa navigation. — Pythéas et Euthymène. — Siége de Marseille par César. — Perte des colonies. — Décadence. — Corruption des mœurs. Incursions des Phéniciens en Gaule ; leurs colonies dans la Méditerranée. — Routes phéniciennes. — L'Hercule tyrien en Provence. — Stèles de *Melkarth* et inscriptions du temple de Baal. — Monnayage massaliote. — Types de Diane et d'Apollon. — Le lion marseillais. — Le taureau *cornupète ;* réminiscence des courses thessaliennes. — Monnayage gréco-celtique. — Les caractères grecs sur les inscriptions et les monnaies gauloises du littoral. — La langue grecque à Marseille. — L'idiome grec des pêcheurs. — Organisation politique. — L'éphébie. — Les arts. — Vénus ionienne. — Inscriptions gréco-orientales de la Provence. Introduction du christianisme en Gaule. — École critique, école traditionnelle ; discussion. — Établissements des chrétiens. — L'église primitive. — Les sociétés funéraires. — Catacombes de Marseille. — Abbaye de Saint-Victor. — La grande tradition chrétienne de la Provence. — Absence de preuves historiques. — Conclusions.

## I

L'histoire de Marseille, comme de toutes les villes maritimes, n'est autre que celle de son port ; et notre intention n'est pas de parler ici avec détail de cette étonnante prospérité commerciale qui a suivi, pendant près de trois mille ans, une marche progressive à peine interrompue par quelques désastres passagers. Il est impossible, d'ailleurs, d'avoir des données exactes et réellement scientifiques sur les origines de cette ville célèbre. La fable et la légende sont intimement mêlées dans les récits des premiers historiens; et ces historiens eux-mêmes, postérieurs de plusieurs siècles aux événements qu'ils racontent, semblent avoir pris plaisir à leur donner une sorte d'auréole poétique et mystérieuse.

Tout ce que l'on sait avec certitude, c'est que la côte méridionale de l'ancienne Celtique a été habitée de toute antiquité par la race ligure plus ou moins mélangée d'éléments ibériens. Ces Ligures, qui ont dominé, aux époques les plus éloignées de l'histoire, dans toute la partie de la Gaule s'étendant depuis le Rhône jusqu'aux Alpes, paraissent être restés une population essentiellement fixée au sol; leurs incursions et leurs brigandages étaient, pour ainsi dire, tout locaux; et ils regardaient la mer comme une limite infranchissable.

D'après Strabon et Scymnus de Chio, ils se divisaient en trois peuplades : les Salyens ou Salluviens, *Salyi* ou *Salluvii*, qui s'étendaient jusqu'à la Durance; les Oxybiens, *Oxybii*, qui occupaient la vallée de l'Argens, où devait plus tard s'élever la ville impériale de Fréjus, *Forum Julii;* les Décéates enfin, les plus rapprochés de l'Italie, qui habitaient le territoire d'Antibes et la région des Alpes Maritimes. La petite tribu des Ségobriges n'était, au dire de Justin, qu'une fraction de celle des Salyens et occupait la basse région du Rhône, depuis Arles jusqu'à la mer.

## II

Une légende poétique, devenue presque classique à force d'avoir été reproduite par les historiens et les géographes de tous les temps, raconte que, dans la première année de la 45ᵉ olympiade (an de Rome 154 — 599 ans av. J. C.), une flottille grecque partit du port de Phocée, l'une des douze villes ioniennes de l'Asie Mineure, sous la conduite d'un aventurier du nom d'Eumène ou de Protis, et vint aborder dans le petit fiord naturel où devait s'élever plus tard l'opulente Massalia. La première préoccupation des nouveaux débarqués fut de se placer sous la protection de la tribu des Ségobriges, et ils ne trouvèrent rien de mieux que d'envoyer, avec quelques présents, une ambassade à leur roi *Senannus, Nannus* ou *Nann*, qui habitait Arles. Par une heureuse coïncidence, l'ambassade arriva le jour même où Nann réunissait à sa table les premiers guerriers de sa tribu, et demandait à sa fille Gyptis de se choisir un époux parmi eux. L'arrivée du jeune Grec fut un véritable coup de théâtre; il prit place au banquet. Sa bonne grâce naturelle, ses manières séduisantes, la noblesse et l'élégance de sa personne et de ses traits contrastaient singulièrement avec l'allure farouche et vulgaire des autres convives.

Libre dans son choix, impérieuse et passionnée, cédant peut-être à un vague désir d'indépendance et à l'invincible attrait de l'inconnu, la blonde fille du Rhône s'avança résolûment vers lui, et, sans écouter les murmures de ses prétendants éconduits, lui tendit fièrement la coupe symbolique des fiançailles. Protis la porta sans hésitation à ses lèvres, et l'alliance fut conclue.

L'exemple de Gyptis entraîna un certain nombre de ses compagnes; et la colonie naissante se construisit à la hâte quelques habitations, un temple et une première enceinte qui devait la mettre à l'abri d'un coup de main. Il était temps; car le souvenir de l'injure reçue, la prospérité et le développement rapide de la jeune colonie, et probablement la défection plusieurs fois renouvelée de leurs femmes et de leurs filles, avaient excité au plus haut degré la haine jalouse des Ségobriges. Profitant des fêtes de Flore, ils se présentèrent un jour en grand nombre, après avoir introduit dans les murs de la ville des armes cachées dans des chars couverts de feuillage. Mais l'amour, qui avait fondé la ville ionienne, devait aussi la sauver. C'était, paraît-il, dans la destinée des filles d'Arles de subir le charme des enfants de Phocée; une jeune femme dévoila le complot; les Massaliotes s'emparèrent de ces armes mêmes qui devaient leur être fatales, et une sanglante hécatombe consolida à tout jamais leur établissement sur la côte ligurienne. Ils appelèrent alors tous leurs frères d'Ionie ; ceux-ci arrivèrent en masse, et la fortune de Marseille suivit, dès cette époque, une progression véritablement merveilleuse.

C'est toujours avec regret qu'on est obligé de renoncer à une légende et de retomber dans la réalité de l'histoire. Celle que nous venons d'écrire offre une saveur étrange et une sorte de grâce un peu barbare, qui la rendent particulièrement poétique et séduisante. Mais nous devons à la vérité historique de déclarer qu'aucun document sérieux ne permet d'affirmer l'existence de Nann, de Gyptis et du jeune Grec qui fut le héros de cette aventure un peu trop chevaleresque. Eumène et Protis ne sont, d'ailleurs, que des noms supposés (εὐμενής, doux, propice ; πρῶτος, premier) ; et tout ce que l'on peut dégager de positif des récits des historiens anciens, c'est que, vers l'an 600 avant notre ère, une première expédition grecque, envoyée sans doute en reconnaissance sur la côte méridionale de la Gaule, y rencontra tout de suite des conditions d'établissement assez favorables à la marine et au commerce, pour décider les habitants de Phocée à s'expatrier en masse et à quitter définitivement leur ville, en proie à toutes les dévastations d'Harpagus le Mède, lieutenant de Cyrus, alors maître souverain de la presque totalité de l'Asie civilisée (1). Il y a donc eu deux mi-

---

(1) Hérodote, *Hist.*, l. I, § 164.

grations grecques; la première, que les historiens placent cent vingt ans avant la bataille de Salamine, c'est-à-dire en l'année 599 avant Jésus-Christ, ne fut qu'une sorte d'avant-garde; la seconde eut lieu cinquante-sept ans plus tard, et correspond à la prise de Phocée par les Perses et les Mèdes (an de Rome 211— 542 ans av. J. C.); et c'est de cette dernière époque que datent l'occupation définitive et la colonisation grecque de la Provence.

### III

Les premiers temps de l'histoire de Marseille sont enveloppés de la plus profonde obscurité. S'il est vrai que, dès le principe, les émigrants de Phocée ne rencontrèrent aucune opposition de la part des tribus celtiques fixées sur la côte ligurienne, c'est qu'ils limitèrent leur occupation au petit groupe rocheux de Massalia, qui n'était pour eux qu'une simple escale, un lieu d'abri pour leurs vaisseaux et de dépôt pour leurs marchandises, et qu'en définitive ils durent être pour leurs voisins pauvres et presque sauvages (1) un précieux élément de richesses et de profits. Ce furent eux, en effet, qui firent connaître à la Ligurie barbare et grossière le blé, la vigne et l'olivier, c'est-

---

(1) *Feras gentes Gallorum.* (Justin., l. XLIII, c. III.) — *Cincta Gallorum gentibus barbariæ fluctibus alluitur.* (Cicero, *Pro Flacco.*)

à-dire ses plus riches cultures; et leurs navires, en relations sans cesse renouvelées avec tous les ports de la Grèce, de l'Asie Mineure, de l'Italie, de l'Espagne, apportaient l'or, l'argent, le cuivre, le corail, toutes les marchandises précieuses et tous les produits fabriqués de l'Orient, qui était alors à l'apogée de sa civilisation.

Toutefois les Massaliotes essayèrent bientôt de s'agrandir; et c'est alors que commencèrent leurs démêlés avec les populations liguriennes; mais, en gens pratiques, ils avaient eu soin de se ménager la protection des armées romaines; et l'histoire n'offre rien de plus curieux que cette alliance durable entre deux nations essentiellement différentes de mœurs, de langage et de goûts. Rome prêtait ses légions; Marseille, ses galères et son or; et ce fut, pendant près de six siècles, un véritable échange de bons procédés, une sorte de contrat synallagmatique observé des deux côtés avec une fidélité qui a lieu de surprendre, si l'on considère que les deux parties étaient, l'une, une société de commerçants et presque de pirates, et l'autre, le peuple le plus positif et le moins scrupuleux de la terre.

C'est ainsi que les Massaliotes regardèrent le sac de Rome par les Gaulois comme un véritable deuil pour leur jeune république, et envoyèrent même à leurs amis trahis par la fortune une partie de leur trésor public pour compléter la rançon exigée par les barbares. Les premiers, ils donnèrent avis aux Romains de l'approche d'Annibal vers l'Italie, signalèrent la présence de la flotte carthaginoise aux embouchures de l'Èbre, et, lorsque après la bataille de Cannes le salut de Rome parut désespéré, mirent à sa disposition tous les secours et toutes les forces dont ils pouvaient disposer. Menacée dans son existence par l'invasion des Ambro-Teutons, la ville phocéenne prêta encore à Marius le concours de ses armées et de sa flotte, assura le ravitaillement de son camp des Alpines, contribua ainsi puissamment à la célèbre victoire remportée sur les bords de l'Arc près de la plaine de Pourrières ; et nous avons déjà vu que, pour la récompenser de cette participation, le général romain lui céda la propriété du canal des Fosses-Mariennes qui lui ouvrit la route directe de la vallée du Rhône.

Les Romains, d'ailleurs, très-désireux de ne laisser échapper aucune occasion de mettre un pied dans la Gaule, vinrent avec empressement au secours de la colonie grecque, toutes les fois qu'elle leur fit appel. Ainsi, dans la guerre de Marseille contre les Décéates et les Oxybiens (143 ans av. J. C.), ils sauvèrent deux de ses comptoirs menacés, Nice et Antibes, et lui firent don, après la victoire, d'une partie du territoire conquis. Dix-huit ans après, ils entreprirent contre les Salyens, dans la vallée de la Durance, une campagne célèbre qui eut pour résultat sinon de soumettre complétement cette tribu ligure, du moins de la réduire à la défensive et de l'éloigner définitivement de la côte. C'est alors que Caïus Sextius Calvinus détruisit leur principale ville dont on voit encore quelques restes près d'Aix, et établit un camp militaire, *castrum*, destiné à protéger l'occupation romaine. Ce camp devint dans la suite une ville et une colonie dont le nom, *Aquæ Sextiæ*, Aix en Provence, rappelle à la fois les sources thermales qui firent sa fortune et le proconsul romain qui fut son fondateur. Les Ligures furent rejetés dans les montagnes, contraints d'abandonner aux Massaliotes toute la bande littorale qui s'étend depuis les embouchures du Rhône jusqu'au Var, et, d'après le témoignage de Strabon, « obligés de se tenir éloignés à la distance de douze stades des rivages qui offraient des ports commodes, et à celle de huit stades des côtes couvertes de rochers (1) ».

## IV

Marseille devint alors réellement maîtresse de tous les ports de la Gaule. Rome la traitait de sœur et lui décernait le titre d'alliée, *fœderata* (2). Son crédit était tel que, lorsque le sénat romain eut décrété, après la guerre d'Asie, la destruction

---

(1) STRABON, *Géog.*, l. IV, c. I.
(2) *At in ora Massilia Græcorum Phocæensium fœderata* (PLIN., l. III, c. IV.)

de l'ancienne Phocée, qui avait soutenu les armes d'Antiochus, elle fit révoquer l'arrêt terrible des vainqueurs; et la Phocée gauloise put ainsi sauver d'une ruine complète la ville mère d'où ses aïeux étaient sortis. Elle conservait de nombreuses relations avec la Grèce; on trouve encore, aux environs d'Athènes, des inscriptions qui portent les noms des Grecs de Marseille (1); et l'on sait que, vers l'an 340 avant Jésus-Christ, Démosthènes plaidait à *l'agora* pour un Marseillais qui avait chargé indûment à Syracuse des céréales à destination du Pirée.

Ses colonies et ses comptoirs formaient comme une couronne littorale depuis Ampurias et Rhodé en Catalogne jusqu'aux confins de l'Étrurie. Libre, riche et protégée par les légions romaines, elle cultivait avec ardeur les sciences, les lettres et surtout les arts utiles à la navigation. Déjà vers l'année 350 avant Jésus-Christ, deux de ses plus illustres citoyens, Pythéas et Euthymène, lui avaient ouvert les routes des mers les plus lointaines, que les Phéniciens seuls avaient peut-être parcourues autrefois, mais dont ils avaient gardé mystérieusement le secret.

A la fois astronome, mathématicien, géographe, navigateur et le plus ancien écrivain qu'ait pro-

---

(1) Voir l'inscription funéraire de Chalandis, près d'Athènes, ainsi conçue : Κλεοπάτρα Ἀλεξάνδρου Μασσαλιῆτις. (HERZOG, *Revue archéol.*, 1846.)

duit la Gaule, Pythéas fut chargé par ses compatriotes de faire, au nord de l'Europe, un voyage d'exploration dans le but d'ouvrir de nouveaux débouchés à leur commerce. Il côtoya l'Espagne, la Lusitanie, l'Aquitaine, l'Armorique, suivit les côtes de la Grande-Bretagne, et reconnut l'île de *Thulé,* Islande. Dans un second voyage, il pénétra par le Sund dans la Baltique, et s'avança jusqu'à l'embouchure du Tanaïs, qui paraît être la Vistule ou la Dwina. A son retour, il exposa ses découvertes dans deux ouvrages, dont Pline et Strabon nous ont conservé quelques fragments précieux; et, grâce à ses travaux, Marseille fut la première ville dont la latitude a été déterminée avec une certaine précision.

A peu près à la même époque, Euthymène entreprenait, par ordre de la république, un voyage de recherches vers le sud-ouest, parcourait toute la côte occidentale de l'Afrique, en rapportait la poudre d'or, l'un des instruments d'échange les plus estimés, et pénétrait jusqu'à l'embouchure du Sénégal (1).

L'abaissement d'Athènes après la bataille de Chéronée, l'asservissement de la Grèce, la prise de Tyr, la ruine de Carthage accrurent successivement l'importance de la ville phocéenne et mirent le comble à sa fortune; cent ans avant notre

---

(1) *Hist. des villes de France :* Marseille, par J. DE GAULLE et BAUDE, Paris, 1844.

ère, elle avait hérité de la plus grande partie du commerce de la Méditerranée et de l'Orient. La mer lui appartenait; la Grèce, la Syrie et l'Égypte lui envoyaient tous leurs produits; et elle était devenue le premier comptoir du monde, lorsque, cédant à une inspiration malheureuse, elle intervint dans la guerre civile entre Pompée et César, et embrassa maladroitement le parti de celui qui devait finir par être vaincu.

La prise de Marseille (49 avant J. C.) par Trébonius, lieutenant de César, et les deux batailles navales qui ruinèrent sa flotte, la mirent à deux doigts de sa perte. Toutefois César se montra relativement généreux pour la ville conquise; il ne la détruisit pas de fond en comble; mais il prit tout aux Massaliotes, leurs armes, leurs vaisseaux, leur argent. Il leur enleva toutes leurs colonies, à l'exception de Nice, et leur imposa une garnison de deux légions. « Malgré les sujets de plainte que les Marseillais leur avaient donnés pendant la guerre, dit Strabon, César et ses successeurs les ont traités avec modération en souvenir de leur ancienne amitié; ils les ont maintenus dans la liberté de se gouverner suivant leurs anciennes lois, de manière que ni Marseille, ni les terres qui en dépendent ne sont soumises aux gouverneurs que Rome envoie dans la Narbonnaise (1). »

---

(1) Strabon, *Géog.*, l. IV, c. 1.

Ainsi, quoique dépouillée de sa puissance politique, la cité phocéenne continua à être une des premières villes du monde par le négoce et par les arts. Un instant arrêtée dans son développement, elle ne tarda pas à reprendre son essor, releva rapidement son commerce, reconstitua sa flotte et acquit sous l'empire un nouveau genre de célébrité (1). Elle posséda alors une école florissante de rhétorique et de philosophie. Elle avait remplacé Athènes, et l'aristocratie romaine venait de toutes parts pour y recevoir une éducation brillante. En même temps, et comme conséquence naturelle, ses mœurs, jadis sévères et pures, s'adoucirent tellement qu'elles finirent par se corrompre. Sous la protection des Romains, la république massaliote continuait sans doute à être une ville marchande et de grand commerce; mais tous ces Grecs dégénérés et gâtés, *Græculi*, souples, rusés et doués d'une intelligence étonnante, favorisèrent à l'envi la dépravation de l'empire, et devinrent en quelque sorte, pour la jeunesse romaine, de véritables instruments de plaisir.

Le temps n'était plus où les jeunes gens des grandes familles de Rome, tels qu'Agricola, venaient à l'école de Marseille, comme jadis à celle d'Athènes, et y passaient, sous les meilleurs maîtres et loin des séductions du vice, les plus pures et

---

(1) E. Rouby, *le Siége de Marseille.*

les plus fécondes années de leur vie (1). Marseille était devenue la Corinthe des Gaules. Aller à Marseille, *Massiliam naviges*, était devenu le synonyme de se livrer à la débauche; et cette décadence morale, entretenue par une prospérité matérielle toujours croissante et par le va-et-vient continu d'une population imbue de tous les vices des pays exotiques (2), altérée de gains et des jouissances faciles, est restée depuis bientôt vingt siècles un des traits saillants de la grande cité phocéenne.

Malgré les trois mille ans qui pèsent sur elle, Marseille est certainement une des villes les plus ardentes, les plus jeunes, les plus séduisantes qui soient au monde; mais avant tout c'est un marché international, un centre d'affaires et de trafic, un foyer de luxe et de plaisirs.

---

(1) *Arcebat eum ab illecebris peccantium, præter ipsius bonam integramque naturam, quod statim parvulus sedem ac magistram studiorum Massiliam habuerit, locum Græca comitate, et provinciali parcimonia mistum ac bene compositum.* (Tacite, *Agricola*, iv.)

(2) Strabon observe avec raison que les mœurs ne se maintiennent dans toute leur pureté que chez les nations éloignées des rivages maritimes. « Il a suffi, dit-il, que les peuples aient voulu essayer de la mer pour que les mœurs se soient aussitôt gâtées, et pour qu'on les ait vus prendre, des différentes nations auxquelles ils se mêlaient, le goût du luxe, les habitudes mercantiles et tous les vices qui en résultent. » (Strabon, *Géogr.*, l. VII, c. iii.)

## V

Plusieurs siècles avant d'avoir reçu la visite de la Grèce, la côte de la Provence avait reçu celle de l'Orient. Mais il est malheureusement impossible d'avoir des notions à peu près historiques sur les événements qui se sont passés sur notre sol gaulois mille ou douze cents ans avant notre ère; et, alors que l'Égypte et la plus grande partie de l'Orient, jouissant d'une civilisation très-avancée, nous ont laissé, soit par leurs monuments, soit même par leurs écrits, des témoignages irrécusables d'une merveilleuse prospérité, l'Europe, inculte et presque sauvage, reste enveloppée de profondes ténèbres. Pour elle, l'histoire est en retard de près de dix siècles, et ce n'est que peu à peu et d'une manière fort lente que l'axe de la civilisation s'est déplacé vers l'Occident.

Longtemps avant que ce mot de civilisation puisse être prononcé chez nous, l'Asie connaissait la route de la Gaule, et les peuples navigateurs, les Phéniciens surtout, l'avaient dégagée de sa barbarie primitive. Les relations commerciales n'existaient pas encore d'une manière suivie; et personne ne voyageait, si ce n'est pour des expéditions de guerre ou de piraterie. Toutefois, de la piraterie au commerce régulier il n'y a qu'un pas; et il n'est pas douteux que les premiers commerçants tyriens ne l'aient franchi de très-bonne heure, et n'aient commencé leurs opérations de transit et de commission dans la période comprise entre le dix-neuvième et le treizième siècle avant notre ère. Deux ou trois cents ans après, on voyait apparaître leurs premières stations coloniales : Carthage, — Utique, — Hippone (Bone), — Panorme (Palerme), — **Lilybée** (Marsala), — Gadès (Cadix), etc.

## VI

On peut donc regarder aujourd'hui comme définitivement acquis à la science que, dès le onzième siècle, les Phéniciens avaient entouré d'une ceinture de colonies et de comptoirs tout le bassin de la Méditerranée depuis Malte jusqu'à Gibraltar, et étaient à peu près les maîtres absolus de la mer et de la côte. Toutefois, ils ne se bornèrent pas à l'occupation et à l'exploitation du littoral; la présence de leurs monnaies au cœur de plusieurs vallées indique qu'ils colonisèrent assez avant dans l'intérieur des terres; et ce qui le prouve mieux encore, c'est l'existence de la grande voie phénicienne qui, partant de l'Espagne, traversait les Pyrénées orientales, côtoyait une grande partie de la Méditerranée gauloise et, se dirigeant ensuite un peu vers le nord, franchissait les Alpes au col de Tende pour se rendre en Italie. D'après Polybe, cette œuvre, de proportions grandioses, remarquable surtout pour l'époque où elle fut entreprise, existait encore avant la seconde guerre punique; les Massaliotes se contentèrent de l'entretenir et d'y planter des bornes milliaires à l'usage des armées romaines; et ce fut sur ce tracé primitif plus ou moins rectifié que les Romains construisirent leurs deux grandes routes militaires de la Gaule, la *via Domitia* et la *via Aurelia*.

Divers autres tronçons d'une route littorale se retrouvent sur la côte même de Provence et mettaient autrefois en communication les colonies de Marseille, comme ils avaient dû dans le principe rapprocher les comptoirs phéniciens; c'était la *via Herculia*, et ce souvenir d'Hercule dans la région littorale de la Provence mérite d'être particulièrement remarqué. Nous l'avons déjà rencontré dans la plaine de la Crau, alors que le fils de Jupiter soutenait contre les Ligures une lutte héroïque. Un peu plus loin, dans la petite baie de Cavalaire (Var), on aperçoit les ruines d'une *Héraclée*, ville dédiée à Hercule, *Herculea Caccabaria*, aujourd'hui Saint-Tropez, dont le nom rappelle un des noms grecs de l'ancienne Carthage, *Kakkabé*. Une autre Héraclée se trouve sur les bords du petit Rhône, et fut le berceau de la ville de Saint-Gilles (Gard). Monaco, *Portus Herculis Monœci*, dont le rocher pittoresque, découpé en presqu'île sur la mer comme Gibraltar, l'ancienne *Calpé* phénicienne où se trouvaient les célèbres colonnes d'Hercule, était autrefois couronné par le temple du demi-dieu; et son culte, ainsi que son nom l'indique, μόνοικος, *Monœcus,* y était exclusif de celui de toute autre divinité.

La fréquence de ces désignations *héracléennes* indique le grand rôle qu'Hercule a joué sur le littoral de la Gaule méridionale, et permet de faire remonter la colonisation et la prospérité de toute la côte à une époque bien antérieure à l'occupation grecque. Hercule, en effet, n'a jamais été considéré comme un dieu hellénique proprement dit, et n'est autre que le fameux *Melkarth* phénicien, le « dieu seul et sans rivaux », le « dieu fort », identifié quelquefois avec le Baal syrien, et qui était adoré non-seulement à Tyr, mais dans toutes les colonies phéniciennes, c'est-à-dire sur tout le littoral de la Méditerranée. Les Grecs, qui ont tout embelli et tout poétisé, se sont emparés de ce type de l'Orient et l'ont approprié à leur polythéisme plus délicat et plus raffiné que celui des religions tout à fait primitives. L'Hercule grec n'a donc été que la transformation adoucie et en quelque sorte la réduction de l'Hercule tyrien.

Une des plus anciennes traditions orientales, qui s'est répandue successivement de l'Asie en Grèce et en Italie, où elle a été plusieurs fois altérée, parle de voyages accomplis dans tout l'Occident par le dieu tyrien Hercule, et d'un premier âge de civilisation qui aurait été la conséquence du passage de ce héros mystérieux et protecteur. Le vague souvenir d'un état meilleur amené par le bienfait d'étrangers puissants, de conquérants d'une race divine, semble s'être perpétué de génération en génération, pendant les premiers siècles de l'époque gauloise ou celtique.

A vrai dire, cette légende orientale n'est qu'un symbole, et l'Hercule phénicien ne saurait être sérieusement considéré comme un personnage fabuleux ou une abstraction poétique. Voyageur intrépide, posant et reculant tour à tour les bornes du monde, fondateur de villes tyriennes, conquérant de pays subjugués par les armes tyriennes, le dieu n'est en réalité que le peuple lui-même qui a exécuté ces grands travaux. Le détail de ses courses dans la Gaule permet de suivre la marche, les luttes, le triomphe et la décadence de la colonie, dont il n'est que la représentation et le symbole; c'est en définitive le génie tyrien personnifié et déifié, et sa légende n'est autre que l'histoire même de ses adorateurs [1].

## VII

Quoi qu'il en soit, et tout en faisant les plus grandes réserves sur la valeur scientifique que l'on peut accorder à des traditions qui touchent de si près à la fable, il est certain que tout le lit-

---

[1] Amédée THIERRY, *Hist. des Gaulois,* première partie, chap. 1er, 1828.

toral de la Provence a été *orientalisé* vers le onzième ou le douzième siècle avant notre ère ; il est dès lors bien difficile d'admettre que, seule de toutes les baies de la Méditerranée, celle de Marseille, si favorable à l'établissement d'un port, ait échappé à la colonisation phénicienne, et que ces navigateurs intelligents, qui ont parcouru toutes les mers et tous les fleuves de l'ancien monde, qui ont établi des comptoirs sur toutes les côtes et dans le voisinage des plus grands courants fluviaux, n'aient pas songé à pénétrer dans le cœur de la Celtique par le Rhône, qui a été de tout temps l'une des plus grandes voies commerciales du continent ; et, comme il leur était impossible d'établir un port aux embouchures mêmes du fleuve, obstruées par l'ensablement, et dans la zone atterrie de son delta, ils durent naturellement chercher à proximité une rade sûre et tranquille, et présentant toutes les conditions d'une station ou d'un entrepôt maritime.

Le nom seul de *Phœnicé,* donné à l'une des trois îles du petit archipel noyé dans la rade de Marseille, est en quelque sorte la signature du peuple qui l'a occupée. On peut sans doute regretter de ne posséder, sur notre sol même, que très-peu de débris d'une civilisation certainement très-avancée et dont la durée, difficile à préciser, n'a pas dû être moindre que cinq à six siècles ; mais il est assez facile d'expliquer cette pénurie.

D'une part, ce peuple navigateur et trafiquant

par excellence paraît en général s'être très-peu soucié de la gloire des armes, et n'avoir été attiré que par le goût du commerce et des affaires industrielles et lucratives. On sait qu'une des principales branches de son trafic était, dans l'Occident, l'ivoire d'Afrique et les riches minerais de plomb argentifère qui gisaient presque à fleur de sol, sur la côte d'Espagne ou dans les gorges des Pyrénées orientales, et dont les principaux filons sont aujourd'hui tellement épuisés que les scories seules pourraient en être utilisées par l'industrie moderne. Or, cette prospérité commerciale n'avait pu s'acquérir et surtout se maintenir qu'à la faveur d'un profond mystère et d'une rigoureuse discrétion. La source de la fortune de Tyr n'était pas à ses portes et résidait principalement dans des pays dont l'accès était en général ignoré. Le secret des voyages et des itinéraires était donc la condition même de ce genre de négoce, et il est très-probable que les riches produits de l'Occident apparurent longtemps sur les marchés de la Grèce et de l'Orient, sans qu'il fût possible d'en préciser la provenance. Les Phéniciens ont donc pu être appelés avec raison un peuple essentiellement discret et silencieux, et ont laissé le moins possible des traces de leur passage.

D'autre part, les études récentes entreprises sur les débris des races sémitiques, le nombre inespéré de documents originaux recueillis, permettent de se faire une idée assez exacte de ces peuples primitifs; et l'on sait aujourd'hui qu'ils avaient une histoire écrite, et que si leurs livres et leurs archives ont disparu, c'est que les Grecs et les Romains, auxquels ils ont cédé l'empire du monde, les ont presque partout détruits (1). On ne peut s'empêcher dès lors d'admirer ce petit peuple dont le territoire avait à peine cinquante lieues de longueur, et qui, presque à l'origine des temps historiques, avait déjà ouvert tout le bassin de la Méditerranée au commerce et à l'industrie. « Inventeurs de l'écriture alphabétique, du calcul et de l'astronomie qui était indispensable à leur navigation, architectes habiles, orfévres, bijoutiers, graveurs sur pierres, métallurgistes, fondeurs, ornementistes, tisserands, teinturiers, verriers, monnayeurs, passés maîtres dans toutes les industries, marins admirables, négociants intrépides, les Phéniciens, par leur incomparable activité, étreignaient le vieux monde; et, depuis le golfe Persique jusqu'aux côtes de la Bretagne, soit par leurs caravanes, soit par leurs vaisseaux, ils allaient partout vendre et acheter (2). » Leur rôle dans la marche de l'humanité a été bien supérieur à celui de l'immobile et lourde Égypte; dans ces temps antiques où l'on ne pliait que sous la force brutale, ils ont surtout régné par les arts

---

(1) E. Desjardins, Acad. des inscript. et belles-lettr., 1877.
(2) E. Vinet, *l'Art et l'Archéologie* : Mission de Phénicie, Paris, 1862.

et par la paix ; et, lorsqu'ils ont disparu, emportant avec eux le secret de leurs entreprises, le génie de la civilisation semble s'être un instant voilé, et le vieux monde serait certainement retombé dans sa barbarie première, si les Grecs n'avaient pas continué leur grande œuvre de colonisation et de progrès.

## VIII

L'existence d'une Massalia phénicienne antérieure à la Massalia grecque ressort, d'ailleurs, des récits des auteurs les plus anciens. « Les Phocéens, écrivait Thucydide vers le milieu du cinquième siècle avant notre ère, en fondant Massalia, remportèrent sur les Carthaginois une victoire navale (1) » ; et Pausanias, commentant en quelque sorte le texte du plus ancien historien de l'antiquité, ajoutait : « Après avoir vaincu les Carthaginois dans un combat naval, les Phocéens s'emparèrent de leurs pays qu'ils occupent maintenant, et ils y parvinrent à une très-grande opulence (2). »

On voit que la colonie de Carthage avait déjà pris, au sixième siècle, la place de Tyr la métro-

---

(1) Φωκαεῖς τε Μασσαλίαν οἰκίζοντες Καρχηδονίους ἐνίκων ναυμαχοῦντες. (Thucyd., *Guerre du Péloponèse*, l. I, c. xiii.).

(2) Γενόμενοι δὲ ναυσὶν ἐπικρατέστεροι Καρχηδονίων, τήν τε γῆν, ἣν ἔχουσιν, ἐκτήσαντο, καὶ ἐπὶ μέγα ἀφίκοντο εὐδαιμονίας. (Pausanias, in *Phoc.*, ch. viii, § 6.)

pole; et, si l'on rapproche ces textes des témoignages des géographes et des historiens classiques, Polybe, Ammien Marcellin, Strabon, Pomponius Méla, Diodore de Sicile, Denys d'Halicarnasse, etc., on est conduit à regarder comme tout à fait certain que l'arrivée des Grecs sur la côte de Provence a coïncidé avec le déclin de la puissance phénicienne.

Des découvertes archéologiques assez récentes sont venues, d'ailleurs, donner une preuve matérielle et tout à fait positive de l'occupation phénicienne.

Sans parler des médailles et des monnaies de Tyr et de Carthage qu'on a recueillies dans toute la Gaule méridionale et à Marseille même, les travaux de remaniement de la ville moderne ont ramené au jour, presque sur l'emplacement de l'ancienne acropole, quarante-sept petits édicules en pierre, d'un style archaïque bien antérieur à l'époque grecque. Ce sont de véritables chapelles monolithes et portatives, qui présentent l'analogie la plus frappante et la plus significative avec celles qu'on a découvertes, dans ces derniers temps, soit en Afrique dans les ruines de l'ancienne Carthage, soit en Orient à Tyr, à Sidon, à Byblos, à Palmyre, à Baalbec. Le travail est grossier, presque naïf, et dénote chez l'artiste cette inhabileté de main et cette simplicité enfantine qui caractérisent les sculptures primitives de l'Orient.

Toutes ces stèles représentent des figures en relief, assises, enfermées dans une sorte de niche, et dont la roideur inanimée rappelle, à plus de quinze siècles de distance, les statuettes presque informes de l'époque carlovingienne. L'une d'elles cependant, la mieux conservée peut être, nous offre un personnage debout et nu de la ceinture aux pieds. La tête, les épaules et la partie supérieure du corps sont recouvertes par un vêtement assez difficile à définir, et qui paraît être une peau de lion. La niche est encadrée entre deux pilastres massifs à chapiteaux indécis supportant un arc surbaissé, couronné lui-même par une sorte de fronton terminé par deux consoles en forme de volutes. Le personnage étend les bras en arc-boutant; ses mains et sa tête soutiennent la clef de voûte qui pèse sur lui; il semble qu'on ait voulu symboliser ainsi l'image de la force physique, et tout porte à croire que cette statue assez grossière est celle du Baal Melkarth tyrien, le « dieu fort » par excellence.

Une autre plus mutilée, vêtue d'une robe sans plis, la tête coiffée d'une tiare syrienne, les mains appuyées sur les genoux, dans l'attitude mystérieuse et tranquille des divinités de l'Égypte, paraît attendre les hommages de ses adorateurs. Quelques archéologues ont voulu voir dans cette image par trop fruste et grossière une Diane primitive des Phocéens qu'il faudrait, à cause de sa roideur et de son extrême archaïsme, reporter aux premiers âges de l'école ionienne; mais cette hypothèse est bien difficile à admettre, et rien n'est moins grec que ce petit monstre de pierre qui révèle une ignorance profonde de l'art, et nous semble être plutôt une représentation très-altérée de la Vénus phénicienne, l'impudique Astarté, dont le culte accompagnait souvent celui de l'Hercule tyrien. Une sorte d'animal, que l'état de dégradation de la pierre ne permet pas de définir, et que la déesse tient sur ses genoux, pourrait bien, dans cette hypothèse, être la colombe, son oiseau favori.

Les autres statuettes ont le même caractère archaïque et la même attitude. Les personnages, presque hideux, quelquefois obèses, toujours roides, n'ont aucune valeur artistique. La barbarie et la gaucherie de l'exécution leur donnent un véritable air de famille. C'est peut-être la même idole; tout au moins ces images grossières se rattachent-elles entre elles par des liens intimes et appartiennent-elles à la même hiérarchie céleste; et il est facile de les classer dans la série de ces divinités sémitiques que de récentes explorations en Phénicie ont appris à mieux connaître, et qui commencent à enrichir nos collections modernes.

## IX

Les stèles phéniciennes ont été découvertes en 1863; quelques années auparavant, en 1845, une fouille pratiquée dans les fondations d'une maison voisine de la Major mettait au jour deux précieux fragments de pierre, offrant une surface lisse et polie, et couverts de caractères indéchiffrables. L'examen géologique de la pierre a permis de reconnaître qu'elle ne provient pas du pays ; c'est un calcaire dolomitique, qui n'a aucun rapport avec ceux que fournit la côte de Provence, et tout à fait analogue à ceux des environs de Carthage, d'où elle a été vraisemblablement envoyée avec l'inscription. Cette inscription elle-même a vingt et une lignes ; le monde savant s'en est emparé ; les orientalistes l'ont déchiffrée et commentée. Elle contient quelques détails sur les prescriptions religieuses du culte de Baal, et le tarif des émoluments que les prêtres ou *suffètes* recevaient pour les sacrifices offerts par eux dans le temple de Marseille. Au nom du Dieu près, on dirait une page du Lévitique sacré, et cette précieuse épave nous donne les indications les plus certaines sur le gouvernement théocratique de l'antique Massalia (1).

Mais il y a plus, l'étude approfondie de l'écriture a permis de reconnaître que les caractères sont d'une époque assez basse et postérieure à la colonisation grecque ; il semble dès lors prouvé que l'arrivée des Grecs sur le territoire

---

(1) L'abbé Bargès, *Temple de Baal* à Marseille, 1847. — Id , *Inscription phénicienne* de Marseille, 1868.

de Marseille n'a pas eu pour conséquence l'expulsion immédiate de leurs prédécesseurs. Grecs et Phéniciens ont ainsi cohabité pendant un certain temps ensemble ; ces derniers avaient même conservé dans la ville grecque un comptoir, peut-être un quartier et très-certainement un temple, où leur culte était régulièrement suivi.

La ville de Marseille a donc été, vers le troisième siècle avant notre ère, comme elle l'est encore de nos jours, un entrepôt cosmopolite, une véritable ville marchande gréco-orientale, dans laquelle les négociants et les marins des deux nations les plus actives du monde vivaient côte à côte, entretenaient ensemble des relations d'affaires et se partageaient les bénéfices de tout le commerce international, qui ne franchissait alors que très-rarement les limites du bassin de la Méditerranée.

Le rôle de la grande nation phénicienne, presque à l'origine des temps historiques, ne saurait être mieux comparé qu'à celui des Vénitiens, qu'on serait presque tenté d'appeler les Phéniciens du moyen âge et de l'Italie. Tyr, comme Venise, a été pendant longtemps la reine de la Méditerranée. Le peuple phénicien a partout ouvert les voies à la civilisation grecque, a précédé les colonies de l'Hellade sur toutes les mers et dans tous les pays ; et la terre liguro-grecque de Provence a été, pendant près de dix siècles, occupée par ce peuple merveilleux, le premier, le plus intelligent et le plus courageux pionnier du monde, et qui, transportant partout sa patrie avec ses vaisseaux, a jeté sur notre rivage provençal les premières assises de la Massalia phénicienne, de la Phocée gauloise et de la Marseille moderne.

## X

Si prolongée qu'ait pu être l'occupation par les Phéniciens du littoral de la Méditerranée, elle n'a laissé ni dans les mœurs, ni dans la langue, ni dans le sang des populations qui leur ont succédé aucune trace sensible de son passage. Presque tous les souvenirs de cette première colonisation se sont évanouis; et de cette nation riche, prospère et industrieuse nous n'avons recueilli que de bien rares débris, informes ou mutilés, à peine suffisants pour garnir quelques vitrines de musée.

L'occupation grecque a marqué la Provence d'une empreinte plus durable. Tout d'abord on est un peu surpris de ne rencontrer nulle part de grandes ruines se rapportant à des monuments de l'époque phocéenne; ces monuments cependant ont dû exister, et tout au moins y avait-il dans chaque colonie un temple consacré à Diane l'Éphésienne et à Apollon Delphien; mais ces temples ont disparu, transformés par la domination du christianisme ou détruits par la conquête romaine. Il convient, d'ailleurs, de remarquer que la plupart des villes grecques du littoral ont été presque intégralement renouvelées depuis près de dix-huit siècles.

Marseille, en particulier, n'a pas conservé une seule assise de ces constructions antiques. Ses ruines mêmes ont péri; et l'on peut dire que la ville phocéenne a passé son temps à se détruire en détail pour se reconstruire pièce à pièce, et semble avoir pris à tâche de paraître toujours jeune en effaçant comme de vieilles rides tous les souvenirs de sa vie passée.

Mais deux séries de documents anciens nous sont restées et nous donnent sur l'importance de la ville grecque les plus utiles indications; ce sont les inscriptions (1) et les monnaies.

De toutes les manifestations de la puissance et de l'individualité d'une nation, la monnaie est sans contredit la mieux déterminée et la plus durable. Elle porte en soi le caractère de la souveraineté; et cette empreinte sur un métal inaltérable est, pour un peuple comme pour une ville, l'affirmation de son autonomie devant l'histoire et la postérité.

---

(1) Voir, pour les inscriptions grecques de Marseille, le Catalogue du Musée d'Archéologie de C. J. Penon et Saurel.

Tout le monde connaît les monnaies grecques de Marseille; le littoral de la Provence en a été, pendant plusieurs siècles, véritablement inondé; on les a collectionnées par milliers, et elles n'ont plus aujourd'hui d'autre valeur que celle du métal lui-même. Cette quantité vraiment prodigieuse de monnaies n'a rien qui doive surprendre, si l'on observe, d'une part, que les négociants massaliotes entretenaient des relations d'affaires très-fréquentes avec toutes les villes grecques du littoral, et que, de l'autre, ils exploitaient ou faisaient exploiter les riches minerais de plomb argentifère de l'Espagne et des Pyrénées orientales, et se procuraient ainsi autant de métal précieux qu'ils pouvaient en désirer.

Nous avons vu, d'ailleurs, que César se montra clément pour la ville qui avait embrassé la cause de Pompée, et qu'elle continua de vivre dans sa première liberté; il est remarquable, en effet, que cette ville, la plus riche et peut-être la plus populeuse de la Gaule Narbonnaise, n'ait jamais possédé de monuments romains, et qu'on n'y trouve pas même de ruines de cirque ou d'amphithéâtre, comme on en voit à Arles, à Nimes, à Orange, à Narbonne, à Fréjus, etc., c'est-à-dire dans toutes les colonies de l'empire. Marseille, en effet, ne fut ni asservie, ni colonisée; elle resta l'alliée et l'amie de Rome; les empereurs la maintinrent dans tous ses priviléges, et Pomponius Méla, qui écrivait sous le règne de Claude, nous la dépeint comme une ville grecque, qui avait conservé ses mœurs et ses usages (1).

Or, le droit de battre monnaie était le premier de toute ville libre, et Marseille l'exerça pleinement non-seulement pour elle, mais à l'égard de la plupart de ses colonies, restées soumises aux lois de leur métropole. Aucune des villes grecques du littoral ne pouvait frapper de monnaies qui lui fussent propres; Marseille s'était réservé le monopole de la fabrication, et l'on sait que son atelier a produit, bien avant la période romaine, des types comparables à tout ce que la Grèce nous a laissé de plus parfait en ce genre.

Quelques-unes de ces monnaies représentent un ours à mi-corps qui semble dévorer une proie, et remontent à près de cinq cents ans avant Jésus-Christ; d'autres, sur lesquelles on distingue deux têtes de lion ou de griffon, sont un peu plus récentes, et paraissent du troisième ou du quatrième siècle; mais les plus belles et les plus nombreuses, celles qui caractérisent d'une manière toute particulière le monnayage massaliote, sont les médailles d'argent et de cuivre aux types de Diane et d'Apollon, et dont les revers portent l'image d'un lion ou celle d'un taureau.

Apollon de Delphes et Diane d'Éphèse étaient, comme nous l'avons déjà dit plusieurs fois, les

---

(1) *Hæc a Phocæis oriunda... et adhuc morem suum teneat.* (MELA, l. II, c. v.)

deux divinités principales du polythéisme gréco-marseillais, et leur présence sur les monnaies massaliotes n'a rien que de très-naturel; mais on est réduit à des conjectures assez vagues au sujet du taureau et du lion, dont on ne connaît ni le sens précis, ni l'origine. Ce lion, d'après quelques antiquaires désireux de tout expliquer, rappellerait le lion d'airain offert en ex-voto à Apollon pour les habitants d'Elée, ville fondée par les Phocéens dans l'Italie méridionale, à peu près à la même époque que Massalia sur la côte gauloise; quant au taureau, il perpétuerait le souvenir des premières galères ioniennes, qui portaient à leur proue la figure de cet animal et auraient fondé la colonie grecque du même nom, *Tauroëntum*, dans le golfe de la Ciotat. Nous nous garderons de contrarier ceux que peuvent satisfaire de pareilles explications; mais mieux vaut, croyons-nous, constater simplement la présence de ces deux attributs héraldiques qui ont, comme la plupart des emblèmes de ce genre, une origine tout à fait arbitraire.

Sans entrer ici dans de grands détails sur la numismatique grecque de Marseille, qui a déjà fait l'objet de travaux très-consciencieux auxquels le lecteur pourra avoir recours (1), nous en indiquerons seulement les traits principaux.

---

(1) DE LAGOY, *Opusc. num.* — DE LA SAUSSAYE, *Numismatique de la Gaule Narbonnaise.*

A part quelques pièces spéciales qui portent sur une de leurs faces les effigies de Minerve, de Mercure, de Neptune, de Mars, etc., ou même de quelque divinité topique, comme Lacydon, qui personnifiait l'ancien port, et au revers des emblèmes divers tels que des caducées, des galères, des poissons, ou des trépieds de sacrifice, les monnaies de Marseille doivent se diviser en deux grandes classes très-nettement distinctes : les monnaies d'argent et les monnaies de bronze.

Il n'y avait pas ou presque pas de monnaies d'or. Toutes sont frappées au marteau des deux côtés, non fondues, et ont en général sur le revers une légende en caractères grecs; un grand nombre de monnaies d'argent sont des pièces fausses, et l'art de *fourrer* les monnaies, c'est-à-dire de recouvrir d'une feuille d'argent des médailles de cuivre, était arrivé à un haut degré de perfection. Le faux monnayage était donc très-répandu dans les colonies massaliotes, ce qui indique une civilisation très-avancée et une grande pratique du commerce.

Les monnaies d'argent sont presque toutes au type de Diane d'Éphèse; le profil est toujours pur; les cheveux ordinairement relevés au-dessus de la tête et maintenus par un diadème; derrière la nuque, on voit le carquois et les flèches de la déesse. La coiffure et les ornements de la tête sont très-variés; les cheveux sont tour à tour noués avec des rubans, tressés avec beaucoup d'art, déroulés en boucles négligées, ou couronnés de feuilles d'olivier avec leurs baies; le cou et les oreilles portent, en général, des colliers et des anneaux à un ou plusieurs pendants.

Le lion du revers est passant; et, bien que sa pose soit aussi très-variée, il est presque toujours animé et semble marcher au combat, la crinière hérissée, la gueule ouverte, l'une des pattes de devant levée, dans une attitude pleine de force et de noblesse.

C'est toujours de ce côté que se trouve la légende, qui porte quelquefois tout au long le nom des Marseillais en caractères grecs, ΜΑΣΣΑΛΙΗ-ΤΩΝ, et plus souvent une abréviation, ΜΑΣΣΑ, ou simplement ΜΑ.

Indépendamment de la légende, on voit, dans le champ et à l'exergue, des lettres dont il a été impossible de donner jusqu'ici des explications satisfaisantes; on ne peut les considérer comme des lettres numérales, car par leur arrangement elles ne paraissent exprimer aucun nombre, ni se rapporter à aucune époque mémorable de l'histoire de Marseille. La meilleure hypothèse est que ces lettres sont les initiales des magistrats *éponymes* ou des monétaires, ou bien qu'elles indiquent quelque détail de fabrication qui nous est encore inconnu.

## XI

Les médailles de bronze, relativement moins nombreuses que celles d'argent, sont au type d'Apollon de Delphes, représenté sous la figure d'un beau jeune homme aux cheveux bouclés et couronné de lauriers. Le revers, qui porte en légende les mêmes lettres que les monnaies d'argent, est caractérisé par un taureau d'une grande finesse d'exécution, et que les numismates désignent sous le nom de taureau *cornupète* (qui cherche à frapper de la corne) ou taureau *procumbens* (qui succombe). L'animal est représenté dans cette période de la lutte tauromachique où il se sent vaincu ; il se roidit sur sa croupe, sa corne est encore menaçante, mais il fléchit ; l'une de ses jambes de devant manque, et il tombe.

Cette attitude du taureau est expressive, et rappelle celui des exercices publics qui est resté le plus en vogue dans la Provence. On sait, en effet, combien la passion pour les taureaux est ardente dans la partie inférieure de la vallée du Rhône. Le plus petit hameau, le moindre centre de population saisit encore tous les prétextes pour se donner le plaisir d'une *course* ; et la lutte de force et d'adresse avec ces animaux, souvent très-dangereuse, est tellement passée dans les mœurs des Provençaux, qu'on a la plus grande peine à empêcher les enfants eux-mêmes de descendre dans des arènes improvisées au milieu de places publiques ou en rase campagne, dans une enceinte formée de chars et de voitures couvertes de spectateurs que la fièvre du combat finit par entraîner dans le cirque.

Mais la course provençale diffère essentiellement de la course espagnole; on n'y tue pas le taureau; on ne verse pas de sang, et l'on n'y voit jamais ces déplorables scènes d'abattoir et ces épisodes de chevaux éventrés qui réjouissent si fort les *aficionados* de l'Espagne, et n'ont jamais soulevé chez nous qu'un légitime dégoût.

Les combats de l'amphithéâtre espagnol viennent en droite ligne de l'amphithéâtre romain; les courses de taureaux de la vallée du Rhône sont, au contraire, une réminiscence, et ont conservé la tradition des courses thessaliennes.

Dans son roman célèbre de *Théagène et Chariclée*, Héliodore raconte que le jeune Théagène doit être offert en sacrifice et va recevoir le coup mortel; un taureau destiné également au sacrifice s'échappe; Théagène prend un bâton dans le brasier de l'autel, saute sur un cheval blanc et galope après le taureau, qu'il atteint et saisit par le cou; puis il se laisse glisser de dessus sa monture. Le taureau l'entraîne; bientôt il l'arrête, passe sa jambe entre celles de devant de l'animal, le force à s'incliner et à frapper le sol de sa tête. Il l'abat enfin, et le renverse si fortement que les cornes entrent dans la terre. L'animal se débat en vain avec ses jambes. Théagène le tient d'une main et élève l'autre en signe de sa victoire.

Les courses populaires de la Provence reproduisent, dans ses traits principaux, cet épisode du roman grec. Les *picadores* ou gardiens de la Camargue, montés, comme les hippocentaures thessaliens, sur leurs chevaux blancs presque sauvages, poursuivent le taureau, le fatiguent, le harcèlent et le poussent au-devant du groupe des jeunes gens à pied qui l'attendent; ceux-ci luttent alors contre l'animal excité, le saisissent par les cornes et par le cou, le contraignent à ployer les jambes et à courber la tête, et renouvellent ainsi cet exercice violent et dangereux que les Grecs appelaient κεράτισις, lutte à la corne (1), et que l'on trouve représenté sur un grand nombre de médailles des villes de la Thessalie, telles que Larissa, Perrhæbia, Pheræ, Tricca (2), etc. C'est ainsi que l'on voit sur presque tous les bronzes massaliotes un taureau fléchissant sur ses jambes de devant, le genou ployé jusqu'au sol, la tête courbée devant son vainqueur, et que, à près de deux mille ans de distance, les mœurs et les jeux populaires de l'ancienne Hellade se sont conservés sur la terre gréco-gauloise de Provence.

---

(1) Hesychius, *Lex.*, II, 232.
(2) Mionnet, *Médailles antiques grecques et romaines*, Paris, 1807.

## XII

Les monnaies massaliotes n'ont pas pénétré profondément dans l'intérieur de la Gaule; elles constituaient la monnaie usuelle et légale de toutes les colonies en correspondance avec la métropole, celle qui servait pour tous les échanges de son commerce international; mais les différentes peuplades attachées au sol de l'ancienne Celtique avaient leurs monnaies autonomes, dont les types très-nombreux forment aujourd'hui la magnifique collection du musée de Saint-Germain.

La fabrication gauloise est en général d'un goût assez barbare, et présente à la fois beaucoup plus de variété et beaucoup moins de perfection que la fabrication marseillaise. On ne connaît pas moins de deux cent cinquante types différents. Les faces offrent le plus souvent des têtes informes aux cheveux bouclés, et qui figurent d'ordinaire le dieu topique de la peuplade ou de la tribu. Sur le revers on voit tour à tour les images du cheval, du sanglier, un ours, un aigle éployé, des cavaliers, des guerriers à pied et très-fréquemment une roue contournée de croissants, d'annelets ou de symboles assez confus.

Au milieu de cette inextricable variété, on ne peut cependant s'empêcher de reconnaître l'influence grecque, et cette influence se fait surtout sentir dans la région voisine du littoral. Il ne serait pas impossible en effet que quelques-unes de ces monnaies, qui atteignent presque la pureté grecque, n'aient été fabriquées à Marseille même; tout au moins les monnayeurs massaliotes paraissent-ils avoir importé leur industrie dans les tribus voisines et avoir donné à leurs produits une sorte de caractère mixte ; et, tandis que les monnaies du centre ou du nord de la Gaule portent en général des légendes en lettres latines, empruntant ainsi l'écriture de la langue la plus répandue dans la Celtique depuis la conquête, celles du midi, au contraire, ont presque toutes adopté les lettres grecques, qui étaient les seules usitées sur le littoral.

Les divinités et les symboles grecs sont alors très-souvent associés aux types gaulois. La représentation sur des monnaies gauloises de Diane et d'Apollon, qui sont des divinités grecques et marseillaises par excellence, est une preuve évidente de la fusion qui s'était opérée entre les Phocéens de Marseille et les populations primitives; et l'extension de cette numismatique gallo-grecque donne ainsi une mesure assez exacte de l'hellénisation de toute la partie méridionale de la Gaule.

Ainsi quelques-uns des bronzes de Béziers sont d'une perfection qui révèle la fabrication grecque et nous montrent à l'envers la massue et le buste de l'Hercule gaulois dont la main droite est levée ; et l'on trouve au revers le lion marseillais courant à droite, avec la légende grecque ΒΗΤΑΡ-ΡΑΤΙΣ, *Betarratis,* Béziers.

Le petit bronze gaulois d'Orange, dont le style est au contraire des plus médiocres, est absolument conforme aux types des Massaliotes, l'Apollon lauré et le taureau cornupète au revers; seulement la légende ΜΑΣΣΑ est remplacée par les quatre lettres grecques ΑΟΡΑ, qui rappellent assez la forme AVRASICE de l'ethnique placé constamment sur les monnaies frappées au moyen âge par les princes d'Orange.

Sur la côte de Provence, nous avons mentionné la rivière de la Touloubre qui se jette dans l'étang de Berre, et dont les eaux débouchent à la mer par le pertuis de l'étang de Caronte, où se trouvent aujourd'hui les deux petits ports de Martigues et de Bouc. La Touloubre est l'ancien *Cœnus,* le Καίνος de Ptolémée; et la petite peuplade qui vivait dans cette région de la Grèce provençale portait le nom de *Cœnicenses*. Nous connaissons sa monnaie; c'est une petite drachme, copiée sur les drachmes massaliotes, sauf que le lion marseillais y est remplacé par le loup, d'un caractère beaucoup plus gaulois; la légende grecque porte le nom de la tribu ΚΑΙΝΙΚΗΤΩΝ, et le type est accompagné d'un monogramme intéressant contenant tous les éléments du mot grec ΜΑΣΤΡΑ-ΜΕΛΑ, *Mastramela,* qui était l'ancien nom de l'étang de Berre.

La numismatique celtique d'Avignon est plus

riche et comprend des monnaies tant d'argent que de bronze, représentant à l'avers une tête d'Apollon laurée, et au revers un sanglier avec la légende grecque ΑΟΥΕ ou ΑΥΕ, qui semble indiquer le nom de l'*Aven* celtique, *Avenio,* Avignon. Ces médailles sont d'une finesse d'exécution qui ne le cède en rien aux meilleurs types de la fabrication grecque, et elles présentent, comme on le voit, la réunion de l'Apollon massaliote avec le symbole de la nationalité gauloise.

Nous ne multiplierons pas ces exemples; ils suffisent, croyons-nous, pour établir nettement que l'hellénisation du midi de la Gaule s'est faite sous l'influence de la colonie grecque de Marseille; et il est certain que, si tout l'Occident n'avait pas été complétement bouleversé, à partir du cinquième siècle, par les invasions des barbares et n'était pas brusquement retombé dans un chaos et une nuit aussi épais que ceux des temps primitifs, toute la Gaule aurait fini par être complétement hellénisée. La civilisation, en effet, rayonnait autour de Marseille et gagnait de proche en proche. Strabon nous apprend que les Gaulois, au contact des Grecs, quittaient leurs armes pour s'occuper d'agriculture, et s'adonnaient à la culture des lettres grecques avec tant de goût qu'ils rédigeaient en grec leurs actes et leurs contrats (1).

Il est difficile, sans doute, d'admettre que les

---

(1) Strabon, *Géog.,* l. IV, c. 1.

Gaulois de la région littorale, quoique voisins de Marseille, aient abandonné complétement leur langue; mais il est certain que, tout en la conservant pour leur usage, ils avaient adopté les caractères grecs pour l'écrire et pour la noter.

## XIII

On sait que les érudits modernes ont entrepris, depuis ces dernières années, l'étude laborieuse de la langue celtique. Le problème est ardu; car, en dehors de quelques mots gaulois isolés, dont les auteurs classiques, Tite-Live, Pline, etc., nous ont donné la signification ou la traduction, on ne connaît qu'un très-petit nombre d'inscriptions authentiques; et rien n'est moins satisfaisant que les essais d'interprétation plusieurs fois proposés. Aucun terrain étymologique n'est semé de plus de piéges que celui de la langue celtique, et c'est cependant sur ce terrain que s'engagent et s'égarent, de la meilleure foi du monde, un certain nombre de savants aventureux. Nous n'aurons pas la témérité de les suivre, et laisserons aux « celtistes » toute la responsabilité de leurs interprétations.

On croit cependant que le gaulois, comme tous les idiomes néo-celtiques, descend d'une langue primitive qui a dû être celle des premiers ancêtres de toute la race avant son fractionnement préhistorique en diverses branches, dont l'une s'est répandue sur le territoire de la Gaule.

Cette ancienne langue n'aurait été elle-même qu'une sorte de rameau de la langue aryenne, qui s'est peu à peu éloignée de son berceau et s'est étendue vers l'Occident et vers l'Europe; et les linguistes n'hésitent pas à affirmer qu'elle devait se rapprocher des deux plus anciens idiomes connus, le sanscrit et le zend, ainsi que de la langue des Aryas tout à fait primitifs (1). Tout cela est, il faut en convenir, assez obscur; la philologie celtique est une science d'origine trop récente pour avoir donné des résultats fructueux, et il faudrait posséder d'autres documents que quelques rares débris pour reconstituer la langue de nos ancêtres gaulois.

Quoi qu'il en soit, et sans nous perdre dans des dissertations par trop nuageuses, nous constatons que le sol de la Gaule ne nous a révélé jusqu'à présent que onze inscriptions d'origine gauloise incontestables, qui ont été plus ou moins déchiffrées et interprétées. Six de ces inscriptions ont été découvertes dans la région du sud-est, et précisément dans cette partie inférieure de la vallée du Rhône particulièrement fréquentée par les Massaliotes. L'une provient de Vaison (Vaucluse); deux étaient gravées sur des stèles trouvées

---

(1) Ad. PICTET, *Essai sur les inscriptions gauloises*, Paris, 1867.

à Glanum (Saint-Remy), dans la chaîne des Alpines ; deux enfin ont été découvertes à Nimes, et la dernière est à peine connue du monde savant, puisqu'elle n'a été mise au jour que dans le courant de l'année 1876.

La pauvreté des documents épigraphiques est donc extrême, et la difficulté est encore augmentée par l'incertitude des interprétations de ce petit nombre de mots véritablement authentiques. On peut cependant affirmer, d'une part, que les Gaulois avaient une langue définie, et d'autre part, qu'ils n'avaient pas d'écriture spéciale, et que, dans les rares occasions où ils croyaient devoir noter leurs paroles ou leurs pensées, soit sur leurs monuments lapidaires, soit sur leurs monnaies, ils se servaient des caractères les plus répandus dans la région qu'ils habitaient.

L'écriture suppose, en effet, une civilisation assez avancée, et nos ancêtres paraissent s'en être assez peu soucié. Or, dans la majeure partie de la Gaule, depuis la conquête romaine, le latin était devenu la langue dominante ; et c'est ce qui explique pourquoi les inscriptions gauloises et la plus grande partie des légendes monétaires du centre et du nord sont gravées en caractères romains ; dans la région méditerranéenne, au contraire, les mêmes mots gaulois sont écrits en caractères grecs.

Ce point, très important à noter, est un indice frappant de la suprématie intellectuelle de la nationalité grecque, alors que la Gaule méridionale était devenue une province romaine et que le sort des armes en avait fait une annexe de l'empire.

La race grecque a donc eu pendant longtemps sa vie propre dans la Provence, et l'occupation romaine n'a été qu'un fait officiel, qui n'a rien changé aux mœurs, aux usages et aux habitudes du peuple conquis ou allié. On parlait grec, d'ailleurs, sur toute la côte, depuis le Var jusqu'au Rhône ; et, à Marseille notamment, la langue romaine était si peu connue qu'on était obligé de l'enseigner comme on enseignerait chez nous une langue étrangère.

### XIV

Parmi les nombreux débris cachés dans le sous-sol du vieux Marseille, on a retrouvé une plaque de marbre blanc sur laquelle, il y a deux mille ans, les Gallo-Grecs pouvaient lire qu'Athénadès, fils de Dioscoride, exerçait la profession de grammairien latin (1). Cette précieuse découverte a

---

(1) ΑΘΗΝΑΔΗC
ΔΙΟCΚΟΡΙΔΟΥ
ΓΡΑΜΜΑΤΙΚΟC
ΡΩΜΑΙΚΟC
*(Répert. des trav. de la Société de statist. de Marseille, t. III, 1839.)*

eu lieu, en 1833, près de l'abbaye de Saint-Victor, dans les fouilles du bassin de carénage. Les caractères sont grecs, et la forme de certaines lettres a permis d'établir avec quelque autorité que l'inscription est du deuxième ou troisième siècle avant notre ère. Dans tous les cas, elle nous révèle d'une manière positive la présence à Massalia d'un grammairien grec qui y enseignait le latin; celui-ci était donc une langue étrangère, et le grec était au contraire la langue populaire et la seule connue; sans quoi le fils de Dioscorides n'eût pas manqué de faire graver une inscription bilingue afin de pouvoir en faciliter la lecture au public auquel elle s'adressait.

Nous avons vu, d'ailleurs, que la grammaire et la rhétorique étaient professées avec beaucoup de succès dans la ville des Phocéens; que Cicéron l'appelait l'Athènes des Gaules, et Pline la maîtresse des études; que la jeunesse romaine avait délaissé la terre classique de la Grèce, et que c'était à Massalia qu'on venait de toutes parts chercher cette fleur de langage et ce doux atticisme qui étaient en quelque sorte l'héritage des fils de l'Ionie.

La langue grecque a donc été la langue dominante de Marseille pendant plus de huit siècles; car on la parlait encore au sixième après Jésus-Christ; mais ce n'était pas seulement une langue usuelle, c'était avant tout la langue noble, celle des savants, des artistes et des lettrés; et le christianisme s'empressa de l'adopter dans ses rites sacrés. Les exercices religieux se faisaient à la fois en grec et en latin. Saint Césaire, évêque d'Arles, célébrait, au sixième siècle, l'office divin dans les deux langues. Le grec était d'une manière absolue la langue de l'Église primitive, et saint Paul, citoyen romain, écrivait en grec aux chrétiens de Rome. L'évangile de saint Marc, composé à Rome et pour l'usage des Romains, fut d'abord rédigé en grec. Les Pères apostoliques, les apologistes, les historiens et les théologiens de la primitive Église écrivaient et enseignaient en grec. Toutes les lettres pontificales étaient écrites en grec, non-seulement quand elles s'adressaient à des évêques d'Orient, mais encore quand elles étaient destinées aux évêques des Gaules ; et lorsque, vers le sixième siècle, l'usage du grec comme langue usuelle eut décliné en Occident, il trouva un dernier asile dans le rituel et dans la liturgie de l'Église romaine. Au septième siècle, les sacramentaires romains contenaient les *répons* écrits dans les deux langues, en grec d'abord, puis en latin ; et le vocabulaire ecclésiastique emploie encore aujourd'hui un grand nombre de mots grecs, empreinte indestructible des anciens âges : hymne, psaume, liturgie, homélie, catéchisme, baptême, eucharistie, diacre, prêtre, évêque, pape, église, cimetière, paroisse, diocèse, etc. (1).

---

(1) J. B. Rossi, *Roma sotterranea*, passim.

La langue d'une religion naissante et faite pour tous ne saurait être en effet que la langue populaire; et le peuple en conserve des débris, alors même qu'elle a disparu et que les siècles en ont fait une langue morte. C'est ce qui a lieu à Marseille, où tous les souvenirs de la langue grecque se sont pour ainsi dire réfugiés et localisés dans le vieux quartier de Saint-Jean, qui occupe, au nord du port, l'emplacement de la ville antique et est presque exclusivement habité par des marins et des pêcheurs. Là, les désignations des rues, celles de quelques maisons et les terminaisons sonores de beaucoup de noms individuels rappellent la langue harmonieuse et colorée de l'Ionie. Le pêcheur du quartier Saint-Jean, le *Sanjanen*, semble avoir conservé la conscience de son origine; il parle le provençal pur, qui est une véritable langue latino-grecque, dans laquelle presque tous les mots relatifs à sa profession de pêcheur sont tout à faits grecs (1).

Même remarque, d'ailleurs, sur tout le littoral

---

(1) Nors citerons entre autres les mots provençaux : *bou*, coup de filet, βόλος; — *bletoum*, clou, cheville, βλῆτρον; — *brume* ou *brime*, câble, amarre, πρυμνήσια; — *broufounié*, bruit de la tempête, βαρυφωνία; — *escaume*, tolet, σκαλμός; — *estrop*, corde fixant la rame au collet, στρόφος; — *esteu*, écueil, στῆθος; — *madrago*, parc de pêche, μάνδρα; — *nau*, nef, ναῦς, etc.; — et beaucoup de noms de poissons: *cante*, escarbot, κάνθαρος; — *carambol*, langouste, κάραβος; — *romb*, turbot, ῥόμβος; — *lami*, marsouin, monstre marin, λαμία, etc.

de la Provence, dans la région de Marseille et des embouchures du Rhône; presque tous les termes de marine ont conservé une physionomie ou une intonation grecque; et cela ne doit pas surprendre, puisque les Grecs étaient essentiellement une nation de marins, et que leurs embarcations sont venues, de tout temps, chercher un abri dans les moindres criques de la côte.

## XV

La lecture des historiens anciens et l'interprétation des nombreux textes épigraphiques recueillis en Provence nous permettent de nous rendre très-bien compte aujourd'hui du degré de civilisation de la ville phocéenne. Ses premières institutions sont parfaitement connues, et Aristote avait écrit, sur l'excellence de la république massaliote, un livre qui est malheureusement perdu, et dont un seul fragment a été conservé par l'historien Athénée. Hérodote, Plutarque, Thucydide, Polybe, Justin et Strabon sont unanimes pour louer sa constitution. C'était, d'après ce dernier, une sorte d'oligarchie républicaine, ou mieux d'aristocratie élective. Le peuple nommait six cents magistrats à vie désignés sous le nom ionien de *timuques*, τιμάοχος; quinze de ces membres étaient choisis pour l'administration proprement dite, l'étude et l'expédition des affaires : c'était le conseil. Une élection au troisième degré nommait enfin un triumvirat qui formait le pouvoir exécutif.

Ces institutions grecques très-perfectionnées, comme on le voit, paraissent avoir fonctionné sans crise et sans abus pendant plusieurs siècles ; et l'on ne saurait trop admirer cette pondération de pouvoirs et cette sorte de sélection politique, qui permettaient d'adoucir et de diriger les rouages du mécanisme électoral et administratif, et de corriger les excès et la brutalité inévitables du suffrage universel et direct.

## XVI

L'une des institutions sociales les plus grecques, je dirai même les plus athéniennes, et presque ignorée jusqu'à ces derniers temps, faute de documents précis, est celle de l'*éphébie*. La découverte récente des annales des éphèbes gravées sur des stèles enfouies au pied de l'acropole d'Athènes a permis de combler cette lacune (1). « Les Athéniens donnaient le nom d'éphèbes aux jeunes gens de quinze à vingt ans qui formaient, en dehors de la ville, une garde civique. A l'intérieur, des fêtes, des exercices, des jeux sacrés remplissaient les journées des éphèbes. C'était une sorte de noviciat politique, militaire, religieux, une

---

(1) A. Dumont, *Essai sur l'éphébie attique*, 1875-1876.

préparation au rôle de citoyen. Le jour où Athènes cessa d'être libre, l'éphébie devint un collége, une université, sous la conduite de maîtres nombreux, et les noms des élèves qui remportaient des prix furent gravés sur le marbre avec ceux des professeurs et des archontes *éponymes*, c'est-à-dire des magistrats dont les noms, comme ceux des consuls de Rome, servaient à désigner l'année (1). » L'institution de l'éphébie hellénique n'avait pas seulement pour objet les exercices du corps; elle réglait en fait presque toute l'éducation de la jeunesse grecque, depuis la gymnastique jusqu'aux études littéraires, grammaire, rhétorique et philosophie (2).

Comme Athènes, Marseille possédait un gymnase et un collége d'éphèbes. En 1591, on a découvert, dans les fondations d'une maison de la vieille ville, une plaque de bronze portant quatre lignes en caractères grecs bien formés, un peu épais et paraissant à peine antérieurs à l'ère chrétienne. Le creux des lettres était autrefois rempli d'argent, mais l'argenture a disparu de la moitié environ de l'inscription.

« Cleudemus, y est-il dit, fils de Dionysius, de la classe des (éphèbes) vétérans, a remporté le

---

(1) E. Vinet, *l'Art grec*, 1873.
(2) Egger, *Note sur une inscription grecque de Marseille*. Congrès scientifique de France tenu à Aix, 1866.

prix parmi les éphèbes, et exercé deux fois les fonctions de gymnasiarque (1). »

Il ne reste rien du monument dans lequel était encastrée la plaque de bronze. Il a pu être une statue, au moins un buste, peut-être un portrait peint; car ces sortes d'honneurs étaient souvent rendus aux magistrats éminents. Telle quelle, cette inscription nous révèle que l'éphébie était organisée à Marseille comme à Phocée, métropole de Marseille, à Phocée comme à Athènes, la capitale de l'hellénisme; et il est fort intéressant de pouvoir constater que, chez les Massaliotes comme chez les Grecs, des institutions éphébiques contribuaient à entretenir la force et la beauté du corps.

Sans doute, comme le fait judicieusement remarquer M. Egger, la vie des gymnases n'était pas sans péril pour la morale; nous en avons la preuve dans les lois mêmes de Solon; mais on ne peut nier que la Grèce lui dut d'avoir pu offrir de si excellents modèles au talent de ses artistes. Or, la Gaule colonisée par les Hellènes eut aussi ses écoles de peintres et de sculpteurs, qui s'inspiraient de l'étude de la nature; et la beauté du corps humain fut, en ce pays comme en Grèce,

---

(1) [Κ]ΛΕΥΔΗΜΟΣ ΔΙΟΝΥΣΙΟ[Υ]
ΓΕΡΑΙΤΕΡΟΣ ΝΙΚΗΣΑΣ
ΕΦΗΒΟΥΣ ΕΥΤΑΞΙΑΙ
ΚΑΙ ΓΥΜΝΑΣΙΑΡΧΗΣΑΣ ΔΙΣ.

entretenue et perfectionnée par une gymnastique intelligente. Tout se tient dans la vie des peuples, et quatre lignes détachées de la base d'un monument perdu nous autorisent à restaurer un ensemble de faits mémorables longtemps oubliés ou méconnus.

## XVII

L'art n'a laissé à Marseille que très-peu de souvenirs; on n'y trouve aucune ruine de monuments, et c'est à peine si l'on a recueilli quelques débris de statues. Il est certain cependant que la ville grecque devait en posséder; quelque absorbés qu'ils aient pu être par leurs intérêts matériels et leurs affaires de commerce, les Grecs de Massalia n'ont pas dû se passer complétement de temples, ni d'objets d'art; et l'on peut citer, comme curieux spécimen de l'art grec contemporain de l'époque même de la colonisation phocéenne, le torse d'une Diane d'Éphèse, d'un style archaïque très-prononcé, à laquelle manque la tête, et dont le corps, terminé en gaîne, est recouvert de têtes et d'attributs de divinités symboliques qui rappellent l'Artémis gréco-orientale des premiers âges (1).

Comme Arles, d'ailleurs, Marseille avait sa

---

(1) A. SAUREL, *Musée d'Archéologie de Marseille,* 46.

Vénus; mais elle est loin de présenter, comme sa jeune sœur d'Arles, cet accent indéfinissable de grâce facile et ce parfum d'élégance aristocratique presque moderne, qui caractérisent les œuvres de la belle époque de la Grèce; cette remarquable antique a été découverte au dix-septième siècle, et n'appartient plus à Marseille : le musée de Lyon s'en est emparé. C'est une Aphrodite-Astarté tenant à la main la colombe, son oiseau sacré par excellence, mais dont le style est si ancien que l'imagination des antiquaires y a quelquefois vu une Isis gauloise. La statue est en marbre grec; c'est une œuvre proprement grecque sans doute, mais qui présente les caractères essentiels du style des écoles ioniennes primitives; elle appartient à ces époques de transition où l'influence des types de l'Asie était encore profonde sur la plastique des Hellènes, mais où cependant leur art commençait déjà à surpasser ses modèles et à prendre une physionomie individuelle. Ses proportions réduites, qui sont à peu près deux tiers de nature, permettent de la rattacher au groupe des ex-voto archaïques trouvés depuis quelques années à Marseille, et qui datent incontestablement des débuts de la colonie grecque. Il est donc peu probable que ce fragment ait été sculpté à Massalia même, et l'on doit admettre que ce curieux spécimen de l'école archaïque a été apporté d'Ionie par les compagnons de Protis, en même temps que la célèbre statue d'Artémis Éphésienne qui devint le palladium de la nouvelle cité, et qui est malheureusement perdue (1).

## XVIII

Les autres débris de l'art grec retrouvés à Marseille ont tous ce caractère archaïque qui rappelle l'Orient primitif et presque barbare. Nous avons vu, en effet, que le vieil Orient a, dès les premiers temps historiques, rendu visite à la jeune Provence, et nul doute que les Phéniciens, qui ont exploré anciennement la vallée du Rhône, n'y aient introduit en même temps leur langage, leurs dieux, leurs arts et leurs monuments. C'est par eux très-certainement que les premiers Gaulois furent initiés au culte d'Isis et d'Osiris, et l'inscription phénicienne gravée au-dessous du célèbre bas-relief de Carpentras est, à ce titre, une des plus précieuses que possède la Provence.

Une jeune fille présente des offrandes à Osiris. Le dieu est assis; des gâteaux, des fruits, un animal dépouillé sont déposés à ses pieds. Derrière lui, est une autre femme, et plus bas, étendu sur une table, un corps destiné à l'embaumement. Les *taricheutes* ou embaumeurs, la tête couverte d'un masque à tête d'épervier, entourent le mort; et, des deux côtés, des parents ou des amis con-

---

(1) DE WITTE et Fr. LENORMANT, *Gazette arch.*, 1876.

templent le rit funèbre avec la roideur et l'impassibilité caractéristiques de toutes les cérémonies de l'Orient primitif.

« Bénie soit Thébé, porte l'inscription, fille de Thelhui, chargée des offrandes pour le dieu Osiris. — Elle n'a point murmuré contre son mari. — Elle est restée pure et sans tache aux yeux d'Osiris. — Elle est bénie par Osiris (1). »

C'est, on le voit, dans toute sa solennité, un fragment hiératique de la mystérieuse Égypte transporté au cœur de la vallée du Rhône.

## XIX

Quelque difficulté que l'on éprouve à se reconnaître dans le labyrinthe obscur des religions et des mythes de l'antiquité, les cultes primitifs présentent, sur le sol même où ils sont nés, une certaine netteté et paraissent s'être maintenus, pendant plusieurs siècles, dans une sorte d'intégrité et purs de tout mélange étranger. En Provence, au contraire, la confusion est extrême, et les religions n'ont été qu'une véritable succession d'importations orientales, greffées en quelque sorte les unes sur les autres. L'arrivée successive des Phéniciens, des Grecs, des Romains, le va-et-vient continu des légions depuis les provinces les plus lointaines de l'Asie jusqu'à l'extrémité occi-

---

(1) MILLIN, ch. cv. — Acad. des inscr., XXXII, 725.

dentale de l'empire, ont favorisé l'éclosion et le développement de tous les rites et de tous les symboles ; et c'est ainsi que les cultes orientaux de Mithra et de Cybèle furent introduits, au troisième siècle, par les légions d'Héliogabale dans toute la Gaule méridionale.

Nous avons déjà vu que le Bacchus indien, qui rappelle si bien l'Osiris égyptien, s'est peu à peu transformé et est devenu le Dionysos hellénique. Ce fait n'est pas isolé ; et presque toutes les cérémonies des mystères chez les Grecs, les Éleusinies, les Thesmophories, les Panathénées avaient conservé quelque chose de leur origine égyptienne.

On sait que le culte de la grande déesse *Taneith,* vénérée principalement à Saïs, la ville principale de la basse Égypte, fut introduit dans la Grèce par la colonie égyptienne qui, sous la conduite de Cécrops, était allée s'établir à Athènes et reçut des Grecs le nom d'*Athéné,* transformation évidente de l'égyptien Taneith. La Minerve égyptienne peut donc être considérée comme la mère de l'Astarté phrygienne et de la Pallas hellénique.

Sérapis lui-même, le dieu suprême du Nil, « celui qui donne la vie et la force », a passé à Rome vers le premier siècle, et a fini par devenir l'un des dieux les plus populaires de cette mythologie composite et tourmentée. La plupart des statues qui nous en sont restées sont grecques,

## MARSEILLE GRECQUE-PHÉNICIENNE-CHRÉTIENNE. 417

et nous retrouvons son culte établi en Provence dès le second siècle, côte à côte avec celui des dieux classiques et des empereurs régnants, ainsi que le témoigne l'une des plus curieuses inscriptions du musée d'Aix, gravée sur un pilier de marbre rouge en beaux caractères grecs; car le grec était, ainsi que nous l'avons dit plusieurs fois, la langue essentiellement sacrée, et s'adaptait indifféremment à tous les cultes et à tous les besoins.

Un des exemples les plus remarquables de cette promiscuité de toutes les religions nous est donné par le petit socle triangulaire conservé au musée de Marseille, et qui paraît avoir été la base d'un trépied sacré ou d'un candélabre destiné aux sacrifices offerts aux dieux de l'Égypte. Les trois faces portent des figures de la mythologie grecque et romaine; sur l'une, se trouve Apollon avec sa lyre; sur l'autre, Diane armée de son arc; la troisième, enfin, représente Junon qui tient à la main sa haste pure ou sans fer; et sur le bord inférieur de l'une des faces on lit, en grec, la dédicace du donateur : « Sosiminus, fils d'Évagoras, a accompli ce vœu à Sérapis, à Isis et à Anubis (1). « On trouve donc réuni dans le même petit monument

---

(1) ΣΩΣΙΜΙΝΟΣ ΕΥΑΓΟΡΟΥ
ΣΑΡΑΠΙ ΙΣΙ ΑΝΟΥΒΙ ΕΥΧΗΝ
(MILLIN, ch. LXXIX.)

les divinités de l'Égypte, celles de Rome et le langage sacré de la Grèce.

Ces inscriptions gréco-orientales abondent en Provence, et presque toutes rappellent ce syncrétisme religieux dont Marseille, comme Alexandrie, ville grecque aussi, a été un foyer vers le deuxième ou le troisième siècle de notre ère.

D'autres fois, cependant, le génie grec se manifeste dans ce qu'il a de plus net et de plus délicat; et l'on retrouve, dans quelques inscriptions funéraires, les élans d'un spiritualisme élevé, la foi dans les récompenses éternelles pour ceux qui ont bien vécu, et ce mythe touchant du voyage des âmes à travers les mers, qui convenait si bien à ce peuple de navigateurs. C'est ainsi qu'on ne peut lire sans émotion la gracieuse inscription grecque conservée à Aix, dans l'ancienne maison de Peiresc :

« Sur ces rivages battus par les flots, c'est un adolescent qui t'appelle, ô voyageur! Cher à la Divinité, je ne suis plus soumis à l'empire de la mort. Libre encore du joug de l'hymen, semblable, par mon âge tendre, aux jeunes dieux Amycléens sauveurs des nautoniers, nautonier moi-même, j'ai passé ma vie errante sur les eaux. Mais dans ce tombeau, que je dois à la piété de mes maîtres, je suis à l'abri des maladies, du travail, des soucis et des angoisses; car, parmi les vivants, toutes ces misères sont l'apanage de notre enveloppe grossière. Les morts, au contraire, sont divisés en deux classes, dont l'une retourne errer sur la terre, tandis que l'autre va former des danses avec les corps célestes : c'est de cette dernière milice que je fais partie, ayant eu le bonheur de me ranger sur les bannières de la Divinité. »

Voilà bien la douce langue de l'Ionie, simple et poétique, noble et harmonieuse, et appliquée aux grands principes d'une religion déjà très-épurée. On y sent le souffle de Platon et de cette pléiade de philosophes grecs tellement spiritualistes qu'on peut, dans une certaine mesure, les considérer comme les précurseurs inconscients de l'Évangile. Il est difficile d'assigner à cette inscription une date précise et de dire si elle est beaucoup antérieure au christianisme, ou si elle se rapproche tout à fait de l'origine de notre ère. Toujours est-il qu'elle révèle, chez son auteur et chez ceux auxquels elle s'adressait, une âme élevée, un sentiment profond de l'autre vie, et qu'elle semble annoncer l'aurore des vérités éternelles que l'Orient allait enseigner à la Provence.

## XX

L'Orient, qui a été le berceau de tous les peuples, a été aussi le foyer de toutes les religions; et l'un des premiers rayons de la lumière nouvelle, dont la soudaine apparition a marqué la limite de l'ancien monde et du nouveau, est venu frapper directement le rivage de la Provence. Cette question de l'apostolicité directe de nos églises est, depuis le commencement du dix-septième siècle, une de celles qui ont le plus passionné la critique ; et la fixation de l'époque exacte à laquelle le christianisme a pénétré dans les Gaules a soulevé des discussions fort vives qui, après s'être apaisées pendant près d'un siècle, ont recommencé de nos jours avec une nouvelle ardeur. Nous n'avons pas l'intention de prendre part à cette lutte d'érudition ; nous nous contenterons de poser avec netteté et sincérité les deux termes du débat. D'autres, mieux armés et plus autorisés que nous, sont descendus dans l'arène et ont soutenu énergiquement, soutiennent encore ce que nous croyons être le bon combat.

Le terrain est d'ailleurs aujourd'hui très-bien déblayé, et deux écoles sont en présence : l'une, s'appuyant sur la tradition, qui n'a pas varié depuis dix-huit siècles, affirme que la parole divine a été portée en Gaule du temps des apôtres, par les disciples mêmes de Jésus-Christ, et que des églises régulières y ont été dès lors hiérarchiquement constituées ; l'autre soutient, au contraire, que, à part quelques prédications isolées et plus ou moins fécondes dans la province romaine, le christianisme n'y a produit que des résultats éphémères, sans caractère officiel et permanent, et que tout s'est réduit à une sorte d'apostolat nomade et vagabond ; quelques-uns même vont plus loin et, rejetant toute tradition, prétendent démontrer que la parole du Christ n'a été portée sur notre sol que vers le milieu du troisième siècle.

Les deux écoles ont pris chacune un nom, ou, pour mieux dire, les partisans du second système se sont tout de suite attribué un peu pompeusement le nom d'*école historique,* et ont désigné sous celui d'*école légendaire* le groupe de leurs contradicteurs. On ne peut s'empêcher de remarquer tout d'abord cette manière un peu sommaire de préjuger une question grave en elle-même et qui est loin d'être parfaitement élucidée. Nous croyons être plus vrai et plus juste en les désignant sous ceux d'*école traditionnelle* et d'*école critique ;* car l'une et l'autre s'appuient, comme nous allons le voir, sur des documents historiques et font appel à la tradition.

## XXI

Les partisans de l'école critique s'autorisent principalement du célèbre passage de saint Grégoire de Tours relatif à la mission des sept évêques en Gaule pendant le règne de l'empereur Dèce, c'est-à-dire vers le milieu du troisième siècle. Heureux de se placer ainsi sous la bannière du saint évêque, ils ont quelquefois pris le nom d'*école grégorienne,* assez adroitement trouvé d'ailleurs, qui est bien de nature à donner le change et à faire croire que l'illustre auteur de l'histoire des Francs a adopté toutes les conséquences d'une phrase isolée, assez obscure et qu'ils ont interprétée d'une manière tout à fait excessive. On a beaucoup usé du texte de Grégoire de Tours ; on en a même un peu abusé ; et, à vrai dire, pour tout esprit non prévenu, il est loin de justifier les assertions de l'école critique ou grégorienne. Nous le reproduisons fidèlement (1); et l'on peut remarquer qu'il est assez vague, très-peu affirmatif, et que, loin de préciser la date de la mission des sept évêques, il s'en réfère simplement à un autre texte qui, d'après une « tradition », placerait cette mission sous les consulats de Décius et de Gratus, *sicut fideli recordatione retinetur*.

---

(1) *Sub Decio vero imperatore, multa bella adversus nomen christianum exoriuntur... Valentianus et Novatianus, maximi tunc hæreticorum principes, contra fidem nostram... grassantur. Hujus tempore, septem viri episcopi ordinati ad prædicandum in Gallias missi sunt, sicut historia passionis sancti martyris Saturnini denarrat. Ait enim : « Sub Decio et Grato consulibus, sicut fideli recordatione retinetur, primum ac summum Tolosana civitas sanctum Saturninum habere cœperat sacerdotem. » Hi ergo missi sunt : Turonicis, Gratianus episcopus; Arelatensibus, Trophimus episcopus; Narbonæ, Paulus episcopus; Tolosæ, Saturninus episcopus; Parisiacis, Dionysius episcopus; Arvernis Stremonius episcopus; Lemovicinis, Martialis est destinatus episcopus.....* (S. Gregor. Tur., *Hist. Franc.*, l. I, c. xxviii xxix.)

L'école critique ne craint donc pas d'avoir, quand il le faut, recours à la tradition.

Le même texte mentionne d'ailleurs une persécution qui eut lieu en Gaule sous le règne de l'empereur Dèce; et l'on doit en conclure que la foi avait déjà fait, en Gaule et depuis un certain temps, d'assez grands progrès; car il est au moins logique d'admettre que les premières prédications ont été bien antérieures à l'époque de la persécution.

A l'appui de sa thèse, l'école critique cite aussi un texte de Sulpice Sévère, plus ancien de près de deux siècles que celui de Grégoire de Tours, et même, nous devons en convenir, beaucoup plus net. D'après ce texte, l'introduction du christianisme dans les Gaules n'aurait eu lieu que vers le milieu du second siècle, sous le règne d'Antonin ou de Marc-Aurèle (1).

Ce sont là des témoignages importants, nous n'en disconviendrons pas; toutefois personne n'ignore qu'on a relevé de nombreuses inexactitudes chronologiques dans les écrits de Sulpice Sévère, et notamment dans son histoire sacrée (2); et quant à Grégoire de Tours, malgré tout le

---

(1) *Sub Aurelio, Antonini filio, persecutio quinta agitata; ac tum primum intra Gallias martyria visa, serius trans Alpes Dei religione suscepta.* (SULP. SEV., *Hist. eccles.*, l. II, c. XXXIII.)

(2) Voir à ce sujet DUPIN, *Biblioth.*, t. III, p. 468, et TILLEMONT, *Hist. ecclés.*, t. XII, p. 460.

respect qu'il convient d'accorder au narrateur consciencieux qu'on a si bien appelé « le père de notre histoire nationale », et tout en lui reconnaissant des lumières supérieures à celles de son siècle, on sait qu'il a eu recours pour la rédaction de ses livres à toutes sortes de documents, dont il lui était difficile de vérifier les sources et de contrôler l'exactitude. On ne saurait donc, et les partisans de l'école critique moins que tous autres, regarder quelques extraits de ces deux auteurs comme une sorte d'évangile, dont le texte ne pourrait pas même être mis en discussion. Saint Grégoire, d'ailleurs, ne méconnaissait pas la première mission évangélique des Gaules; et il est juste de rappeler qu'il cite, sans grande preuve à la vérité et bien que ce récit n'ait aucun caractère de vraisemblance, la construction d'un temple à Bazas en l'honneur de saint Jean-Baptiste, par une dame gauloise (1), qui avait assisté à la décollation et rapporté avec elle une fiole du sang du saint précurseur; qu'il cite avec plus d'autorité les noms et les actes de saint Eutrope de Saintes, évêque et martyr, envoyé dans la Gaule à la fin du premier siècle par le pape Clément Ier (2), de Timothée, Apollinaire et plusieurs autres martyrs chrétiens, qu'il fait mourir à Reims sous le règne de Néron (3);

---

(1) S. Greg. Tur., *De gloria mart.*, l. I, c. xii.
(2) *Id., ibid.*, l. I, c. lvi. — *De gloria confess.*, c. lxxx.
(3) *Id., De gloria mart.*, l. I, c. lv. — Bolland., *Act. SS.,*

qu'il reproduit surtout intégralement la lettre adressée à sainte Radegonde par plusieurs évêques gallo-francs, et dans laquelle on peut lire, en termes très-clairs, que la foi chrétienne a commencé à *respirer en Gaule dès la naissance de la religion nouvelle* (1).

Ce sont bien là aussi des témoignages; ils prouvent, d'une manière formelle, que Grégoire de Tours admettait l'apostolicité directe des Gaules par les successeurs et les envoyés mêmes des apôtres. Les partisans de l'école critique ne sont donc pas fondés à l'invoquer comme le parrain de leurs théories ou de leurs systèmes.

## XXII

L'école traditionnelle, d'ailleurs, ne s'appuie pas seulement sur des légendes, et n'est pas aussi dépourvue de documents historiques qu'on voudrait le faire croire. Nous n'avons pas l'intention de les énumérer ici; et, laissant de côté les témoignages si nombreux de Tertullien, d'Origène, de

---

23 august. — FLODOARD, *Hist. eccles. Remensis*, l. III, c. III et IV.

(1) *Itaque cum ipso catholicæ religionis exortu cœpissent gallicanis in finibus veneranda fidei primordia respirare...* (S. GREG. TUR., *Hist. Franc.*, IX, 39.)

Ces évêques gallo-francs furent : Euphrose, de Tours, Prétextat, de Rouen; Germain, de Paris; Félix, de Nantes; Domitien, d'Angers; Victorius, de Rennes, et Domnole, du Mans. (Dom Franç. CHAMARD, *l'Établiss. du christ.*, IV.)

Lactance, etc., qui ne sont pas, autant qu'on a bien voulu le dire, des documents dépourvus de toute valeur historique, et qu'on a trop systématiquement regardés comme des phrases oratoires ne possédant pas la rigueur d'un raisonnement scientifique, nous nous contenterons de rappeler deux pièces authentiques, dont la valeur est au moins aussi grande que celle des textes de saint Grégoire et de Sulpice Sévère, si singulièrement interprétés.

On sait qu'à la fin du quatrième siècle, la ville d'Arles devint, par suite de la ruine de Trèves, la résidence du préfet du prétoire des Gaules, et nous avons déjà eu l'occasion de citer le rescrit des empereurs Honorius et Théodose adressé au préfet des Gaules, Agricola, et qui conférait officiellement à cette ville des priviléges particuliers et le titre de *Mater Galliarum*. Cette prépondérance politique éveilla l'ambition des évêques d'Arles ; ils s'adressèrent au pape pour se faire décerner solennellement le titre de métropolitain, qui devait leur accorder une véritable suzeraineté sur toutes les églises des Gaules. Sans discuter ici le bien ou le mal fondé de cette requête, tour à tour accueillie et repoussée, ni le plus ou moins de mesure que Patrocle, Hilaire et d'autres évêques d'Arles mirent dans la revendication de leurs priviléges, nous mentionnerons seulement la fameuse décrétale du pape Zosime, rendue le 22 mars 417, qui, en leur donnant gain de cause, motivait cette décision sur l'ancienneté de l'église d'Arles fondée par le disciple Trophime, envoyé directement par le siége de Rome pour faire entendre la parole du Maître dans la Gaule méridionale (1).

Les successeurs du pape Zosime étant revenus sur cette sentence, dix-neuf évêques suffragants de la métropole d'Arles s'adressèrent, en l'année 450, au pape saint Léon; dans une lettre restée célèbre, ils firent valoir tous leurs droits, et, comme argument principal, rappelèrent de nouveau que l'église d'Arles avait été la première des Gaules qui ait reçu la bonne nouvelle, qu'elle la devait à Trophime, envoyé directement par l'apôtre Pierre, et que ce fut de là que la lumière rayonna dans les autres parties de la Narbonnaise et de la Viennoise (2).

---

(1) *Sane quoniam metropolitanæ Arelatensium urbi vetus privilegium minime derogandum est, ad quam primum ex hac sede Trophimus, summus antistes, ex cujus fonte totæ Galliæ fidei rivulos acceperunt, directus est; idcirco quascumque parochias in quibuslibet territoriis, etiam extra provincias suas, ut antiquitus habuit, intemerata, auctoritate possideat. Data* XI *kalendas apriles, Honorio Augusto XI et Constantio II, consulibus.* (S. Zosim., *Epist.*, c. III.)

(2) *Omnibus etenim regionibus gallicanis notum est, sed nec sacrosanctæ Ecclesiæ Romanæ habetur incognitum, quod prima intra Gallias Arelatensis civitas missum a beatissimo Petro apostolo sanctum Trophimum habere meruit sacerdotem; et exinde aliis paulatim regionibus Galliarum bonum fidei et religionis infusum...* (S. Leonis Opp. *Epist.*, LXV, c. II et III.)

On voit donc que l'école soi-disant légendaire est pourvue de textes, tout aussi bien que l'école qui se dit historique.

## XXIII

Au surplus, la première mission apostolique en Gaule du temps même des apôtres est aujourd'hui universellement acceptée ; et le débat ne porte plus que sur le point de savoir si cette prédication a eu pour résultat de créer de toutes pièces des églises définitives, ou si le germe de la religion nouvelle déposé par ces premiers missionnaires est resté pendant quelques années enseveli, et ne s'est épanoui et développé que plus tard, à la fin du second siècle ou au commencement du troisième.

Il est, d'ailleurs, historiquement prouvé qu'une mission grecque, venue d'Asie et conduite par saint Pothin, s'établit à Lyon dans la seconde moitié du second siècle. Saint Pothin était disciple de saint Polycarpe, évêque de Smyrne, disciple lui-même de l'apôtre saint Jean. Cette mission prospérait déjà depuis quelques années et avait même fondé une église à Vienne lorsque, en l'année 177, sous le règne de Marc-Aurèle, éclata la violente persécution mentionnée par Sulpice Sévère, et dont les détails nous sont connus par la lettre que les martyrs de Lyon et de Vienne écrivirent à leurs frères d'Asie, lettre précieuse et touchante, conservée dans l'*Histoire ecclésiastique* d'Eusèbe de Césarée.

L'école critique s'est emparée de ce fait et en a conclu un peu précipitamment que Lyon avait été le foyer primitif d'où la foi avait rayonné en Gaule, et que saint Irénée, successeur de saint Pothin, avait été le promoteur du grand mouvement qui conquit au christianisme tout l'est de la Celtique et n'atteignit que plus tard les villes importantes de la Narbonnaise.

C'est vouloir méconnaître le rôle que Marseille et Arles n'ont cessé de remplir vis-à-vis de la Grèce et de l'Orient, que de supposer qu'une mission orientale a pénétré en Gaule sans laisser dans ces deux villes des traces de son passage. Le Rhône était, peut-être plus encore qu'aujourd'hui, la grande voie commerciale et politique de la Gaule ; car c'était à peu près la seule. Arles notamment était, à l'époque romaine, le centre de toutes les communications du pays, le passage obligé par lequel les deux moitiés de l'ancienne province entretenaient des relations, le port intérieur où devaient nécessairement aboutir tous les voyageurs et toutes les marchandises de la Celtique. Lorsqu'on se rendait en Gaule, en venant soit de Rome, soit de Grèce, soit d'Asie, il était bien difficile de ne pas aborder à Marseille, et de ne pas s'arrêter ensuite à Arles pour remonter enfin jusqu'à Lyon. Cette dernière ville n'était le plus souvent que la troisième étape du voyage. Il était, d'ailleurs, d'un intérêt essentiel pour les premiers chrétiens de s'établir dans le midi de la Celtique, beaucoup plus civilisé que le centre et le nord ; car ils se trouvaient immédiatement en relation avec les villes grecques du littoral, intelligentes, riches, peuplées, et où leurs paroles et leurs exemples devaient tout de suite obtenir des résultats féconds.

L'arrivée des premiers missionnaires par Marseille et par Arles présente donc une probabilité qui a tous les caractères de la certitude ; et rien n'est plus logique que d'admettre la tradition, la légende si l'on veut, qui fait débarquer à Marseille et sur les plages basses du delta du Rhône les émigrants de Judée, dès les premières années qui suivirent le sacrifice du Calvaire. Tout le monde connaît cette grande tradition chrétienne de la Provence. Treize ou quatorze ans après la mort de Jésus-Christ, une sanglante persécution eut lieu en Palestine contre les apôtres et les disciples, dont le zèle avait converti à la foi un très-grand nombre de Juifs. Pour échapper au danger qui les menaçait et accomplir en même temps la mission qu'ils tenaient du Maître, un certain nombre d'entre eux s'expatrièrent et se dirigèrent vers l'Occident. Ce premier point est absolument prouvé et nullement contesté. Les relations avec Marseille étaient fréquentes et faciles ; il suffisait de prendre la mer, et depuis près de quatre siècles tous les navires grecs connaissaient cette route.

La tradition intervient alors et rapporte qu'au nombre des passagers se trouvaient les membres de la famille de Béthanie. Historiquement, il est impossible de le prouver, et aucun texte précis ne mentionne la présence des parents et des amis de Jésus-Christ dans cette première expédition. Toutefois il est remarquable que leurs traces disparaissent complétement en Orient, précisément à partir de cette époque; que l'on ne retrouve aucun de leurs souvenirs sur n'importe quel point du globe, et que, depuis dix-huit siècles, la foi constante de la Provence n'a jamais varié, affirmant avec une netteté surprenante la présence de Lazare à Marseille, de sa sœur Marie-Magdeleine à la Sainte-Baume, de Maximin à Aix, de Marthe à Tarascon, de Marie Jacobé et de Marie Salomé aux embouchures du Rhône.

Ce n'est là sans doute qu'une tradition; mais la tradition est un des éléments de l'histoire; c'est l'histoire parlée qui a précédé l'histoire écrite et qui l'a formée; et, si on la repousse d'une manière systématique, on est inévitablement conduit à rejeter la plupart des textes classiques et à n'admettre comme vrais que les faits écrits par des contemporains, ce qui équivaut à nier à peu près toute l'histoire universellement acceptée aujourd'hui.

## XXIV

La plus grande obscurité enveloppe les premiers établissements des chrétiens sur notre littoral ; mais il est cependant facile de se rendre compte de la manière dont la foi nouvelle a lentement pénétré dans le cœur des populations. Dès l'origine les chrétiens, obéissant en cela à la parole du Maître, s'étaient conformés aux lois civiles. La société romaine semblait, d'ailleurs, constituée de manière à faciliter leurs premières réunions. En s'établissant dans une cité, ils se groupaient en une association privée nommée *ecclesia*, église, qui adoptait immédiatement la forme légale des colléges protégés par les lois. On sait que ces colléges étaient très-multipliés; les plus modestes jouissaient d'une liberté fort étendue. « Forcés de célébrer leur culte en secret et de dissimuler le but de leurs réunions, les premiers chrétiens constituèrent en général leurs églises sur le modèle des sociétés funéraires, avec lesquelles ils cherchaient à être confondus, afin de jouir des mêmes priviléges. C'était un moyen de désarmer la loi qui les proscrivait et de protéger leurs tombes.

« Aussi les ressemblances sont-elles nombreuses entre les premières sociétés chrétiennes et les associations païennes.

« Comme ces dernières, l'Église possède une caisse commune formée par les cotisations des fidèles (1). C'est le suffrage qui nomme les chefs, et il va quelquefois chercher le plus humble pour le mettre à la première place. Dans les catacombes, comme dans les *columbaria*, les morts de toute condition sont confondus (2) »; et, de même que les païens avaient leurs sacrifices et leurs repas funèbres en l'honneur d'un parent mort ou du patron d'un collége, l'Église naissante célébrait dans ses fêtes le festin des agapes pour honorer ses martyrs; et les fidèles dînaient le plus souvent en commun sur leurs tombeaux, à l'anniversaire de leur mort.

Les premiers chrétiens usèrent très-largement de ce droit d'association, de ce *jus coeundi* si large dans l'empire romain, et qui était basé en grande partie sur le respect dû aux morts et à leurs sépultures; et c'est ainsi que les premières sociétés chrétiennes eurent une situation double et en quelque sorte contradictoire : illégales comme religion, tolérées et même protégées comme colléges funéraires, elles purent, dès l'arrivée même des apôtres en Occident, avoir une organisation sérieuse. C'est dans ces réunions, souvent souterraines, qu'eurent lieu les premières prédications; et ce fut en quelque sorte la période d'incubation de l'Église primitive, pendant laquelle se développa obscurément et presque dans l'ombre la se-

---

(1) Tertull., *Apol.*, 39.
(2) *Hist. gén. de Languedoc*, l. III, c. lxxx, note E. B.

mence divine déposée par les apôtres venus de Rome et de l'Orient.

Comme associations funéraires régulièrement constituées, les premières églises eurent leurs lieux de sépultures, leurs cimetières placés, suivant l'usage, en dehors de l'enceinte de la cité. « Ces cimetières étaient par eux-mêmes des propriétés incontestables, auxquelles le droit d'asile était attaché. D'après les lois les plus anciennes, en effet, tout emplacement qui avait reçu intentionnellement la dépouille d'un homme était sacré, et jouissait d'une *area* autour de laquelle on pouvait ajouter des dépendances qui étaient sacrées comme elle. On avait le droit de construire au-dessus un monument, ou bien de creuser au-dessous un hypogée pour sa famille et ses amis (1). » Là les chrétiens transportaient les corps de leurs frères, de leurs confesseurs, tantôt publiquement lorsqu'ils n'étaient pas en butte à la persécution, quelquefois en secret; et c'est autour de ces tombeaux qu'ils prirent l'habitude de se réunir et de faire leurs repas funèbres. De là ces demeures souterraines, humbles, cachées, creusées souvent dans le rocher et qui plus tard, transformées en chapelles, ont conservé le nom caractéristique de *confession,* qui rappelle leur pieuse origine.

---

(1) A. Saurel, *Dict. des Bouches-du-Rhône, Hist. de Marseille,* 1877.

## XXV

A Marseille, le lieu de refuge des premiers chrétiens était situé sur la rive méridionale de l'ancien port, qui était à cette époque un véritable désert en partie baigné par des marécages, et dont les pentes supérieures gravissaient la colline, alors boisée, où se trouve le sanctuaire de Notre-Dame de la Garde. Les fouilles pratiquées pour le creusement du bassin de carénage ont permis d'y découvrir des vestiges de cimetières successifs et superposés, bien antérieurs à l'origine de notre ère. Une carrière y avait même été ouverte et exploitée dans ces temps reculés; et c'est au milieu de ces rochers que les premiers chrétiens trouvèrent des grottes naturelles et faites de main d'homme, qu'ils agrandirent successivement en creusant d'autres excavations, communiquant entre elles par des galeries souterraines.

Vers le quatrième siècle, le moine Cassien établit au-dessus de ces cryptes primitives les massives arcatures d'un monastère, qui fut ruiné par les Sarrasins quatre cents ans après, et successivement démoli et rebâti au onzième et au treizième siècle. Ce qui reste de la célèbre abbaye de Saint-Victor a plutôt l'aspect d'une citadelle que d'une église. Les tours et les remparts datent de 1350, et sont l'œuvre de Guillaume de Grimoard, qui avait été prieur du monastère avant d'être pape sous le nom d'Urbain V; et le lourd édifice que l'on voit aujourd'hui est un des types les plus remarquables de cette architecture, à la fois militaire et religieuse, dont on trouve des exemples si fréquents sur toutes les côtes de la Méditerranée.

Malgré les éboulements et les dévastations sans nombre que les cryptes de Saint-Victor ont éprouvés, il est impossible de ne pas y reconnaître tous les caractères de ces pauvres retraites où les chrétiens des premiers âges venaient se réunir pour célébrer leur culte et honorer leurs martyrs. L'imagination populaire, rarement satisfaite de la réalité des choses, veut qu'au moyen d'une galerie souterraine pratiquée au-dessous du vieux port, ces cryptes aient été mises jadis en communication avec la vieille église de la Major située au cœur de la ville grecque ; rien n'autorise à croire à l'existence de ce souterrain. Mais l'aspect des lieux démontre, de la manière la plus évidente, qu'il a existé des communications, encore inexplorées à cause du bouleversement du sol et de l'entassement de vieux matériaux, entre la crypte et d'autres hypogées.

C'est aussi avec la plus grande réserve qu'il faut adopter la légende du séjour ou même seulement du passage de Lazare et de Marie-Magdeleine dans cette catacombe bouleversée. L'histoire ne fournit à ce sujet aucun éclaircissement ou document; et, si le séjour des premiers apôtres à Marseille présente tous les caractères de la vraisemblance, tout au moins est-il prudent de ne regarder comme absolument vrai que le fait traditionnel dans son ensemble, en le dégageant des détails et des épisodes dont la piété, la poésie et la ferveur populaires l'ont trop souvent entouré.

Nous devons dire toutefois que les partisans de l'école critique, qui ont en général la prétention de tout prouver ou de tout nier au nom de la science et de la raison, n'ont réellement aucun argument scientifique ou rationnel à opposer à l'authenticité de la légende. L'histoire est muette sans doute ; mais la tradition parle avec une grande précision, et elle se réduit à un fait d'une extrême simplicité, qui est le débarquement à Marseille et en Provence, au premier siècle de notre ère, de quelques fugitifs asiatiques ; or, un débarquement dans de pareilles conditions n'a rien que de très-naturel, si l'on réfléchit que les villes grecques de la Gaule méridionale étaient, depuis plusieurs siècles, en relation constante et régulière avec les côtes de l'Asie Mineure.

Cette tradition, d'ailleurs, est le patrimoine de la Provence ; elle l'a conservée sans altération pendant dix-huit siècles et l'a toujours défendue comme un héritage sacré. C'est bien le moins, croyons-nous, que ceux qui cherchent à la combattre et à la détruire donnent une raison quelconque positive à l'appui de leur négation. Sans doute, tout ce qui se rapporte à la présence sur notre sol de Lazare, de Magdeleine et de leurs compagnons soulève des questions fort délicates et encore litigieuses; et l'on ne nous fera pas le reproche de manquer de modération, si nous disons qu'en l'état de la science et de la critique historique, on n'est pas autorisé à les trancher d'une manière absolue. Mais, nous l'avons déjà dit, tout le monde est aujourd'hui d'accord sur le point fondamental de l'apostolicité directe, à savoir que, du temps même des apôtres ou de leurs successeurs immédiats, une première mission chrétienne a pénétré dans les Gaules. Les relations maritimes si fréquentes de la Narbonnaise et des villes grecques du littoral avec Rome et l'Orient ne permettent pas de supposer qu'une des plus riches contrées du monde, celle qu'on appelait la « province par excellence », la Provence, ait été négligée dans cette immense prédication qui, sur l'ordre du Maître, allait porter la bonne nouvelle à toutes les nations de l'univers.

Nous irons même plus loin; et il nous plaît de croire que cette France qui, dans les desseins de Dieu, devait jouer un rôle si important dans la mission sociale de l'Église, et dont la grandeur restera liée à celle de la noble cause qu'elle a toujours soutenue, a reçu dès le principe non-seulement les premiers apôtres du Christ, mais encore ses plus chers et ses meilleurs amis. Ce n'est pas là, nous l'avouons sans peine, une raison historique dans le sens scientifique du mot; et l'on nous accusera peut-être de substituer un peu facilement le sentiment à l'histoire; mais ce sentiment, théologique si l'on veut, quelque poétique et même mystique qu'il paraisse au premier abord, n'est pourtant pas dépourvu de vraisemblance; il a été, il est et il restera toujours le grand souvenir de la Provence; et nous ne croyons pas nous avancer beaucoup en affirmant que la science ne le détruira pas, et ne trouvera jamais de meilleure solution à l'évangélisation directe et immédiate des Gaules que celle qui est consacrée par une tradition de dix-huit siècles, et dont il est au moins convenable de ne parler qu'avec respect.

Nous concluons : le christianisme n'a pas été en Gaule, comme on l'a dit trop souvent, une importation gréco-orientale qui date seulement du deuxième ou du troisième siècle. Il a été une importation orientale directe, qui remonte au milieu du premier siècle, c'est-à-dire à l'origine même des temps apostoliques, vers l'an 47 ou 48 de notre ère. L'Orient, dans ce qu'il a de plus pur, de plus noble et de plus élevé, a visité toute la région du bas Rhône. Les déserts de la Camargue ont vu passer le triste cortége des amis du Christ. Marseille les a abrités dans ses murs; et nous aurions cru enlever à notre littoral la plus touchante page de son histoire, si nous avions parlé de l'*Orient en Provence* sans rappeler ce souvenir.

FIN

# TABLE DES MATIÈRES

Avant-propos. . . . . . . . . . . . . . . . . . . . . . . . . . . .  1

### INTRODUCTION. . . . . . . . . . . . . .  5
#### LA PROVENCE PRIMITIVE ET LES OPPIDA CELTIQUES.

Du caractère des voyages modernes. — Le voyageur à l'état passif. — Le relief des vallées primitives : exemple de la vallée du Rhône. — Les fleuves considérés comme premiers moyens de transport et de colonisation. — Les plateaux fortifiés. — Constitution générale des *oppida*. — Détails de construction. — *Castella, speculæ*. — Travaux de défense de l'oppidum. — Les premiers éléments de civilisation venus de l'Orient. — Les peuples navigateurs : les Phéniciens, les Grecs. — Les routes modernes; leur tracé dans les vallées. — But de l'ouvrage. — Aspect et physionomie orientale de la Provence.

### CHAPITRE PREMIER. . . . . . . . . .  27
#### LA RÉGION D'ARLES ET LES DIGUES DU RHÔNE.

Relation entre l'histoire de l'homme et l'histoire du sol. — Transformation du territoire d'Arles. — Le golfe d'Arles à l'origine de la période quaternaire. — Le diluvium du Rhône et le diluvium de la Durance. — La grande *Crau* et la *Crau* d'Arles. — La plaine d'Arles couverte par les eaux. — Formation de la Camargue. — Digues du Rhône : leur développement, leur histoire, leurs avantages, leurs inconvénients. — Les *Ségonnaux* : leur richesse supérieure à celle des terres protégées. — Ruptures de digues. — Inondations de 1840 et de 1856. — Funestes conséquences des digues pour l'agriculture et pour le régime du bas Rhône.

### CHAPITRE DEUXIÈME. . . . . . . .  53
#### LA NAVIGATION DES UTRICULAIRES.

La science géographique auxiliaire de l'histoire. — Population primitive de la Provence. — Les Ligures. — Première apparition de l'Orient. — Époque héroïque. — La légende d'Hercule. — Le flot de l'invasion asiatique. — Arles celtique, *Ar-laith*. — La flottaison sur les lagunes. — Origine de la navigation. — Le bateau d'Ulysse. — Premiers navires égyptiens et phéniciens. — Préparation et usage des outres. — Les *kelechs* de l'Inde. — Les utriculaires des fleuves de l'Asie. — Passage de l'Hydaspe par Bacchus. — Les ponts d'outres de Xénophon. — Passage de l'Oxus par Alexandre. — Passage du Rhône par Annibal. — Siége de Cyzique par Mithridate. — Campagne de César en Gaule. — Les *Ascites* ou *Ascomans*. — Tentative de restauration des utriculaires au dix-huitième siècle. — Le P. Jésuite Montigny et le chevalier de Folard. — Une navigation perdue.

## CHAPITRE TROISIÈME ..... 93

### LA MER ET LES ÎLES D'ARLES.

La mer intérieure d'Arles. — Accroissement annuel du delta du Rhône. — Progression des embouchures. — Difficulté de la préciser dans les temps anciens. — Le golfe d'Arles reconstitué par un déblai rétrospectif. — Description du golfe. — Ses îles et ses bas-fonds. — Dangers de l'atterrage sur la côte plate et sablonneuse. — Nécessité des signaux. — Historique et importance des tours du Rhône. — Distance d'Arles à la mer à l'origine de notre ère. — L'île de Cordes, *Mons* ou *Insula de Cordoa*. — Ses constructions souterraines. — Le *Trou des fées* et les ruines sarrasines. — Les Maures à Arles et à Cordes. — L'île de Montmajour, *Mons Major*, et son monastère. — Dessèchement des marais d'Arles. — Transformation agricole. — Ancienne situation nautique d'Arles : ses deux ports. — La ville patricienne et la ville plébéienne. — Les trois marines d'Arles. — Le corps des utriculaires. — Les associations anciennes en général. — Les colléges et les *sodalités* : leur constitution, leur caractère religieux et funéraire. — Inscriptions des colléges d'utriculaires. — Analogie de toutes les villes situées aux embouchures des fleuves à delta : **Alexandrie, Narbonne, Venise**, etc. — Décadence de la ville d'Arles.

## CHAPITRE QUATRIÈME. ..... 141

### LA RACE GRECQUE SUR LES BORDS DU RHÔNE.

Les origines d'Arles perdues dans la légende. — Premiers souvenirs historiques. — Le camp d'*Ernaginum* et les *Fosses Mariennes*. — Construction à Arles de la flotte de César. — L'*oppidum* et l'*emporium* d'Arles à l'époque celtique. — Arles, comptoir phénicien. — Émigration grecque. — Introduction de la vigne, de l'olivier et des arts. — Colonies grecques du littoral. — La femme grecque à Arles. — Le type grec, le type romain, le type sarrasin. — Le type aryen dans la vallée du Rhône. — Hellénisation de la Provence. — Perfectionnement du monnayage indigène. — Monnaies gauloises à légendes grecques. — Occupation d'Arles gréco-celtique par les légions de Rome. — Caractères de la colonisation romaine. — Affaiblissement chez les Grecs du sentiment de la nationalité.

## CHAPITRE CINQUIÈME. .... . 179
### LES PLAISIRS PUBLICS SOUS L'EMPIRE.

Absence de vie politique sous les Césars. — Les plaisirs publics et gratuits. — Les thermes : leurs dimensions, leur luxe, leurs musées. — Les grandes tueries de l'amphithéâtre. — Le gymnase et l'hippodrome chez les Grecs. — Les jeux du cirque à Rome. — Le théâtre antique. — Dispositions architecturales; divisions de la scène, etc. — La tragédie grecque. — De l'art dramatique chez les Romains. — Les gladiateurs et les bêtes féroces sur la scène. — Corruption générale.

## CHAPITRE SIXIÈME. ......... 211
### L'ART GREC A ARLES.

Spoliation de la Grèce et de la Sicile. — Émigration des artistes grecs à Rome, en Italie, en Provence. — Les colonies romaines de Nîmes et d'Arles. — Les monuments de Nîmes : la *cella* gréco-romaine, appelée *Maison Carrée*. — La source sainte et le dieu *Nemausus*. — L'amphithéâtre d'Arles et la canalisation de Constantin. — Les temples et les monuments de la ville patricienne. — Le théâtre d'Arles. — Analogie avec les théâtres de la Grèce, de la Sicile et de l'Asie Mineure. — Destruction et pillage du théâtre. — Comparaison avec le théâtre romain d'Orange. — Les fouilles du théâtre à Arles. — La Vénus; sa mutilation et sa restauration. — Différentes phases de l'art grec. — La polychromie antique. — Peinture des statues. — Coloration de la Vénus d'Arles — Le bas-relief d'Apollon et Marsyas. — Tête de femme. — Tête d'Auguste. — Groupe des danseuses, etc. — Autel de Vénus et d'Auguste. — Le théâtre d'Arles considéré comme un musée de l'art grec.

## CHAPITRE SEPTIÈME. ......... 267
### LES CULTES ORIENTAUX. — LES MORTS A ARLES.

Les rites primitifs de l'Égypte et de l'Orient. — Le Bacchus indien. — Le culte de Mithra. — Sacrifice du taureau. — Autels tauroboliques de la Provence et de la vallée du Rhône. — Le culte de la Bonne Déesse. — Danses orgiaques. — Autel de la prêtresse Caïena. — Les Alyscamps, *Elysii Campi*. — Respect des anciens pour les morts. — Le spiritualisme et la vie future chez les païens. — La navigation des âmes. — Les cimetières anciens. — La nécropole d'Arles. — Spoliations successives des Alyscamps. — L'allée des tombeaux. — Réminiscences grecques.

## CHAPITRE HUITIÈME. . . . . . . . 291
### D'ARLES A MARSEILLE PAR MER.

Le chemin de fer d'Arles à Marseille. — Anciennes routes d'Espagne en Italie. — Voie Domitienne. — Voie Aurélienne. — Différents tracés de la route de terre entre Arles et les Alpes. — La Camargue et le Valcarès. — Climat extrême. — Amélioration agricole de la Camargue. — La descente du grand Rhône jusqu'à la mer. — Le territoire de Chamone. — Les Anatiliens, *Anatilii*, et la ville problématique d'*Anatilia*. — Le canal Saint-Louis. — Ensablement du golfe de Fos. — Le grau de Galéjon et le port des Fosses Mariennes. — Ruines antiques. — L'étang de l'Estomac, Στομαλίμνη. — *Maritima Avaticorum*. — Bouc et Martigues. — L'étang de Berre, *Mastromela stagnum*. — Navigation côtière du Rhône à Marseille. — Itinéraire maritime.

## CHAPITRE NEUVIÈME. . . . . . . . 331
### MASSILIA.

La rade et les îles de Marseille. — Aspect de la ville moderne. — Le vieux port et les nouveaux bassins. — *Massalia* d'après les géographes classiques. — Modifications du relief du sol. — *Lacydon*, port grec de Marseille. — Les marais de la Cannebière. — L'enceinte de Marseille du temps de Jules César. — L'acropole et l'arsenal. — Rareté des ruines phéniciennes, grecques et romaines. — Physionomie grecque de Massalia.

## CHAPITRE DIXIÈME. . . . . . . . . 359
### MARSEILLE GRECQUE-PHÉNICIENNE-CHRÉTIENNE.

Arrivée des Grecs sur la côte de la Ligurie. — La légende de Gyptis et de Protis. — Premières années de Massalia. — Son alliance avec Rome. — Développement de son commerce et de sa navigation. — Pythéas et Euthymène. — Siége de Marseille par César. — Perte des colonies. — Décadence. — Corruption des mœurs.
Incursions des Phéniciens en Gaule; leurs colonies dans la Méditerranée. — Routes phéniciennes. — L'Hercule tyrien en Provence. — Stèles de *Melkarth* et inscriptions du temple de Baal. — Monnayage massaliote. — Types de Diane et d'Apollon. — Le lion marseillais. — Le taureau *cornupète*; réminiscence des courses thessaliennes. — Monnayage gréco-celtique. — Les carac-

tères grecs sur les inscriptions et les monnaies gauloises du littoral. — La langue grecque à Marseille. — L'idiome grec des pêcheurs. — Organisation politique. — L'éphébie. — Les arts — Vénus ionienne. — Inscriptions gréco-orientales de la Provence. Introduction du christianisme en Gaule. — École critique, école traditionnelle ; discussion. — Établissements des chrétiens. — L'église primitive. — Les sociétés funéraires. — Catacombe de Marseille. — Abbaye de Saint-Victor. — La grande tradition chrétienne de la Provence. — Absence de preuves historiques. — Conclusions.

## TABLE DES PLANCHES.

Les voies romaines de la Provence occidentale, d'après les
   Itinéraires anciens et les Vases Apollinaires. . . . . . . . . 1
Arles constantinienne. . . . . . . . . . . . . . . . . . . . . . . 211
Topographie ancienne de Marseille. . . . . . . . . . . . . . . . 359.

PARIS. — TYP. PLON-NOURRIT ET C<sup>ie</sup>, 8, RUE GARANCIÈRE. — 13631.

www.ingramcontent.com/pod-product-compliance
Lightning Source LLC
Chambersburg PA
CBHW060933230426
43665CB00015B/1925